Nikolaus B. Enkelmann

Mit Charisma

zu Macht

und Einfluss

DER
KENNEDY-
EFFEKT

REDLINE WIRTSCHAFT

bei ueberreuter

Die Deutsche Bibliothek – CIP-Einheitsaufnahme

Enkelmann, Nikolaus B.
Der Kennedy-Effekt : Mit Charisma zu Macht und Einfluss /
Nikolaus B. Enkelmann. –
Frankfurt/Wien: Redline Wirtschaft bei Ueberreuter, 2002
        ISBN 3-8323-0904-7

Unsere Web-Adressen:

http://www.redline-wirtschaft.de
http://www.redline-wirtschaft.at

1 2 3 / 2004 2003 2002

Alle Rechte vorbehalten
Umschlag: INIT, Büro für Gestaltung, Bielefeld
unter Verwendung eines Bildes der dpa, Frankfurt
Copyright © 2002 by Wirtschaftsverlag Carl Ueberreuter, Frankfurt/Wien
Druck: Druckerei Theiss GmbH, A-9431 St. Stefan
Printed in Austria

Inhaltsverzeichnis

——————————————————————————— Kapitel I

Die Ausgangslage

Kapitel II

Der Weg

Kapitel III

Das Bild der Zukunft

Anhang

Vorwort

Präsident Kennedy hat mit seinen Worten und Taten einen neuen und hohen Maßstab für ein Vorbild gesetzt, der vor allem die Jugend begeisterte. Dieser sogenannte „Kennedy-Effekt" ist ein großartiges Beispiel dafür, dass ein Mensch mit Charisma, also mit starker persönlicher Ausstrahlung für viele Ansporn, Orientierung und Halt bedeuten kann.

Nikolaus Enkelmann analysiert in überzeugender und sehr anschaulicher Weise die maßgeblichen Kriterien, die eine charismatische Persönlichkeit ausmachen.

In einer – zumindest in Deutschland – persönlichkeitsarmen Zeit sind Vorbilder mit charismatischer Ausstrahlung nicht leicht zu finden. Das Streben nach größtmöglichen individuellen Freiräumen besitzt gegenwärtig einen hohen Stellenwert. Materielle Werte stehen im Vordergrund. Technische Machbarkeit und ökonomische Ergiebigkeit sind die Maßstäbe, ethische und moralische Aspekte treten in den Hintergrund. Die „Ego-Gesellschaft" bestimmt den Zeitgeist.

Umso wichtiger ist daher die persönlichkeitsformende Kraft eines Vorbildes, insbesondere für einen jungen Menschen! Ein Vorbild muss nicht unbedingt medienbekannt und populär sein. Es überzeugt durch sein menschliches Format, durch sein Wort und sein Handeln. Seine Autorität wird durch die soziale Kompetenz bestimmt, mit der es seinen Mitarbeitern, Kollegen und Freunden begegnet. Er redet nicht über ethische Werte, sondern er verwirklicht sie und gibt damit ein Vorbild für andere. Durch seine Teamfähigkeit motiviert er seine Mitarbeiter zur Höchstleistung und ist im privaten Umgang der verstehende Partner. Es wird jetzt allgemein anerkannt, dass die Partnerschaft, das Team, stets dem „Einzelkämpfer" überlegen ist.

Der Erfolg muss jedoch hart erarbeitet werden. Durch eine solide Ausbildung und ein gefestigtes Wertebewusstsein schafft man sich die Voraussetzungen, um im Leben Achtung und Vertrauen zu gewinnen.

Nikolaus Enkelmann erzielt beim Leser eine hohe Spannung sowie Steigerung der inneren Zuversicht und weist mit seiner klugen Lebensphilosophie dem Leser genau diesen Weg, im Leben erfolgreich zu sein.

Es lohnt sich, daran zu arbeiten, durch ein gutes Vorbild in jeder Hinsicht besser zu werden!

Prof. Hans-Ludwig Zachert
Universität Trier
Präsident des Bundeskriminalamtes a. D.

PROLOG

Das Image von Kennedy wirkt noch heute

Der Mythos Kennedy hat bis heute nichts von seiner Wirkung verloren.

So natürlich Kennedy erschien, war er dennoch ein absoluter Profi auf seinem Gebiet. Er war ein Verführer, ein Bezauberer, ein Überzeuger, der seine Persönlichkeit voll für die Erreichung seiner Ziele einsetzte. Als „Idealist ohne Illusionen" hat er sich einmal bezeichnet. Er konnte die Herzen seiner Mitmenschen erreichen und konnte im richtigen Augenblick, seine Landsleute mobilisieren, weil er ihnen den Traum von einer besseren Welt vermittelte.

Kennedys Ausstrahlung kam nicht von ungefähr – er hat an sich gearbeitet, hat sein Potential entfaltet und seine Persönlichkeit zum Strahlen gebracht. Immer wieder hört man, dass seine Präsenz so gewaltig war, dass die Menschen in seiner Gegenwart wie elektrisiert waren. Wahre Verführer sprechen das Innere der Menschen an, appellieren an verlorene Ideale, überwinden Trennendes. Als die Amerikaner Ende der 50er Jahre feststellen mussten, dass von ihrem einstigen Pioniergeist kaum noch etwas geblieben war und sich eher Trägheit und Bequemlichkeit breit gemacht hatten, setzte Kennedy an diesen sensiblen Punkten an. Er konnte die Nation zu Taten bewegen und ihr verlorenes geistiges Gut wieder geben, in dem er ihr wertvolle Ziele anbot, Visionen vermittelte und den Zusammenhalt stärkte. An Erfahrungen anknüpfen, alte Erinnerung wieder beleben und mit einem neuen Geist beseelen – das weckt verloren geglaubte Emotionen. Kennedy war ein Meister auf diesem Gebiet.

Viele Präsidenten in den USA sind gekommen und gegangen, haben mehr oder weniger Geschichte geschrieben. Am meisten aber ist John F. Kennedy trotz seiner kurzen Amtszeit in Erinnerung geblieben. Nicht weil er der jüngste gewählte Präsident oder der erste mit römisch-katholischer Konfession war, sondern weil er eine unwiderstehliche Ausstrahlung besaß, die bis heute nichts an Kraft verloren hat. Und das, obwohl in der Zwischenzeit viel Negatives über ihn bekannt wurde.

Als Kennedy 1963 ermordet wurde, erstarrte nicht nur die USA, sondern die ganze Welt. Selbst heute – so viele Jahr nach seinem Tod – können sich noch viele Menschen genau daran erinnern, wo sie sich befanden oder was sie gerade taten, als sie die schreckliche Nachricht erreichte. Fragt man danach, was das Besondere an Kennedy war, dann werden vor allem genannt:

- Sein kühler Verstand in Krisenzeiten (z. B. Kuba, Berlin).
- Seine außergewöhnliche Fähigkeit, Menschen zu inspirieren und zu begeistern.
- Seine enormen rhetorischen und empathischen Fähigkeiten.
- Sein Mitgefühl und sein Engagement für Arme, Kranke und Alte.

Es gibt reichlich Literatur über Kennedy und den Kennedy Clan, so dass ich mich nicht mit einem weiteren Titel über die Lebensgeschichte in die lange Liste der Bücher einreihen möchte. Mir geht es darum, mich mit dem Mythos Kennedys zu befassen, aber mehr noch geht es mir darum, Ihnen am Beispiel von Kennedy zu zeigen, was möglich ist – auch für Sie.

Hätten Sie jemals gedacht, dass Kennedy gar nicht so gesund war, ja dass er sogar ein Stützkorsett tragen musste? Vermutlich haben Sie das erst später aus der Presse erfahren. Erinnern Sie sich an Kennedy, an seinen dynamischen Gang, an sein strahlendes Lächeln, seine lässige, aber gepflegte Kleidung? Immer sah er gesund und fit aus, sorgte dafür, dass seine Haut immer gebräunt war. Er sagte einmal: Es ist nicht so, dass ich besser aussehen will, aber ich fühle mich dann besser. Das blendende Aussehen gab ihm Selbstvertrauen und das Gefühl, gesund, stark und attraktiv zu sein. Dabei spielte sein Aussehen eher eine untergeordnete Rolle. Kennedy ging sparsam um mit seinen Gesten. Er wirkte durch seine Unbekümmertheit, durch seine Natürlichkeit und zugleich durch sein ausgeprägtes Selbstbewusstsein. Dass ihm ein Wunsch abgeschlagen würde, das stellte er sich gar nicht einmal vor. Er war von sich überzeugt – und das überzeugte sein Umfeld.

Was können Sie daraus lernen?

> Den eigenen Auftritt planen
> Auf die Äußere Erscheinung achten
> Selbstsicherheit und –bewusstsein erarbeiten

Kennedy hatte – wie jeder Mensch – seine Eigenheiten. Beispielsweise machte er öfter am Tag ein Nickerchen, er duschte sich oft mehrmals am Tag und wechselte seine Kleidung. Lange Nächte waren nicht sein Fall. Auf diese Weise lud er seine Batterien immer wieder auf, was ihm den Anschein unerschöpflicher Energie verlieh.

Was können Sie daraus lernen?

> Stressmanagement betreiben
> Die eigene Energie nutzen

Kennedys Mutter hatte ihm beigebracht, sich gerade zu halten, sich richtig zu benehmen. Später war es Jackie, mit der er an seinem Redestil und seiner Vortragsweise arbeitete – mit großem Erfolg wie wir wissen. Er entwickelte seinen ganz persönlichen überzeugenden Stil, der eine emotionale Verbundenheit schuf. Er eroberte die Herzen der Frauen. Er nutzte jede Gelegenheit, vor Publikum zu sprechen, ja er riss sich geradezu um solche Veranstaltungen.

Was können Sie daraus lernen?

> Auf die Körpersprache achten
> Sich die Kunst der Rhetorik zu Nutze machen

Kennedy las gerne Biographien, eiferte sogar Idolen nach, imitierte Gestik.

Was können Sie daraus lernen?

> Von Vorbildern lernen

Ein Sunnyboy, der jede Party sofort in Schwung brachte. Er merkte sich die Namen der Abwesenden, hatte kleine Anekdoten parat, war charmant und an allem interessiert.

Was können Sie daraus lernen?

> Kontakte pflegen
> Das Namensgedächtnis trainieren

Er glaubte an sich und vor allem daran, dass er seinen Leuten etwas geben könnte. Er besaß Zivilcourage und war bereit, sich für seine Sache voll einzusetzen. Er hatte eine Vision, eine Aufgabe, für die es sich lohnte zu leben.

Was können Sie daraus lernen?

> Werte machen das Leben erst sinnvoll

Was hat Kennedy mit mir zu tun, mögen Sie jetzt fragen.

Ich behaupte – viel!

Kennedy könnte zu Ihrem Vorbild werden, von dem Sie viel lernen können. In Ihnen steckt nämlich viel mehr als Sie vielleicht ahnen. Ich zeige Ihnen Möglichkeiten und Beispiele, wie Sie sich selbst entdecken und Ihre Persönlichkeit entfalten können.

Beginnen möchte ich mit der augenblicklichen Situation – sowohl bezogen auf unser Bildungssystem, mit dessen Auswirkungen wir ja alle Tag für Tag zu tun haben, wie auch Ihre persönliche Situation. Dann wird es darum gehen, den eigenen Standpunkt zu finden und Leitbilder festzulegen, an denen Sie sich orientieren können.

Der Weg führt über die praktische Arbeit, beispielsweise Selbstanalyse und Rhetorik, zu Ihrem Ziel.

Sie sollten neben diesem Buch immer Stift und Papier parat haben, damit Sie wirklich an sich arbeiten können. Alles, was Sie aufschreiben, hat eine wesentlich größere Wirkung, prägt sich viel besser ein.

Ich wünsche Ihnen, dass Sie von diesem Buch profitieren und viel Freude bei der Arbeit an sich selbst haben – denn die Investition in sich selbst ist die beste Investition, die Sie überhaupt machen können.

KAPITEL I

DIE AUSGANGS-LAGE

1. Die schöne neue Informationsgesellschaft

Schon vor der Geburt wirken äußere Einflüsse auf das ungeborene Kind. Ob die Mutter sich freut, ob sie eine positive Lebenseinstellung hat, ob ihr Umfeld intakt ist, die Beziehung stimmt – all das nimmt der Embryo wahr. Aber auch Stress und Ärger der Mutter wirken sich auf das Kind aus – der veränderte Herzschlag belegt das. Das Kind kann übrigens die Stimme der Mutter hören und von anderen Stimmen unterscheiden. So wird ein Kind schon früh von äußeren Einflüssen geprägt. Sie sehen, die Entwicklung der Persönlichkeit beginnt schon früh. Neben der Familie, Freunden und Bekannten, spielt die Zeit in der Schule eine maßgebliche Rolle bei der Entwicklung der Persönlichkeit. Deshalb möchte ich mit der Schule und unserem Bildungssystem beginnen.

Anstatt für das Leben zu lernen, wird heute nur für die Schule gepaukt. Es geht überwiegend um gute Noten, weniger darum Wissen praktisch anzuwenden, die Inhalte zu verarbeiten und etwas daraus zu machen. Eine Anhäufung von Wissen ist jedoch totes Kapital, es sei denn man macht etwas daraus. Genau das wird vernachlässigt.

Allerdings wäre es zu einfach, alles nur auf die Bildungspolitik oder die Umstände zu schieben. Wir müssen schon auch selbst die Verantwortung für unser Leben und das unserer Kinder übernehmen, dürfen nicht darauf warten, dass irgendetwas von selbst geschieht. Dazu gehört auch herauszufinden, wo unsere Stärken liegen und welche Eigenschaften für uns wichtig sind, welche Werte uns leiten, welche Inhalte wir unserem Leben geben wollen, wofür wir uns einsetzen wollen. Es sind dies Fragen, mit denen wir uns immer wieder beschäftigen sollten, denn nicht nur die Welt verändert sich immer schneller, auch wir entwickeln uns weiter.

Was hat Kennedy mit Pisa zu tun?

Die internationale Schulstudie Pisa wird uns noch lange im Gedächtnis bleiben. Pisa ist nicht etwa eine Art Olympiade für Schüler, sondern die anspruchsvollste Schulstudie, die die OECD in Auftrag gegeben hat. Dabei wird nicht das Faktenwissen geprüft, sondern die Fähigkeit der Schüler, im Leben (und später im Beruf) zurecht zu kommen. Beim Lesen geht es nicht nur darum, einen Text fehlerfrei vorzulesen, sondern um den Inhalt, das Verständnis des Gelesenen. Oder anders gesagt, um das Lesen mit dem Verstand. Der Schüler sollte nicht nur eine Ansammlung von Worten lesen können, sondern das erfassen, was zwischen den Zeilen steht, sollte den Inhalt richtig und mit eigenen Worten interpretieren können. Wer nicht richtig lesen kann, kann keinen Zugang zur Kultur finden. Er bleibt immer außen vor. Auch beim Rechnen geht es nicht allein um das richtige Ergebnis, sondern um das Verständnis. Dann kann nämlich ein Mensch erst Risiken besser kalkulieren, Grafiken richtig lesen.

Die Pisa-Studie mit dem für uns niederschmetternden Ergebnis ist vielleicht ein heilsamer Schock, um eine Wende in unserer Bildungspolitik einzuleiten. Befasst man sich näher mit dem Schulsystem in den skandinavischen Ländern, die so hervorragend abgeschnitten haben, wird deutlich, wo der Unterschied liegt.

Bei uns wird stur gelernt und gepaukt. Vermittelt werden Fakten, Fakten, Fakten, aber nicht, was man damit anfangen kann, wie man sie am besten mit anderen Fakten vernetzt und kreatives Denken erlernt. Es geht dabei nicht darum, ein tieferes Verständnis für die Inhalte und die Zusammenhänge zu erwerben, sondern lediglich darum sich das nackte Wissen anzueignen. Wissen allein bringt uns nicht weiter. Nur wenn wir mit diesem Wissen auch etwas anfangen können, ist Fortschritt möglich. Dass unsere Bildungspolitik im argen liegt, ist nichts Neues. Lange schon wird kritisiert. Doch was ist Gravierendes geschehen? Nicht viel. Was machen wir mit unserer Verantwortung? Wo nehmen wir Einfluss?

Die Auswirkungen unserer Bildungspolitik spüren wir schon lange.

Ich denke dabei an die vielen deutschen Wissenschaftler und Forscher, die längst in andere Länder ausgewandert sind, wo sie auf besserer Basis forschen und arbeiten können.

Kreative Denkarbeit, die Verknüpfung von Informationen, die Verbindung zwischen gelesenem Wort und dem vorhanden Wissen herzustellen und entsprechende geistige Vorstellungen zu entwickeln, wird bei uns kaum gelehrt und erst recht nicht trainiert. Selbst einfache Verknüpfungen zu erstellen, fällt vielen unserer Schüler offenbar recht schwer. Die Konsequenzen sind fatal. Denn wer von klein auf nicht lernt zu denken, der tut sich später damit ganz besonders schwer. Beim reinen Pauken werden gewisse Bereiche im Gehirn gar nicht aktiviert, was zur Folge hat, dass auch künftig nur in begrenzten Denkstrukturen gedacht wird. Das Niveau in Deutschland – dem Land der Dichter und Denker (!) – wird immer tiefer angesetzt. Wir orientieren uns nicht an den Besten, sondern an den Schwächsten, den Langsamsten. In Forschung und Wissenschaft haben uns andere Länder längst überholt.

Wer rastet, der rostet – das gilt auch für den Kopf. Das Gehirn funktioniert ähnlich wie die Muskulatur. Was nicht trainiert wird, verkümmert, bildet sich zurück oder bleibt einfach brach liegen. Nicht aktivierte Bereiche im Gehirn verkümmern schon in jungen Jahren, erst recht im weiteren Lauf des Lebens. Wissenschaftler haben herausgefunden, dass bereits im Säuglingsalter die Weichen für die intellektuelle Entwicklung gestellt werden. Babys, mit denen viel gesprochen wird, entwickeln ein wesentlich besseres Verständnis – nicht nur sprachlich – als Kinder, die in einem wortkargen Umfeld aufwachsen. Die Frage stellt sich, ob wir unsere Kinder nicht vielleicht sogar unterfordern, wenn wir sie nicht vor geistige Herausforderungen stellen, ihnen echte Denksport-Aufgaben geben.

Man hat herausgefunden, dass gerade die ersten Lebensjahre eine wichtige Rolle in der Entwicklung des Gehirns spielen. Die Nervenzellen sind schon vor der Geburt angelegt, die Verknüpfungen entstehen nach der Geburt, und zwar in enormer Zahl im ersten Lebensjahr. Später – etwa im 11. Lebensjahr – findet eine Selektion statt. Nicht benötigte Verknüpfungen werden abgebaut; übrig bleibt nur das, was man braucht und ständig nutzt. Stellen Sie sich die Verknüpfungen im Oberstübchen vor wie ein Straßennetz: ständig befahrene Strecken werden zu Schnellstraßen und Autobahnen ausgebaut; weniger genutzte Wege bleiben holprig und schmal. Das heißt für uns: Je mehr wir unser Gehirn trainieren, je mehr Vernetzungen aufgebaut und dann auch immer wieder benutzt werden, desto fitter sind wir im Kopf. Gedanken entwickeln sich umso schneller, je besser das Denknetz aufgebaut ist. Auch neue Ideen können sich in einem solch gut genutzten und gepflegten Gehirn natürlich viel eher entwickeln als in einem vernachlässigten Kopf, in dem die Infrastruktur brach liegt. Schauen Sie sich einmal ältere Menschen an. Nicht zufällig sind die einen agil und fit, während andere mit den Jahren vergreisen. Als Beispiel möchte ich nur Johannes Heesters nennen: Mit knapp 100 Jahren steht er noch auf der Bühne. Er führt seine geistige Fitness u. a. darauf zurück, dass er sein ganzes Leben lang immer wieder neue Rollen gelernt hat. Sein Geist ist wach, weil er sich nicht aufs Altenteil zurückgezogen, sondern seinen Kopf ständig benutzt hat. Jogging fürs Gehirn ist die beste Methode, sich einen jugendlichen Geist zu erhalten. Das haben erst kürzlich wieder Wissenschaftler nachgewiesen. Anregende Gespräche, Denksportaufgaben, ja sogar das Training im Fitnesscenter kann zur Bildung neuer Nervenzellen beitragen – unabhängig vom Alter.

Professor Zöpfl vom LMU-Institut für Schulpädagogik in München stellte fest, ebenso wie Prof. Koletzko, dass nur fitte Kinder auch gut lernen. Ein gesunder Geist in einem gesunden Körper – das ist nichts Neues, das wussten schon die alten Römer. Prof. Zöpfl stellt einen Zusammenhang zwischen Bewegungsfähigkeit und Intelligenz fest. Körperliche Aktivitäten machen auch den Geist frisch. Während das Sitzen vor dem Computer oder Fernseher körperlich und geistig dumpf macht und sich beispielsweise dadurch ausdrückt, dass solche Kinder immer weniger dreidimensional erfassen können.

Sie zweifeln daran? Dann probieren Sie es einfach selbst aus. Sicherlich haben Sie auch einmal einen Tag, an dem Sie mit dem linken Bein aufgestanden sind. Sie kommen nicht richtig in die Gänge, sind lustlos und mürrisch. Hüpfen Sie einmal fünf bis zehn Minuten herum – so richtig mit Elan. Ich garantiere Ihnen, dass Sie sich nicht nur besser fühlen, dass die schlechte Laune weg ist, sondern auch, dass Sie ganz klar denken können. Wer seine Finger viel bewegt, der hält auch seine Oberstübchen beweglich. Diese Erkenntnis ist nicht neu. Die Chinesen wissen das schon seit Jahrtausenden und lassen die Gesundheitskugeln in ihren Händen rollen.

Warum funktioniert es mit den Schulen im Norden Europas so viel besser als bei uns? Da spielt das System eine nicht unwesentliche Rolle: In Schweden beispielsweise haben die einzelnen Schulen die Freiheit zu entscheiden, wie der Etat ausgegeben wird, selbst die Lehrergehälter werden – innerhalb eines bestimmten Rahmens – individuell ausgehandelt. Lehrer arbeiten zusammen, besuchen auch mal den Unterricht des Kollegen mit dem Ziel, sich zu verbessern. Bei uns sind Lehrer Einzelkämpfer, die sich keiner Konkurrenz zu stellen haben. Im Klassenzimmer sind sie die Herrscher, die auf Autorität setzen - mehr oder weniger erfolgreich. In Schweden ist das anders. Hier wird nach dem Motto „Evaluation" – gegenseitige Evaluation – gehandelt, sowohl zwischen Gleichgestellten, also Lehrer – Lehrer; Schüler – Schüler, wie auch zwischen Lehrern und Schülern und umgekehrt.

Gelernt wird nicht für Prüfungen, sondern fürs Leben – in einer angstfreien Atmosphäre. Es wird viel geredet in Schwedens Schulen – nicht nur im Unterricht. Alle 6 Monate ist ein sogenanntes Entwicklungsgespräch zwischen Klassenlehrer und Schüler, oft auch mit den Eltern, an der Tagesordnung, bei dem sowohl die schulische Leistung wie auch die persönliche Entwicklung des Kindes erörtert wird. Meist wird bei diesem Gespräch ein Ziel festgelegt. Die Bedeutung dieser Gespräche entspricht in etwa den Zeugnissen bei uns.

Gearbeitet wird in einer Atmosphäre des Vertrauens, was jedoch nicht davon entbindet, auch Rechenschaft abzulegen. Anders als bei uns übernehmen in Schweden die Lehrer Verantwortung und ziehen Konsequenzen aus den Erfahrungen. Damit erwerben sie sich Achtung bei den Schülern und Zufriedenheit für sich selbst. Lehrer in Skandinavien sind selbstbewusst, nutzen lieber ihren Handlungsspielraum und schieben nicht – wie bei uns üblich – die Schuld auf ein System.

Die Lernziele in Schweden sind vorgegeben. Wie diese erreicht werden, überlässt man allerdings den Pädagogen. Großer Wert wird darauf gelegt, den Kindern das zu geben, was sie benötigen, um mit Eifer zu lernen: Spaß. Es liegt auf der Hand, dass die Motivation dort ungleich höher ist als bei uns. Der Spaßfaktor in unseren Schulen spielt selten eine wesentliche Rolle – leider.

Was ist in Schweden passiert? Vor 25 Jahren gab es noch eine nationale Schulbehörde, die sowohl Etat, Stellen und Stundenpläne festlegte. Später dann wurde die Verantwortung für die Schulen an die Kommunen übergeben. Und seitdem geht es bildungsmäßig bergauf.

Die Debatten über unser Schulsystem sind noch lange nicht abgeschlossen. Lassen Sie mich nur kurz noch erwähnen, dass in deutschen Landen eine großen Kluft zwischen Leistungsstarken und Leistungsschwachen besteht. Dies bleibt zwangsläufig nicht auf die Schule beschränkt, sondern setzt sich im Berufsleben fort. Wer glaubt, dass berufliche Weiterbildung schulische Lücken schließen könnte, ist im Irrtum. Zu Weiterbildungsmaßnahmen schicken die Unternehmen nämlich die Besten, denn von ihnen kann man am meisten erwarten, und nicht etwa die Schwachen. Wer in der Schule schwach ist, kann das nicht mehr im Job aufholen oder kompensieren.

Was bedeuten all diese Erkenntnisse für uns?

Ein Ruck muss durch unser Land gehen. Es muss etwas passieren. Doch können wir es uns nicht so einfach machen und darauf warten, dass uns diese Arbeit jemand abnimmt. Jeder von uns ist gefordert, unabhängig davon ob er Kinder hat oder nicht. Packen Sie es an, übernehmen Sie Ihren Teil der Verantwortung.

Wie soll das in der Praxis aussehen?
Dafür hat sich die Enkelmann-Methode bewährt. In über drei Jahrzehnten Praxis habe ich eine Methode entwickelt, die es jedem Menschen erlaubt, ein für ihn ideales Ziel in seinem Leben zu finden, ein Ziel, das seiner Persönlichkeit gerecht wird. Dazu zeige ich Wege auf, als Basis sich selbst richtig kennenzulernen, um dann das Ziel zu erarbeiten. Ich gebe jedem das Rüstzeug mit, sein individuelles Ziel zu erreichen, einen Sinn in seinem Leben zu finden oder seinem Leben einen Sinn zu geben. Und damit setze ich einen Prozess in Gang: Wenn ich

etwas ändere an meiner Einstellung und meinem Verhalten, dann ändert sich ganz automatisch alles andere auch.

Es gibt natürlich auch bei uns Schulen, in denen nicht einfach trainiert wird, sondern in denen Kinder individuell entsprechend ihrer Begabung gefördert werden, die Neugierde erhalten bleibt und das Lernen Spaß macht. Nicht Drill, sondern Förderung und Entfaltung stehen in solchen Schulen im Vordergrund. Hierzu zählt beispielsweise die Waldorfschule, 1919 von Rudolf Steiner gegründet. Die Schüler durchlaufen 12 Schuljahre, ohne sitzen zu bleiben. Damit entfällt von vornherein der Leistungsdruck, dem man in anderen Schulen massiv unterworfen ist. Es wird nicht allein sachbezogen unterrichtet, sondern vor allem auch auf die seelischen und geistigen Veranlagungen bzw. Begabungen des einzelnen Kindes Rücksicht genommen. So können sich Stärken verstärken und Talente entwickeln. Dazu gehört beispielsweise auch handwerklicher Unterricht. Auf die Entfaltung innerer Freiheit wird größter Wert gelegt und entsprechend ist der Lehrplan ausgelegt. Die Unterrichtsinhalte werden in einer Art und Weise angeboten und vertieft, dass die Kinder und Jugendlichen nicht nur Neues lernen, sondern auch Antworten auf Lebensfragen finden können. Die Waldorfschule sieht sich nicht als eine Institution, die auf die Uni vorbereitet, sondern eher als eine Stätte, in der Fähigkeiten und Begabungen entwickelt und gefördert werden. Anstelle eines Zeugnisses mit Noten werden detaillierte Charakterisierungen erstellt, die sowohl die Leistung wie auch Begabungen, Bemühungen und Fortschritt des Schülers beinhaltet. In der Waldorfschule erlernen die Kinder von klein auf soziale Kompetenz, indem sie gemeinsam und miteinander lernen, und lernen andere Menschen zu verstehen.

Auch die Montessori-Schulen setzen auf die Entfaltung der individuellen Persönlichkeit, wobei die Entwicklung der Kinder auch durch handwerkliche Arbeiten gefördert wird. Die Montessori Pädagogik, entwickelt von Maria Montessori, geht davon aus, dass die Entwicklung des Geistes nicht allein durch Gene und verbale Instruktion geschieht. Beim handwerklichen Arbeiten lernen Kinder zu begreifen und eine mentale Struktur aufzubauen. Über die Tätigkeit mit den Händen lernen sie ihre Sinne zu gebrauchen und Eindrücke zu absorbieren. Dabei lernen Sie Ideen und Begriffe zu erfassen und diese mit dem Verstand zu verarbeiten. Die Kinder entwickeln so eine hohe Konzentrationsfähigkeit und Ausdauer und haben Freude an ihrer Arbeit. Die Intelligenz wird aktiviert, ohne dabei jedoch Druck auszuüben. Die Kinder haben viel Freiheit, können ihre Arbeit selbst wählen sowie die Mitschüler/innen, mit denen sie zusammen arbeiten möchten. Auf diese natürliche Weise werden sie selbständig, übernehmen Verantwortung und erlernen soziales Verhalten. Die Montessori-Pädagogik arbeitet nicht gegen die Natur des Kindes, sondern in Harmonie mit ihr.

Speziell für junge Leute habe ich ein Buch geschrieben: Power für die Jugend! Schenken Sie es jedem jungen Menschen in Ihrem Umfeld, geben Sie ihm damit die Chance, schon frühzeitig die Weichen richtig zu stellen, selbstbewusst und sicher zu werden. Hätte der Attentäter von Erfurt über mehr Selbstbewusstsein verfügt, wäre er nicht Opfer seiner Minderwertigkeitskomplexe geworden. Es ist dies ein Teufelskreis: Wer sich den anderen nicht gewachsen fühlt, meidet den Kontakt, Rückzug und Isolation sind die Folge. Der Jugendliche fühlt sich nicht verstanden und ausgeschlossen, wird aggressiv und entwickelt einen Riesenhass auf die anderen. Die Schuld für sein Fehlverhalten sucht er nicht bei sich – dazu ist er nicht in der Lage. Schuld sind die anderen. Einmal in diesem Denk- und Verhaltensschema gefangen, steigert er sich in seine destruktive Haltung hinein – und wird zu grausamen Taten fähig. Er rächt sich an der ganzen Welt. Und er will einmal beachtet werden, einmal im Mittelpunkt stehen – egal um welchen Preis. Sein Leben als Versager ist für ihn sowieso keinen Pfifferling mehr wert. Deshalb meine Bitte an Sie: Achten Sie auf Ihre Mitmenschen, besonders auf die Jungen und Unerfahrenen.

Der Motivationsforscher Steven Reiss von der Universität Ohio hat moniert, dass unsere Bildungspolitik von falschen Voraussetzungen ausgeht, wenn allen Kindern eine etwa gleich ausgeprägte Wissbegierde unterstellt wird und man davon ausgeht, dass alle ein ähnliches Lernpotential haben. Dem ist nicht so. Jede Münze hat zwei Seiten, auch die

Motivation. Werden jedoch Kinder, die durchaus intelligent sein können, aber kaum Interesse an Wissen haben, unter Druck gesetzt, erreicht man wenig und zerstört möglicherweise viel. Solange ein Kind nicht völlig aus dem Rahmen fällt, sollten Lehrer und Eltern mehr Rücksicht auf die individuellen Bedürfnisse nehmen. Ein Schulsystem, das auf Fakten und Noten setzt, fördert nicht gerade die Freude am Lernen.

Wir müssen eine andere Einstellung zum Unterricht, zur Bildung und Ausbildung finden, nicht nur damit Deutschland wieder wettbewerbsfähig wird. Viel wichtiger als der Vergleich mit anderen Ländern ist es doch, dass wir unseren Kindern das Beste bieten, was es gibt. Eine umfassende Reform ist notwendig. Wie könnte man Geld besser investieren als in die Erziehung der nachwachsenden Generation. Dabei sollte nicht Eigennutz die Motivation sein, sondern der Wunsch die Entwicklung und die persönliche Entfaltung der jungen Menschen zu fördern. Ganztagesschulen wie sie in den meisten anderen Ländern üblich sind, individuelle Betreuung entsprechend der jeweiligen Begabung, kein Druck, dafür mehr Verständnis für den einzelnen und Freiheit zur Entfaltung – was glauben Sie, wie gut uns das allen täte. Nicht nur die Kinder und Jugendlichen könnten sich entwickeln und entfalten, auch die Eltern würden davon profitieren. Die Kinder wären bestens – darunter verstehe ich ihrer Entwicklung und ihrer Persönlichkeit entsprechend - betreut, sie wären glücklicher und würden mit Freude lernen, hätten Spaß sich und ihre Talente zu entdecken. Das würde dann auch die Gefahr verringern, dass sie abrutschen – ins Drogenmilieu geraten und den falschen Parolen glauben. Heute kennen viele Lehrer nicht einmal mehr die Namen ihrer Schüler, geschweige denn, dass sie ihre Stärken und Schwächen kennen. Würde er sich wirklich mit ihnen auseinander setzen, dann wüsste er auch, wie er mit ihnen am besten umgehen sollte, sie neugierig machen und motivieren könnte. Lernen sollte ja Spaß machen und nicht in ungeliebte Arbeit (und damit Schwerstarbeit, denn alles, was man nicht gern tut, fällt doppelt schwer!) ausarten – die Ergebnisse könnten sich dann auch sehen lassen. Mit einem anderen, auf die Bedürfnisse der Kinder zugeschnittenen Schulsystem verringert sich zugleich auch der Superstress, der zum Großteil allein auf den Schultern der Frauen liegt. Sind die Kinder den ganzen Tag in der Schule, können auch die Mütter ohne schlechtes Gewissen Karriere machen. Glückliche Kinder, bessere Zukunftsaussichten, glücklichere Mütter oder Eltern, größere Zufriedenheit...

Raus aus der Routine, rein in neue Konzepte, eine andere Einstellung – mit dem Ziel: Lernen für's Leben. Wenn es uns gelingt, Kindern das Lernen so nahe zu bringen, dass sie daran Freude und Spaß haben, dann haben wir viel erreicht. Wer nämlich als Kind auf eine spielerische Art und Weise Neues kennen lernt, wer von klein auf gewohnt ist, seinen Kopf einzuschalten, hat die besten Voraussetzungen zu einem erfolgreichen und glücklichen Profi zu werden. Wer sich und sein Talente entdeckt, kann sich zu einer strahlenden und erfolgreichen Persönlichkeit entwickeln. Genau das ist es, was unsere Welt heute mehr denn je benötigt!

Neue Wege gehen – dies gilt nicht nur für Menschen, die im Bildungssektor tätig sind, sondern für uns alle. Denn jeder Tag bietet jedem von uns die Chance etwas zu lernen, wenn wir uns einmal darüber klar geworden sind, dass wir davon profitieren, wenn wir starre Muster in unseren Denk- und Verhaltensstrukturen auflösen, dass unsere Persönlichkeit davon profitiert. Alles ist möglich für denjenigen, der sich nicht auf seinen Lorbeeren ausruht!

Denken Sie an Kennedy: Ein Großteil seines Erfolges ist darauf zurückzuführen, dass er sein Potential erkannt und genutzt hat.

Lassen Sie uns auch noch einen Blick in die Betriebe werfen: Auch hier wird ein riesiges Potential an Kreativität, an Energie vergeudet, weil häufig den Mitarbeitern zu wenig Freiraum gelassen wird. Neue Ideen werden nicht ernst genommen, zum einen weil Veränderung immer auch Aufgabe der eigenen Bequemlichkeit bedeutet, zum anderen, weil der Konkurrenzdruck so stark ist. Die Wirtschaftslage ist nicht gerade förderlich, mit ausgefallenen Vorschlägen seinen Job zu gefährden. Die Weltwirtschaftslage, Zusammenbrüche großer Firmen, Fusionen, feindliche Übernahmen – all das ist nicht ermunternd und erst recht nicht geeignet, sich durch innovative Ideen möglicherweise unbeliebt zu machen. Die Angst vor Verlust (Job, Geld, Macht, Ansehen, Gesundheit) geht um.

Wie soll das weitergehen, wenn diese Negativspirale nicht gestoppt wird?

Was wir brauchen, sind Persönlichkeiten. Und zwar auf jedem Sektor und auf jeder Ebene: In der Politik ebenso wie in der Wirtschaft. Wir benötigen Menschen, die Mut machen, die erstrebenswerte Ziele vorgeben und in der Lage sind, Menschen zu motivieren. Das sind kraftvolle Menschen, die ihre Macht und ihren Einfluss nutzen, um etwas zu bewegen. So wie es Kennedy gelungen ist, den Amerikanern ihren Traum zu geben. Aber er hat nicht nur einen Traum kreiert, er konnte auch die Energie mobilisieren, die nötig ist, um daraus Realität zu machen.

Lebenslänglich lernen?!

Mit drei Zitaten die sich gegenseitig ergänzen, möchte ich dieses Kapitel beginnen.

Konrad Lorenz, Nobelpreisträger, sagte: „Leben heißt lernen."

Dr. Pohl sagt: „Wer aufgehört hat besser zu werden, hat aufgehört, gut zu sein."

Wir sagen: „Das Leben ist zu kurz, um alle Erfahrungen selbst zu machen."

Um zu den Besten zu gehören, brauchen wir zwei Voraussetzungen:

1. ein gesundes Selbstbewusstsein
2. eine fachliche Überlegenheit

Als ich vor 25 Jahren in meinen Seminaren sagte, man könne aus seinen Fehlern nichts lernen, waren viele Teilnehmer mehr als erstaunt. Es wurde unendlich lange diskutiert und immer wieder wurde die Meinung vertreten, der Mensch könne aus Fehlern oder Schicksalsschlägen etwas lernen. Wenn ich dann die rhetorische Frage stellte, aus welchem Fehler haben Sie persönlich am meisten gelernt, was machen Sie seitdem besser, konnten viele nicht antworten.

Natürlich, lieber Leser, kann man aus seinen Fehlern etwas lernen, aber dieser Weg ist schmerzlich und sehr lang. Lernen, wirklich etwas fürs Leben lernen, können wir nur von Menschen, die besser sind als wir. Aus diesem Grunde vertreten wir in unserem System die Erkenntnis, was ein erfolgreicher Mensch braucht, sind erfolgreiche Vorbilder. Das wollte zunächst einmal die Eitelkeit vieler nicht akzeptieren, denn sie wollten immer die Besten sein, und waren nicht einmal gut.

Die neurolinguistische Programmierung führt dann einige Jahre später das Modell des „Modeling" ein. Man sollte seine Vorbilder kopieren und erzielt damit die gleichen Ergebnisse, die auch die Vorbilder erzielt hatten. Marketingspezialisten hatten mit „Modeling" einen neuen Begriff geprägt.

Seit zwei Jahren lesen wir immer wieder, wir sollten von den Besten lernen. Alles richtig, denn viele, denen ich erklärt habe, wie wichtig die Macht des Vorbildes ist, erkannten unbewusst, aber schlagartig, wer keine Vorbilder hat, kann auch nicht zum Vorbild werden. Aber führen durch das Vorbild ist der sicherste Weg. Vielleicht schreiben Sie jetzt einmal Ihre drei größten rhetorischen Vorbilder auf.

1.

2.

3.

Und da Erfolg eine Frage des Verhaltens ist, analysieren Sie einmal, durch welche Eigenschaften und Fähigkeiten wurden Ihre Vorbilder so brillant so genial, so erfolgreich. Automatisch können Sie jetzt vergleichen, wie verhalte ich mich, und was fehlt mir um genau so erfolgreich zu werden wie meine Vorbilder. Vorbilder weisen uns den Weg. Vorbilder zeigen uns, wie es sein wird, wenn wir am Ziel sind.

Modeling – von den Besten lernen – im Grunde ist es nichts Neues. Der Unterschied liegt darin, ob wir nur suchen oder ob wir auch etwas finden wollen. Die Begriffe mögen sich in den letzten 2000 Jahren geändert haben, der Weg nach oben aber ist gleich geblieben. Im Grunde haben die griechischen Rhetorik-Seminare alle Erkenntnisse des Überzeugungsprozesses vorweggenommen. NLP, Motivationsforschung und die neuesten Ergebnisse der Hirnforschung bestätigen im Grunde heute nur die Richtigkeit und die Möglichkeiten der Rhetorik.

Unsere 14 Grundgesetze der Lebensentfaltung, die Sie noch kennen lernen werden, machen deutlich, dass die Gesetze des Erfolges immer die gleichen bleiben.

Bandler und Grinder analysierten die drei erfolgreichsten Therapeuten unserer Zeit: Milton H. Erickson, Virginia Satir, Fritz Perls. Drei hervorragende, ganz unterschiedliche Persönlichkeiten, die zudem unterschiedliche Konzepte vertraten. Nachdem Bandler und Grinder das Wesentliche aus den Vorgehensweisen der drei extrahiert hatten, fanden sie trotz der offensichtlichen Unterschiede in den Therapien Gemeinsames heraus.

Sie gaben diesen gemeinsamen Vorgehensweisen einprägsame Bezeichnungen:

Pacing   ist die Fähigkeit, sich auf die Wellenlänge des anderen einzustellen, das Verhalten der Person zu spiegeln, Gleichschritt herzustellen.

Rapport   ist die Fähigkeit, auf der bewussten und unbewussten Ebene gute Kontakte, gleiche Wellenlängen herzustellen und zu halten, durch Sprache und Körpersprache.

Leading   ist das Vermögen vom Pacing ausgehend die Gedanken und Gefühle des Gesprächspartners in eine neue Richtung zu lenken und zu führen.

Refraiming   ist der Denkrahmen zum Erweitern des Blickfeldes, die Fähigkeit, Bekanntes und Vertrautes auf neue Art zu sehen.

Anchoring   (bekannt durch Pawlows Studien über Reflexmechanismen) ist das Verankern bestimmter Verhaltensweisen und Reaktionen über die verschiedenen Sinneskanäle.

Ressource	sind bisher gesammelte Erfahrungen, die nutzbar ge-macht werden können. Durch das Lösen von Blocka-den können wir zu dem Menschen werden der wir in Wirklichkeit sind.
Future-Pacing	ist ein Schritt in die Zukunft. Die Übertragung einer Veränderung in die Zukunft („Als-ob"-Modus oder „Probefahrt").

Nur wenige Menschen haben diese Erkenntnisse so überzeugend und erfolgreich angewandt, wie John F. Kennedy. In Europa ist uns seine Rede an die Berliner unvergesslich geblieben. Ich weiß nicht, wie viele Ghostwriter an dieser perfekten Rede gearbeitet haben. Aber eins weiß ich genau, dass wir alle von dieser perfekten Rede profitieren können. Vielleicht werden Sie beim aufmerksamen Studieren dieser Rede einige Aha-Effekte haben.

Was sollten Sie tun? Wenn Sie überzeugt sind, dass diese Rede eine Fülle von Erkenntnissen der Überzeugungskunst beinhaltet, sollten Sie 1. diese Rede auswendig lernen und Sie dann 2. möglichst oft am besten vor dem Spiegel wie ein Schauspieler rezitieren.

Durch dieses Training, durch das regelmäßige Wiederholen dieser Übung entstehen in Ihrem Unterbewusstsein neue Verhaltensmuster. Sie werden später automatisch, bewusst und unbewusst, von der Über-zeugungskunst Kennedys profitieren.

Rede des Präsidenten John F. Kennedy
vor dem Rathaus Schöneberg am 26. Juni 1963

Meine Berliner und Berlinerinnen,
ich bin stolz, heute in Ihre Stadt zu kommen als Gast Ihres hervorra-genden Regierenden Bürgermeisters, der in allen Teilen der Welt als Symbol für den Kampf- und Widerstandsgeist West-Berlins gilt.

Was ist wirklich so beeindruckend, ergreifend und
glaubhaft an dieser Rede? John F. Kennedy be-

ginnt damit Dinge zu sagen, die jeder sieht oder
weiß. Im NLP nennt man das „pacen". Er ver-
mittelt kein Mitleid, sondern Stolz, er hebt die
Wichtigkeit des regierenden Bürgermeisters von
Berlin und gibt starke und positive Attribute.

Ich bin stolz, auf dieser Reise die Bundesrepublik Deutschland zusammen mit ihrem hervorragenden Herrn Bundeskanzler besucht zu haben, der während so langer Jahre die Politik der Bundesregierung bestimmt hat nach den Richtlinien der Demokratie, der Freiheit und des Fortschritts.

In diesem Absatz verstärkt er das zuvor Gesagte
und verknüpft es mit der Betonung der wiederge-
wonnenen Demokratie, der Freiheit und des Fort-
schritts (leaden).

Ich bin stolz darauf, heute in Ihre Stadt in der Gesellschaft eines amerikanischen Mitbürgers gekommen zu sein, General Clays, der hier in der Zeit der schwersten Krise tätig war, durch die diese Stadt gegangen ist, und der wieder nach Berlin kommen wird, wenn es notwendig werden sollte.

In diesem Absatz spiegelt er wieder, was die Bür-
ger dieser Stadt erlebt haben und er führt (leadet)
es in ein Angebot der Hilfe.

Vor zweitausend Jahren war der stolzeste Satz, den ein Mensch sagen konnte, der: Ich bin ein Bürger Roms. Heute ist der stolzeste Satz, den jemand in der freien Welt sagen kann: Ich bin ein Berliner.

In diesem Absatz schafft es Kennedy, den Wert
eines jeden Berliners bis zu einer neuen Identität
auf der Skala der logischen Ebene zu heben (Ich
bin ein Berliner).

Ich bin dem Dolmetscher dankbar, dass er mein Deutsch noch besser übersetzt hat.

Lob und Anerkennung für den Dolmetscher zeigen
seine Ehrlichkeit und Glaubwürdigkeit.

Wenn es in der Welt Menschen geben sollte, die nicht verstehen oder nicht zu verstehen vorgeben, worum es heute in der Auseinandersetzung zwischen der freien Welt und dem Kommunismus geht, dann können wir ihnen nur sagen, sie sollen nach Berlin kommen.

Es gibt Leute, die sagen, dem Kommunismus gehöre die Zukunft. Sie sollen nach Berlin kommen.

Und es gibt wieder andere in Europa und in anderen Teilen der Welt, die behaupten, man könne mit dem Kommunismus zusammenarbeiten. Auch sie sollen nach Berlin kommen.

Und es gibt auch einige wenige, die sagen, es treffe zwar zu, dass der Kommunismus ein böses und ein schlechtes System sei, aber er gestatte es ihnen, wirtschaftlichen Fortschritt zu erreichen. Aber lasst auch sie nach Berlin kommen.

> *In den letzten vier Absätzen spiegelt er alles was die Berliner über Ihr Leben, ihre Stadt denken könnten wider. Er überlässt es der Fantasie jedes Einzelnen, was damit gemeint ist, beendet aber jeden Absatz mit der Aufforderung, dass auch die, an die der Zuhörer denkt, nach Berlin kommen mögen. Der Zuhörer hat das Gefühl, sehr genau zu wissen, um was es geht, obwohl die Aussagen relativ unspezifisch sind.*

Ein Leben in Freiheit ist nicht leicht, und die Demokratie ist nicht vollkommen. Aber wir hatten es nie nötig, eine Mauer aufzubauen, um unsere Leute bei uns zu halten und sie daran zu hindern, woanders hinzugehen.

> *In diesem Absatz sagt er, was jeder spürt, dass dieses Leben nicht leicht ist und führt sie sofort zu dem noch schwereren Los hinter den Mauern zu leben und daran gehindert zu sein, woanders hinzureisen. Damit macht er Ihnen ihr Los leichter und erfreulicher.*

Ich möchte Ihnen im Namen der Bevölkerung der Vereinigten Staaten, die viele tausend Kilometer von Ihnen entfernt lebt, auf der anderen Seite des Atlantiks, sagen, dass meine amerikanischen Mitbürger stolz, sehr stolz darauf sind, mit Ihnen zusammen selbst aus der Entfernung die Geschichte der letzten 18 Jahre teilen zu können.

Jetzt wagt er den großen Brückenschlag auf die
andere Seite des Atlantiks. In der Zeit der großen
Amerikagläubigkeit vermittelt er den Zuhörern
das Gefühl mit den Bürgern der Vereinigten Staa-
ten von Amerika verbunden zu sein.

Denn ich weiß nicht, dass jemals eine Stadt 18 Jahre lang belagert
wurde und dennoch lebt in ungebrochener Vitalität, mit unerschütter-
licher Hoffnung, mit der gleichen Stärke und mit der gleichen Entschlossenheit wie heute West-Berlin.

Nun beginnt er die Werte aller Berliner anzuheben
und in Entschlossenheit nach vorne zu führen.

Die Mauer ist die abscheulichste und stärkste Demonstration für das
Versagen des kommunistischen Systems. Die ganze Welt sieht dieses
Eingeständnis des Versagens.

Jetzt greift er wieder in die Vergangenheit zurück,
wählt starke Bilder wie „Demonstration für das
Versagen" oder das „Eingeständnis des Versa-
gens" und spricht davon, dass die Mauer das Ab-
scheulichste ist.

Wir sind darüber keineswegs glücklich; denn, wie Ihr Regierender Bür-
germeister gesagt hat, die Mauer schlägt nicht nur der Geschichte ins
Gesicht, sie schlägt der Menschlichkeit ins Gesicht.

Durch die Mauer werden Familien getrennt, der Mann von der Frau,
der Bruder von der Schwester, und Menschen werden mit Gewalt aus-
einandergehalten, die zusammen leben wollen.

Wieder spiegelt er all das wider, was die Men-
schen einengt, was sie beklagen, was ihren Fami-
lien widerfahren ist oder noch widerfährt.

Was von Berlin gilt, gilt von Deutschland: Ein echter Friede in Europa
kann nicht gewährleistet werden, solange jedem vierten Deutschen das
Grundrecht einer freien Wahl vorenthalten wird.

In 18 Jahren Frieden und der erprobten Verlässlichkeit hat diese Generation der Deutschen sich das Recht verdient, frei zu sein, ein-
schließlich des Rechtes, die Familien und die Nation in dauerhaftem
Frieden wiedervereinigt zu sehen, in gutem Willen gegen jedermann.

Sie leben auf einer verteidigten Insel der Freiheit. Aber Ihr Leben ist mit dem des Festlandes verbunden, und deshalb fordere ich Sie zum Schluss auf, den Blick über die Gefahren des Heute hinweg auf die Hoffnung des Morgen zu richten, über die Freiheit dieser Stadt Berlin und über die Freiheit Ihres Landes hinweg auf den Vormarsch der Freiheit überall in der Welt, über die Mauer hinweg auf den Tag des Friedens mit Gerechtigkeit.

Die Freiheit ist unteilbar, und wenn auch nur einer versklavt ist, dann sind nicht alle frei. Aber wenn der Tag gekommen sein wird, an dem alle die Freiheit haben und Ihre Stadt und Ihr Land wieder vereint sind, wenn Europa geeint ist und Bestandteil eines friedvollen und zu höchsten Hoffnungen berechtigten Erdteiles, dann, wenn dieser Tag gekommen sein wird, können Sie mit Befriedigung von sich sagen, dass die Berliner und diese Stadt Berlin 20 Jahre die Front gehalten haben.

Alle freien Menschen, wo immer sie leben mögen, sind Bürger dieser Stadt West-Berlin, und deshalb bin ich als freier Mann stolz darauf, sagen zu können: **Ich bin ein Berliner**

In den letzten fünf Absätzen beginnt er die Menschen nach vorne zu führen (Future-Pacing). Er benutzt dazu das Recht, die Nation, den Frieden des guten Willens. Er bindet es in Aktionen ein, mit der sich selbst erfüllenden Prophezeiung, die in dieser Stadt und in diesem Land, wenn man in die Zukunft schaut, möglich ist. Unglaublich stark wirkende Aussagen ergreifen die Menschen. Die sich selbst erfüllende Prophezeiung, die immer mehr verstärkt wird, gipfelt darin, dass John F. Kennedy sich mit seinem ganzen Glauben mit den Menschen auf dem Platz vor dem Rathaus Schöneberg solidarisiert und die Worte wiederholt: „Ich bin ein Berliner".

Diese Rede haben die Menschen in Deutschland nicht vergessen und spätestens von da an sind ihre Ziele klar gewesen, dem Gesagten zur Wahrheit zu verhelfen.

Die Ausgangslage

Berlin ist frei, die Mauer ist gefallen, die Menschen sind frei:
Die Prophezeiung hat sich erfüllt

Bitte, lieber Leser, nehmen Sie sich zum wiederholten Studieren dieser Rede viel Zeit. Verinnerlichen Sie die rhetorischen Regeln, die Kennedy so erfolgreich angewandt hat.

Seit zwanzig Jahren wiederhole ich ständig das Zitat: „Selbst ein Zwerg sieht weiter als ein Riese, wenn er auf den Schultern eines Riesen steht."

Hilfe, Informationsmüll!

Der Segen der schnellen Kommunikation hat natürlich auch seine Kehrseite. Immer schneller, immer mehr, aber nicht immer besser – so könnte man die Situation auch beschreiben. Früher waren es nur Papier, Broschüren und Prospekte, die die Papierkörbe füllten. Heute sind es Fernsehen, Internet, E-mail und SMS-Nachrichten, die uns zusätzlich mit vermeintlichen Informationen überlasten. Nirgends sind wir mehr sicher vor Informationen jeder Art. Immer und überall sind wir erreichbar. Schnell mal im Internet surfen, dann mit dem Palm unterwegs, nur nirgends zur Ruhe kommen – immer online, immer in action. Die Fachzeitschriften türmen sich im Büro, in manchen Firmen läuft ständig der Fernseher. Und nicht mal abends entkommen wir der Informationsmaschinerie. Eine Talkshow jagt die andere, eine politische Diskussion nach der anderen – oft gleichzeitig auf mehreren Kanälen, zu ähnlichen Themen mit unterschiedlichen Kandidaten. Wir bemerken oft nicht einmal, wie sehr wir uns zumüllen lassen, wie sehr wir Opfer geworden sind. Erst einmal natürlich Opfer unserer Einstellung: Überall müssen wir dabei sein, denn wir wollen ja am nächsten Tag mitreden können. Und so glauben wir, das geht nur, wenn wir alles wissen – auf jedem Gebiet etwas zu sagen haben – und sei es nur das, was wir einem Nachrichtensprecher oder Politiker nachplappern. Eigene Meinung ade.

Aber was kommt unter dem Strich dabei für uns raus? Eine Fülle von Neuigkeiten, die eigentlich sortiert und dann entsprechend bearbeitet werden sollte. Doch dafür fehlt die Zeit, denn noch aktuellere News sind bereits unterwegs zu uns. Hier eine klare Linie zu finden, fällt vielen schwer. Immer sitzt uns die Angst im Nacken, wir könnten ja etwas verpassen, wenn wir mal die E-mails nicht sofort anschauen oder auch mal das Handy aus- und den Anrufbeantworter abschalten.

Wir haben durch die moderne Technologie heute Zugang zu einem gigantischen Wissenspool. Ein Klick am Computer und schon sind wir mitten drin im aktuellen Geschehen. Wir können bequem in unserem Büro oder zu Hause die letzten Schlagzeilen in einer afrikanischen Tageszeitung studieren, können in der Enzyclopedia Britannica nachschlagen oder die aktuellen Börsenkurse abfragen. Gerade weil das Angebot so immens ist, fällt es schwer, die richtigen Informationen zu finden. Auf das „Gewusst wo" kommt es an. Aber wer nimmt sich schon Zeit, dies zu lernen. In der Zwischenzeit verpasst man vielleicht eine wichtige Nachricht.

Psychologen sprechen bereits von einer Sucht. Wir sind maßlos informiert. Weniger gesprochen wird von den Menschen, die täglich unter dieser Informationslawine ersticken. Ihr Tod ist leise, denn sie haben nichts Wichtiges zu sagen und folglich hört man ihnen auch kaum zu. Woran liegt das? Wer ungefiltert nur Aktuelles nachplappert, kann gar nicht ernst genommen werden, wird nicht einmal beachtet. Doch es geht nicht nur darum, wie unsere Mitmenschen auf uns reagieren. Zuerst einmal geht es um uns selbst. Wie gehen wir mit dem Überangebot an Informationen um? Lassen wir uns erdrücken oder haben wir die Notbremse gezogen, klinken wir uns vollständig aus oder ist es uns gelungen, einen optimalen Weg zu finden? Können wir aus der Unmenge an Neuigkeiten das herausfiltern, was für uns wichtig ist?

Information muss sein. Aktuelle Information ist nicht nur für ein Unternehmen, sondern auch für den einzelnen Menschen von existenzieller Bedeutung. Aber nicht die Quantität macht es, sondern die Qualität der Information. Hier ist Selektion erforderlich. Nicht wenig von vielen Themen wissen, sondern Expertenkenntnisse auf einem einzigen

Gebiet erwerben. Damit haben Sie zwei Probleme gelöst: Sie gehen nicht mehr unter in den Info-Fluten und zugleich heben Sie sich ab von der Masse.

Dazu muss man natürlich erst einmal wissen, was man wirklich will. Welches Ziel steuern Sie an, welche Kenntnisse brauchen Sie dazu und wie erwerben Sie diese?

2. Den eigenen Wunschtraum finden

Sind Sie sich nicht selbst ab und zu ein Rätsel? Sie sind überzeugt davon, dass Sie ein ganz cooler Typ sind und doch hat die attraktive Blonde Sie kürzlich aus der Fassung gebracht, ja sogar gestottert haben Sie! Sie kennen sich als absolut gewissenhaften Analytiker und doch ist Ihnen ein grober Flüchtigkeitsfehler unterlaufen, den Sie lange nicht einmal bemerkt haben. „Ich kenne mich in- und auswendig, ich bin so oder so" – sagen Sie und trotzdem geschehen fast täglich Dinge, die Ihnen beweisen, dass Sie offenbar doch nicht ganz so sind, wie Sie annehmen. Ständig stellen wir uns infrage, sind überrascht vom eigenen Verhalten.

Sie sollen jetzt Ihre Ziele festlegen, sollen sich selbst einschätzen und charakterisieren, sollen nur „Sie selbst sein". Das klingt so einfach und ist doch so kompliziert. Wer sind Sie denn wirklich? Dies ist die Kernfrage überhaupt. Die Antwort darauf ist das Fundament, auf dem Sie Ihr Leben aufbauen. „Sei du selbst" – das ist der Trend unserer Zeit. Gelebt wird dieser Trend durch individuelles Rund-um-Styling – Designer-Kleidung, durchtrainierter Body, Besuch von In-Lokalen etc. Ein Stil wird verkörpert, aber keine Persönlichkeit. Die Art der Selbstdarstellung ist zu einem Kunstprodukt geworden – je nach Talent eine mehr oder weniger großartige Inszenierung. Ohne Selbsterkenntnis gibt es keine authentische Selbstdarstellung. Deshalb steigen zwar manche Stars und Sternchen schnell auf, gehen aber ebenso schnell wieder unter; auch sogenannte VIPs sind auswechselbar, wenn sie nur ein Kunstprodukt sind. Auf Dauer bleiben nur wirkliche Persönlichkeiten im Mittelpunkt des Interesses und der Aufmerksamkeit – und nur sie bleiben auch in Erinnerung. An der Selbsterkenntnis führt kein Weg vorbei – alles andere ist Schall und Rauch. Nur wer sich selbst wirklich kennt, kann sich frei von Modetrends zu einer Persönlichkeit entwickeln – und dann von selbst wirken, durch die Ausstrahlung, durch die Authentizität. Ein solcher Mensch braucht seine Auftritte nicht zu inszenieren – er steht ganz von selbst im Mittelpunkt.

Ein wichtiger Punkt in meinen Seminaren ist die Standortbestimmung. Erst wenn man weiß, wo man sich befindet, kann man sich (neu) orientieren. In einer fremden Stadt suchen Sie eine bestimmte Adresse. Die können Sie nur finden, wenn Sie wissen, wo Sie sich befinden. Denn erst dann können Sie die Strecke festlegen, wissen an welcher Kreuzung Sie abbiegen müssen.

Im Leben ist es nicht anders. Sie könnten die tollsten Pläne haben, die höchsten Ziele verfolgen – wenn Sie für diese Wünsche Null Voraussetzungen mitbringen, haben Sie einfach keine Chance. Da helfen auch Sprüche, wie „Ich kann alles, wenn ich nur will" nicht. Dagegen ist alles möglich, wenn die Voraussetzungen vorhanden sind. Das gilt für das Privat- wie für das Berufsleben.

„Man wirft den Menschen immer vor, dass sie ihre Mängel nicht erkennen. Noch weniger aber kennen sie ihre Stärken. Sie sind wie das Erdreich. In vielen Grundstücken sind Schätze verborgen, aber der Besitzer weiß nichts von ihnen" – Jonathan Swift.

Nehmen Sie sich ruhig reichlich Zeit für eine Selbstanalyse. Die beste Investition, die Sie machen können, ist Zeit, die Sie an sich selbst arbeiten. Davon profitieren nämlich nicht nur Sie allein, sondern Ihr gesamtes Umfeld – und vielleicht sogar die ganze Welt. Denn sollte es nicht auch Ihr Wunsch sein, wenigstens ein wenig dazu beizutragen, dass die Welt ein kleines bisschen schöner wird? Möchten Sie nicht auch am Ende Ihrer Tage das Gefühl haben, dass Sie das Beste aus Ihrem Leben gemacht haben – zu Ihrem Wohl, aber auch zu dem Ihrer Mitmenschen. Möchten Sie nicht auch diese tiefe innere Zufriedenheit verspüren, die in der Erkenntnis zu finden ist, seinen Beitrag geleistet, seine Lebensaufgabe erfüllt zu haben, ein sinnvolles, ein wertvolles Leben gelebt zu haben? Es muss ja nicht immer die große Weltgeschichte sein – wie bei John F. Kennedy. Nur wer weiß, wo er steht, kann wissen, wohin er will. Auf dem Weg zum Idealzustand möchte ich einen Abstecher machen in die Welt der Träume:

Wer träumt, ist noch lange kein Traumtänzer

Haben Sie sich schon einmal mit Ihren Träumen, den Wach- und den Schlafträumen, befasst? Träume sind Schäume – so heißt es. Diese Meinung kann ich nicht teilen. Träume sagen nämlich sehr viel über uns selbst aus. Träume geben Einblick in unser Unterbewusstsein, in die Tiefe unserer Seele. Träume sind frei vom Einfluss unseres Verstandes. Gerade deshalb sollten wir sie beachten. Erinnern Sie sich an Ihre Träume als Sie noch ein Kind waren? Was waren damals Ihr Träume? Wollten Sie Prinzessin oder Astronaut werden oder lieber Zoodirektor? Sie wollten Rennfahrer werden und sitzen heute in der Buchhaltung? Da lohnt es sich doch einmal, über Ihre Träume nachzudenken. Vielleicht haben Sie Ihre Begabung noch gar nicht erkannt? Es muss ja nicht der Rennfahrer sein, aber vielleicht wären Sie als Autodesigner glücklicher, könnten Ihre Talente besser einsetzen.

Wenn Sie sich einmal mit Auto- oder Biographien bekannter Menschen befassen, werden Sie erstaunt sein, wie viele von ihnen ihre Kinder- und Jugendträume verwirklicht haben. Das heißt nicht, dass jeder, der sich einmal als Astronaut sah auch als solcher arbeiten muss. Aber wie wäre es mit einem Posten bei der NASA? Um die Richtung geht es. Der Mensch ist so angelegt, dass er das, was er kann in den meisten Fällen auch sehr gerne tut. Das ist kein Wunder, denn unbewusst wissen wir, dass wir nur in den Bereichen erfolgreich sein können, die uns liegen. Denn das macht den meisten Spaß, folglich haben wir die höchste Motivation, erzielen die beste Leistung. Das ist ein Automatismus, ein Kreis, der sich schließt. Am Besten kann ich reden – also rede ich und habe Erfolg damit. So einfach ist das. Sie kochen gern, dann können Sie das auch gut und die Gerichte gelingen Ihnen; Sie lieben das Fotografieren – Ihre Fotos werden brillant. Ihre Träume verraten Ihnen viel über Ihre geheimen Wünsche – oder anders gesagt, über Ihre Begabungen.

Erstaunlicherweise stelle ich in meinen Seminaren häufig fest, dass Träume out sind. Viele Menschen schauen mich ungläubig an, wenn ich nach ihren Träumen frage und müssen dann zugeben, dass sie sich nicht (mehr) daran erinnern. Oder schlimmer noch: Sie haben keine Träume!

Träume hat jeder von uns, aber wir schieben sie beiseite, wir negieren sie oder lächeln darüber. Ein Mensch, der wirklich keine Träume hat, ist zu bemitleiden, denn er ist innerlich leer. Er verdrängt seine Träume und beraubt sich damit einen Teil seines Wesens. Vielleicht haben auch Sie Ihre Träume auf Eis gelegt? Dann wird es Zeit, sie aufzutauen. Ihre Träume zeigen Ihnen nämlich Ihre Fähigkeiten. Holen Sie Ihre Träume ans Tageslicht. Nicht nur Ihre Jugendträume sind wichtig, auch Ihre heutigen Träume spielen eine Rolle in Ihrem Leben, sofern Sie das zulassen. Träumen Sie mit Genuss: Machen Sie es sich bequem, legen Sie Ihre Lieblings-CD auf und lassen Sie Ihrer Fantasie freien Lauf! Schwelgen Sie in den Bildern, die Ihr Geist für Sie bereit hält. Vielleicht entstehen vor Ihrem geistigen Auge bekannte Bilder, werden alte Träume wach. Sie brauchen sich für Ihre Fantasien nicht zu schämen. Seien Sie froh und stolz auf Ihre Träume – und vergessen Sie sie nicht gleich wieder.

Schreiben Sie Ihre Träume auf, stellen Sie eine Verbindung zur Realität her.

Schreiben Sie fünf Jugendträume auf, an die Sie sich erinnern:

1.

2.

3.

4.

5.

Sehen Sie sich in Ihrem Traum immer noch als Prinzessin; aber morgen früh müssen Sie wieder ins Büro und den ganzen Tag vor dem ungeliebten Computer sitzen? Sind Sie immer noch der erfolgreiche Rennfahrer; im wirklichen Leben sitzen Sie zwar auch viel am Steuer, aber als Vertreter. Welche Erkenntnisse können Sie aus derartigen Träumen ziehen?

Die Prinzessin, die vor dem Computer verkümmert, hat möglicherweise das Strahlende in sich (noch) nicht kultiviert. Vielleicht könnte sie wirklich eine kleine Herrscherin werden, würde sie ihre Fähigkeiten entfalten, sich entsprechend ihren Talenten selbstständig machen.

Der Vertreter könnte – wie der Rennfahrer – der erste in seinem Bereich sein, würde er mehr Gas (im übertragenen Sinn) geben. Oder er wäre vielleicht bei einer Autofirma erfolgreicher als bei einer Brauerei, für die er momentan tätig ist.

Finden Sie heraus, was Ihre Träume Ihnen über sich selbst verraten. Dann können Sie leichter die richtigen Ziele für Ihr Leben erkennen.

Zum Träumen gehören natürlich auch die Träume im Schlaf. Viele Menschen behaupten sogar, sie würden überhaupt nicht träumen. Das erscheint ihnen nur so, denn jeder Mensch träumt, nur erinnern können sich die wenigsten. Von der Traumforschung wissen wir, dass Trauminhalte ziemlich realitätsnah sind. In den Träumen sind wir meist nicht nur unbeteiligter Zuschauer sondern häufig auch Akteur, d. h. wir agieren in der Traumsituation. Träume lassen uns Probleme erkennen und verarbeiten und helfen, eine Lösung zu finden. Aber auch bei Fragen nach dem Sinn unseres Lebens können uns Träume Hinweise geben. Jede Art von Träume – die selbst gestalteten Wachträume ebenso wie die manchmal unerklärlichen Botschaften aus den Schlafträumen - sollten Sie bei Ihren Überlegungen zur Lebensgestaltung mit einbeziehen. Integrieren Sie Ihre Träume in Ihr reales Leben. Mit der Zeit lernen Sie solche Botschaften, die Ihnen via Traum vermittelt werden, zu entschlüsseln. Am besten sehen Sie das Träumen als einen Austausch zwischen Ihrem Traum-Ich und Ihrem Wach-Ich. Das mag zu einem besseren Verständnis des eigenen Wesens beitragen.

Sie können sich nicht an Ihre Träume erinnern?
Legen Sie einfach einmal Papier und Bleistift neben Ihr Bett. Bevor Sie einschlafen, wünschen Sie sich ganz intensiv, dass Sie sich nach dem

Aufwachen an Ihre Träume erinnern (s. Unterbewusstsein S. 97 ff.). Das funktioniert nicht immer gleich beim ersten Versuch, aber im Lauf der Zeit werden Sie immer öfter wissen, was Sie geträumt haben. Dabei werden Sie so manches Aha-Erlebnis haben, können Ihr eigenes Verhalten besser durchschauen und manches besser verstehen. Ans Tageslicht kommen dabei auch tiefe Wünsche, vielleicht noch nicht entdeckte Talente – alles wertvolle Hinweise für das richtige Lebensziel!

Wünsche weisen uns den Weg

Es gibt Wünsche, die bleiben zu allen Zeiten aktuell: Der Wunsch, glücklich zu sein. Jeder Mensch ist auf der Suche nach dem Glück, der eine sucht es in materiellem Wohlstand, der andere in Macht , wiederum andere sehen das Glück in einem vollkommenem Körper oder aber indem sie anderen Menschen helfen. Wir alle möchten glücklich und zufrieden sein. Dieses Gefühl fällt nicht vom Himmel. Dafür müssen wir einiges tun: „Der Mensch ist seines Glückes Schmied". Dankbarkeit über unsere gegenwärtige Situation ist eine gute Ausgangsbasis für die Zukunftsgestaltung. Wer erkennt, dass nicht alles selbstverständlich ist, was uns so erscheint, der wird viel eher ein Gefühl der Zufriedenheit verspüren können. Jeden Tag bewusst leben, sich freuen über Frieden, Gesundheit, das Lachen der Kinder – sind das nicht Gründe, dankbar zu sein? Wir haben das große Glück in einem Land zu leben, in dem es relativ ruhig ist, das von Naturkatastrophen weitgehend verschont bleibt, in dem Frieden herrscht, in dem jeder seine Meinung sagen darf, ja wo es sogar eine soziale Hängematte gibt. Da ist Dankbarkeit wirklich angebracht. Dankbar dürfen wir auch sein für Gesundheit, einen Arbeitsplatz und dass ab und zu die Sonne scheint.

So wie es in der Natur keinen Stillstand gibt, bleiben auch wir nicht stehen. Weder im geistig-seelischen Bereich, der Gesundheit noch in der beruflichen Entwicklung. Panterai – alles fließt im unendlichen Strom der Zeit. Doch der Mensch muss sich nicht treiben lassen. Er hat die Wahl, aktiv in das Geschehen einzugreifen, sein Leben selbst zu steuern, die Richtung vorzugeben und das Ziel festzulegen. Er kann seine Zukunft gestalten. Nur wer weiß, wo er hin will, kann auch ankommen. Das Ziel muss dem einzelnen Menschen entsprechen. Und Ziele gibt es so viele wie es Menschen gibt. Nicht jeder Mann kann sich in jede Frau verlieben. Nicht jeder Mensch kann jedes Ziel anstreben. Es wäre verrückt, würde jemand der Flugangst hat, Pilot werden wollen. Er kann ein hervorragender Zugführer werden, ein Schiffskapitän – aber besser kein Pilot. Meist ist es so, dass unsere Wünsche unseren Veranlagungen entsprechen. Unbewusst wünschen wir uns Dinge, die gut für uns sind, wählen Ziele, für deren Erreichung wir die Voraussetzungen haben. Wünsche sind wie eine starker Antriebsmotor, sie motivieren uns und geben uns auch in aussichtlosesten Situationen Kraft und Hoffnung.

Kinder schreiben voller Freude vor Weihnachten ihre Wünsche auf. Befassen wir uns mit diesen Wünschen, dann sehen wir den großen inneren Reichtum, den unsere Kinder besitzen. Sie wünschen sich all das, was sie interessiert, womit sie etwas anfangen können. Sie haben (noch) den Mut, ihre Wünsche zu äußern. Im Lauf des Lebens ändert sich das bei den meisten Menschen. Über Wünsche spricht man mit zunehmendem Alter immer weniger. Dabei können Wünsche so viel bewirken. So wie Uschi Glas, die sich bereits als Kind wünschte auf der Bühne zu stehen, geht es vielen Menschen. Und das ist kein Zufall: Wünsche sind Vorboten der Realität. In Dichtung und Wahrheit schreibt Goethe: „Unsere Wünsche sind die Vorgefühle der Fähigkeiten, die in uns liegen. Vorboten desjenigen, was wir zu leisten imstande sein werden." Mit den Wünschen überschreiten wir die Grenze der scheinbaren Realität und dringen in tiefere Bereiche unserer Existenz vor. Der Wunsch besitzt eine stärkere Antriebskraft als der Wille. Der Wunsch ist nämlich mit Gefühl beseelt und das macht ihn kraftvoll. Denken Sie daran, was Liebe bewirken kann! Auf der einen Seite steht der Wille der reichen Eltern, die gegen die eine Hochzeit sind. Auf der anderen Seite steht das Paar, das sich liebt und sich nicht einschüchtern lässt, ja sogar Enterbung in Kauf nimmt, nur weil der Wunsch zusammenzubleiben so stark ist.

Die Kraft des Willens kann sich im negativen Fall gegen uns selbst richten. Das ist beim Wunsch nicht der Fall, er steht immer in Einklang mit unserem Ich. Folgen Sie Ihren Wünschen, dann verfolgen Sie die für Sie richtigen Ziele.

Schreiben Sie doch einmal Ihre ganzen Wünsche auf, machen Sie Ihr Potential sichtbar. Sie denken nur das, was Sie auch können. Aber viele Menschen verstecken sich lieber hinter dem Satz „Ich kann, was ich will, wenn ich nur wüsste, was ich will." Fragen Sie sich einmal: Was will meine Natur? Was will mein Herz? Oder um es mit Donald Marquis zu sagen: „Wir leben in einer Zeit, in der die Menschen nicht wissen, was sie wollen, aber alles tun, um es zu bekommen."

Wünsche machen uns zu Individuen. Wir können das gleiche Gehalt haben, die gleichen Autotypen fahren, sogar Zwillingsschwestern zu Ehefrauen haben, aber unsere Wünsche sind garantiert unterschiedlich. Wünsche bezeichne ich immer gerne als den inneren Reichtum, über den ein Mensch verfügt. Erschreckenderweise gibt es eine Reihe von Menschen, die innerlich bettelarm sind – sie haben keine oder nur ganz wenige Wünsche. Solche Menschen sind innerlich abgestorben oder erfroren. Wiederbelebung ist möglich, wenn Sie Wünsche wieder zulassen. Wünsche sind immer zukunftsorientiert.

Wie definieren Sie Glück?

Glück ist Erfüllung der Wünsche.

Wie auch immer Ihre Ziele aussehen mögen – um die Entfaltung Ihrer Persönlichkeit kommen Sie nicht herum. Eine Persönlichkeit kann man nicht einfach so werden. Aber der Mensch wächst an seinen Aufgaben und wächst mit seiner Lebensaufgabe. Wer eine sinnvolle Lebensaufgabe annimmt - verbunden mit großen Zielen – entfaltet seine Fähigkeiten und entwickelt sich zu einem wertvollen Menschen.

Notieren Sie einmal Ihre Wünsche, machen Sie sie sichtbar durch Aufschreiben. Unterteilen Sie in
- berufliche,
- private,
- gesundheitliche,
- finanzielle,

- soziale (vielleicht möchten Sie ja einmal im Altenheim oder im Krankenhaus jemanden vorlesen, für die alte Nachbarin einkaufen),
- kulturelle Bereiche.

Den Beruf habe ich an erste Stelle gesetzt, denn unter Beruf verstehe ich nicht irgendeinen Job, der lediglich dem Gelderwerb dient, sondern eine Aufgabe, zu der man sich berufen fühlt. Der Mensch verbringt meist mehr als ein Drittel seines Lebens bei der Arbeit. Stellen Sie sich vor, Sie gehen mit Widerwillen zu Ihrem Arbeitsplatz – Tag für Tag, Jahr für Jahr.... Nicht auszudenken, wie sehr dies Ihr ganzes Leben beeinflussen würde. Sie hätten keine Freude an Ihrer Freizeit, würden depressiv oder aggressiv, langfristig sogar körperlich krank. Egal, welche Art von Arbeit Sie machen – wichtig ist, dass Sie Freude daran haben. Freude entwickelt eine Eigendynamik. Was Sie mit Freude tun, gelingt Ihnen viel besser. Sie werden besser als andere, kommen voran und das gibt Ihnen noch mehr Freude. Deshalb sollte Ihr Beruf Ihnen Freude machen, sollte Ihren Anlagen und Ihrer Persönlichkeitsstruktur entsprechen.

Im Beruf heißt es planen, möglichst wenig dem Zufall überlassen. Vorausdenken in Zeiten schnellen Wandels hat sich immer als positiv erwiesen. Zuerst geht es vor allem darum, seine Fähigkeiten und Stärken zu entfalten, sich weiter zu entwickeln. Dann brauchen Sie den richtigen Posten, die richtige Aufgabe, bei der Sie Ihre Fähigkeiten anwenden können. So sieht der erfolgreiche Weg aus. Ist man in der ersten Lebenshälfte auf die eigene Karriere konzentriert, sehen in der zweiten Hälfte die Ziele anders aus. Jetzt geht es darum, mehr zu delegieren, wertvolle Mitarbeiter zu finden und sich um die Nachfolge zu kümmern. Auch die Arbeitszeit sollten Sie dann reduzieren. In dieser Phase beginnen Sie peu à peu loszulassen.

Dann ist die Zeit reif, andere Wünsche in die Realität umzusetzen. Oft sind das Wünsche, die zurückstehen mussten – meist aus Zeit-, manchmal auch aus Geldmangel. Auch der letzte Lebensabschnitt sollte gut geplant sein. Leben Sie Ihre Wünsche, denn in Ihnen finden Sie den Schlüssel zu Glück und Zufriedenheit.

Wie sehen Ihre privaten Wünsche aus?

Entspricht Ihr Privatleben Ihren Wünschen? Haben Sie den/die richtige/n Partner/in? Haben Sie Freunde, auf die Sie sich verlassen können? Sind Sie für Ihre Freunde da? Idealerweise sollten sich Berufs- und Privatleben ergänzen, also keine große Diskrepanz herrschen. In manchen Zeiten ist es nicht einfach, diese beiden Lebensbereiche in einen harmonischen Einklang zu bringen. Aber Krisen sind auch Chancen, die uns die Möglichkeit geben, uns oder unsere Situation zu verändern. Alles fließt – alles ist ständig in Bewegung. Auf Dauer macht uns glücklich und zufrieden, wenn unser Leben in allen Bereichen in Einklang steht. Erst dann ergibt sich ein sinnvolles Ganzes – entsprechend der chinesischen Philosophie von Yin und Yang. Yin steht für weiblich, dunkel,..., Yang für männlich, hart, hell...

Die Frage aller Fragen

Ob Sie erst am Beginn Ihrer beruflichen Laufbahn stehen, sich in der Mitte des Lebens befinden oder Sie nur noch einige Berufsjahre vor sich haben. Es ist nie zu früh und selten zu spät, sich mit seiner Lebenssituation zu befassen. Es gibt immer wieder Phasen im Leben, in denen man sich und das ganze Leben in Frage stellt. In der Mitte des Lebens sehen wir uns mit Zweifeln konfrontiert, wie „Soll das alles gewesen sein? Wollte ich das wirklich? Soll ich so weitermachen?".

Plötzlich erscheint das erstrebte Ziel nicht mehr lohnenswert, der Büroalltag kostet immer mehr Energie, Geld und Luxus machen uns nicht mehr froh, Verpflichtungen drücken auf die Stimmung, die Arbeit frisst einen auf, das Leben erscheint Grau in Grau. Sogar der Beruf wird infrage gestellt. Das Erreichte erscheint uns schal und leer. Wir fühlen uns eingesperrt, wie eine Maus in der Falle – die Tür ist zugeschnappt. Panik befällt uns. Einen Sinn in unserem Tun zu sehen, fällt uns schwer. Was ist geschehen? Was ist los mit uns? Wir haben eine Krise! Doch eine Krise birgt Chancen. Das haben schon die alten Chinesen erkannt.

Wovor haben Sie Angst?

Notieren Sie Ihre größten Ängste und Bedenken, damit Sie sie sichtbar machen und auflösen können:

1.

2.

3.

4.

5.

Also – um die Chance zu nutzen, müssen wir uns in Gefahr begeben. Das spüren wir intuitiv. Das ist auch der Grund dafür, dass viele Menschen aus Bequemlichkeit, aber auch aus Furcht vor nötigen Konsequenzen, den drängenden Fragen nicht auf den Grund gehen. Denn eines ist klar: Wer nicht (mehr) zufrieden ist, muss etwas verändern. Bevor der positive Effekt einer Veränderung eintritt, müssen wir uns trennen von Vertrautem, müssen u.U. Risiken eingehen, Mehrarbeit in Kauf nehmen, Sicherheiten loslassen. Wenn dies geschehen ist, können wir die Früchte unserer Entscheidung ernten, können wir als Gewinner aus der Krise hervorgehen.

Doch was tun wir? Wir machen unsere innere Stimme mundtot, die uns täglich mahnt, endlich aktiv zu werden, das Leben neu zu gestalten und die Verantwortung zu übernehmen. Lieber stürzen wir uns noch ein wenig mehr in selbst gemachten Stress, in noch mehr Arbeit und haben dann eine gute Ausrede für uns selbst. Der Frust allerdings lässt sich so leicht nicht vertreiben. Er setzt uns immer mehr zu und der Gedanke, dass jeder Tag ein vergeudeter Tag ist, wenn wir ihn nicht mit Sinn erfüllen, hebt unsere Stimmung nicht.

Wie sieht das mit Ihnen aus?

Wie lange ignorieren Sie schon die Zweifel, die innere Unsicherheit, den Frust?

Wann haben Sie sich zuletzt Fragen über Ihr Leben gestellt?

Nehmen Sie einmal einen ganz anderen Blickwinkel ein, versetzen Sie sich mal an Ihr Lebensende: Was würde wohl auf Ihrem Grabstein stehen? „Er war immer pflichtbewusst" oder „Sie opferte sich für die anderen auf"? Soll das Ihr Leben gewesen sein?! Wir wissen viel, doch wenn es um das eigene Ich geht, stehen wir vor einem Rätsel, denn mit uns selbst haben wir uns am wenigsten befasst. Es ist höchste Zeit, dies zu ändern.

Egal in welcher Situation Sie momentan sind, egal wie alt Sie sind, die folgenden Fragen können und sollten Sie sich immer wieder einmal stellen:

- Habe ich mein jetziges Leben selbst gewählt?
- Habe ich die Verantwortung für mein Leben übernommen?
- Bekomme ich, was ich brauche?

16 Motive bestimmen unser Leben

Durch Studien und Untersuchungen, die in USA, Kanada und Japan durchgeführt wurden, fand man heraus, dass alle menschlichen Verhaltensweisen auf 16 Motive zurückzuführen sind:

1. Anerkennung	2. Beziehungen
3. Ehre	4. Ernährung
5. Familie	6. Idealismus
7. Körperliche Aktivität	8. Macht
9. Neugier	10. Ordnung
11. Rache	12. Romantik
13. Ruhe	14. Sparen
15. Status	16. Unabhängigkeit

Interessant dabei ist, dass jeder Mensch ein ganz individuelles Lebens- und Motivprofil hat. Was den einzelnen Menschen ausmacht, ist die individuelle Kombination der Motive. Dieses Profil bleibt – sofern nicht einschneidende Erlebnisse eintreten – bei den meisten Menschen das ganze Leben erhalten. Kinder, die also schon mit dem Taschengeld geizen, werden auch als Erwachsene nicht gerade großzügig, der jugendliche Chaot wird im reiferen Alter normalerweise nicht ordentlicher. In der Unterschiedlichkeit der Werte liegt auch die Schwierigkeit im Zusammenleben – egal ob das im Beruf oder im privaten Bereich ist. Je größer die Kluft bei den Prioritäten der Werte ist, desto schwieriger wird es mit dem Verständnis. Übereinstimmung in wichtigen Lebenszielen macht das Zusammenleben leicht. Sind die Wertvorstellungen nicht identisch, mangelt es am echten Verständnis für den anderen. Es herrscht dann im Sinne des Wortes ein „Mangel". Auch wenn wir also wissen, dass andere Menschen andere Vorstellungen als wir haben, so tun wir uns doch schwer, damit umzugehen. Missverständnisse und Dauerprobleme sind in derartigen Beziehungen an der Tagesordnung.

Die entscheidenden drei Ws

Lassen Sie uns nun nach dem Prinzip der 3 Ws – Wer, Was, Wohin – schrittweise vorgehen:

Wer bin ich?
Was kann ich?
Wohin will ich?

Am besten arbeiten Sie mit Papier und Stift. Das hat den Vorteil, dass Sie jederzeit Ihre Angaben überprüfen können. Und seien Sie ehrlich zu sich selbst. Sie brauchen sich nichts zu beweisen oder vorzumachen. Abgesehen davon gibt es keine richtigen oder falschen Antworten.

Wer bin ich?

Persönlichkeit:

Wie ist meine Grundeinstellung zum Leben?

Sind Sie eher positiv oder pessimistisch eingestellt? Erwarten Sie von vornherein, dass alles klappt oder sehen Sie eher schwarz? Trauen Sie sich zu, auch schwierige Situationen zu meistern? Was gibt Ihnen Kraft in Krisenzeiten?
Nennen Sie möglichst konkrete Beispiele aus der Vergangenheit.

Welche Fähigkeiten habe ich?

> *Notieren Sie all die Fähigkeiten, die Ihnen bekannt sind zusammen mit entsprechenden Beispielen. Wie stark sind diese Fähigkeiten ausgeprägt, haben Sie bereits daran gearbeitet? Welche Fähigkeiten hätten Sie gerne und warum?*

Welches sind meine Stärken?

> *Können Sie diese noch verstärken? Nutzen Sie Ihre Stärken und in welchen Bereichen? Sind Sie stolz darauf? Könnten Sie noch mehr aus diesen Stärken machen? Wenn ja, was hat Sie davon abgehalten? Welche Stärken hätten Sie gern?*

Welches sind meine Schwachpunkte und wie kann ich sie auflösen?

Was treibt mich an? Was leitet mich?

> *(z. B. Ehrgeiz, Idealismus, Anerkennung, Macht... ?)*

Wie sieht es mit meinem Gefühlsleben aus?

> *Sind Sie eher gefühls- oder verstandesbetont? Können Sie überhaupt Gefühle zeigen und tun Sie das auch? Nennen Sie drei Beispiele aus der jüngsten Zeit.*

Welche Vorbilder habe ich?

Wenn Sie zaubern könnten: Wer würden Sie gern sein und warum?

Beruf:
Welche Ausbildung/Weiter-/Fortbildung haben Sie gemacht?

Welche fachlichen Qualifikationen haben Sie und entsprechen diese auch Ihren persönlichen Neigungen?

Welche Fähigkeiten bringen Sie in Ihren Beruf ein?

Ist Ihr Beruf für Sie Berufung?

Entspricht die Position, die Sie momentan haben, Ihren Vorstellungen?

Haben Sie bisher das erreicht, was Sie sich vorgenommen hatten?

> *Haben Sie im Moment die Position, die Sie wollten?*

Sind Sie (fach-)wissensmäßig auf dem neuesten Stand?

Haben Sie Spezialwissen oder verfügen Sie eher über ein breitgestreutes Wissen?

Haben Sie viel mit Menschen zu tun?

> *Können Sie gut mit Menschen umgehen? Wie kommen Sie bei Kollegen/Kunden und anderen an? Haben Sie ein stark ausgeprägtes Einfühlungsvermögen?*

Wie schätzen Sie sich ein?

> *Wie glauben Sie, dass Ihre Kollegen/Mitarbeiter/Chefs Sie sehen?*
> *Stimmt Ihr Bild von Ihnen mit dem Ihrer Mitmenschen überein?*

Macht Ihnen Ihre Arbeit Freude, sind Sie innerlich zufrieden mit Ihrer Aufgabe?

> *Wie hoch ist der Stressfaktor im Job?*
> *Nehmen Sie Ärger und Stress aus der Arbeit mit nach Hause?*

Stellen Sie sich vor, Sie könnten zaubern: Welche beruflichen Wünsche würden Sie sich erfüllen?

Privatleben:

Welchen Stellenwert hat das private Leben für Sie?

> *Sind Familie/Partnerschaft/Freunde sehr wichtig für Sie? Nehmen Sie sich entsprechend Zeit für Ihr Privatleben? Haben Sie Zeit für Ihre Kinder/Familie/Freunde und gehen Sie auch wirklich auf deren Probleme ein?*

Entspricht Ihr derzeitiges Privatleben Ihren Vorstellungen?

> *Wenn nein, warum nicht?*

Was möchten Sie anders haben?

> *Können Sie es ändern? Warum haben Sie es noch nicht getan?*

Welche Hobbys haben Sie?

> *Üben Sie sie auch aus? Wie viel Zeit pro Woche/Monat nehmen Sie sich dafür?*

Gibt Ihnen Ihr Privatleben Kraft oder ist es eher eine Belastung?

> *Freuen Sie sich auf das Wochenende zu Hause oder freuen Sie sich eher auf den Montag?*

Wie sieht es mit Ihrer Gesundheit aus?

> *Treiben Sie Sport, haben Sie Übergewicht, rauchen/trinken Sie zu viel? Machen Sie jedes Jahr mindestens einmal drei Wochen Urlaub am Stück und schalten sie dabei komplett ab? Gehen Sie regelmäßig zum Check-up? Treiben Sie regelmäßig Sport? Wie halten Sie sich sonst fit?*

Wenn Sie zaubern könnten: wie würden Sie Ihr Privatleben dann gestalten?

Wie haben Sie sich einmal (als Kind, als Jugendlicher, als Berufsanfänger, vor 5, 10, 20 Jahren) Ihr Leben vorgestellt?

Was ist aus diesen Vorstellungen geworden? Welche Träume haben Sie realisiert? Welche sind auf der Strecke geblieben und warum?

Was kann ich?

Sie können viele Dinge, doch einiges können Sie besser als anderes und genau das ist es, was Sie tun sollten.

Schreiben Sie deshalb einmal alles auf, was Sie können und bewerten diese Fähigkeiten.

1. Persönliche Stärken

> *(z. B. Geduld, Durchsetzungsvermögen, Zuverlässigkeit etc.)*

2. Fachliche Qualifikationen

> *(Studium, Lehre, Abschlüsse, Positionen, Sprachkenntnisse, Fertigkeiten etc.)*
> *Haben Sie Spezialkenntnisse, sind Sie ein Experte oder sind Sie eher ein Generalist?*
> *Auf welchem Gebiet könnten Sie sich Fachkenntnisse aneignen?*

Wo Sonne ist, gibt es auch Schatten. Deshalb wollen wir auch die Fehler und Unvollständigkeiten, die jeder von uns hat, nicht einfach negieren. Schreiben Sie Ihre Hauptfehler, Ihre Schwächen auf ein Extrablatt. Bevor Sie dieses Blatt dann auf die Seite legen, stellen Sie sich zu jedem Punkt folgende Fragen:

- Kann ich daran etwas verbessern?
- Will ich daran arbeiten oder
- akzeptiere ich diese Schwäche als einen Teil von mir?

Wir sollten uns nicht allzu viel mit Fehlern und dergleichen befassen, denn dadurch werden diese ja nicht besser. Befassen sollten Sie sich nur mit den Schwächen, an denen Sie arbeiten wollen und können. Die anderen Schwächen akzeptieren Sie als einen Teil Ihrer Persönlichkeit. Befassen wir uns nämlich mit Dingen, die uns zwar stören, die wir aber nicht gewillt sind zu ändern, kostet uns dies nur Energie, die wir besser für anderes einsetzen.

Hier noch eine Reihe von Fragen, um Ihr persönliches Profil noch exakter zu definieren. Tragen Sie eine Zahl hinter jeder Aussage ein, das hilft Ihnen sich ein Bild von sich selbst zu machen – eins steht für gering, fünf für sehr stark

Wie sehen Sie sich selbst?

	1	2	3	4	5
Ich bin überzeugt von mir und meinen Fähigkeiten	▦	▦	▦	▦	▦
Ich treffe Entscheidungen zukunftsorientiert	▦	▦	▦	▦	▦
Auf unterschiedliche Aufgaben kann ich mich schnell einstellen	▦	▦	▦	▦	▦
Ich gehe auf andere Menschen zu, mache oft den ersten Schritt	▦	▦	▦	▦	▦
Es fällt mir leicht, in jedem Umfeld ein passendes Gesprächsthema zu finden	▦	▦	▦	▦	▦
Bei dominanten Menschen ziehe ich mich sofort zurück	▦	▦	▦	▦	▦
Ich habe eine Reihe von Standardsätzen parat, um ein festgefahrenes Gespräch wieder in Gang zu setzen	▦	▦	▦	▦	▦
Meine Begeisterung für eine Sache reißt die anderen mit	▦	▦	▦	▦	▦
Ich beneide erfolgreiche Menschen	▦	▦	▦	▦	▦
Viel Arbeit macht mir nichts aus	▦	▦	▦	▦	▦
Unangenehmes kann ich durch gezielte Gedanken schneller auflösen	▦	▦	▦	▦	▦
Ich setze mich voll dafür ein, Erfolg im Job zu haben	▦	▦	▦	▦	▦
Ich wünsche mir Aufgaben, bei denen ich etwas bewegen kann	▦	▦	▦	▦	▦

Ich wende Techniken an, um mich schnell und
gezielt zu entspannen ▪ ▪ ▪ ▪ ▪

Ich äußere nicht gerne eine konträre Meinung ▪ ▪ ▪ ▪ ▪

Jede Art von Kritik verunsichert mich schnell ▪ ▪ ▪ ▪ ▪

Bei Auseinandersetzungen gebe ich häufig nach ▪ ▪ ▪ ▪ ▪

Mit Konflikten kann ich nicht gut umgehen ▪ ▪ ▪ ▪ ▪

Ich bin zwar zielstrebig, aber nicht immer der
Schnellste ▪ ▪ ▪ ▪ ▪

Ich habe keine Probleme, mich auf unterschiedliche Menschen einzustellen ▪ ▪ ▪ ▪ ▪

Es macht mir Spaß, andere anzugreifen ▪ ▪ ▪ ▪ ▪

Es gelingt mir oft, zögerliche Menschen von
meiner Meinung zu überzeugen ▪ ▪ ▪ ▪ ▪

Schwierige Aufgaben sehe ich als
Herausforderung ▪ ▪ ▪ ▪ ▪

Ich bin konsequent in der Umsetzung von
Entscheidungen ▪ ▪ ▪ ▪ ▪

Hätte ich eine bessere Ausbildung, mehr
Geld,... , hätte ich bessere Chancen ▪ ▪ ▪ ▪ ▪

Ich habe Angst, meinen Job zu verlieren ▪ ▪ ▪ ▪ ▪

Ich bin mit mir nur dann zufrieden,
wenn ich mein Bestes gebe ▪ ▪ ▪ ▪ ▪

Ich könnte auch schwierigere Aufgaben
übernehmen ▪ ▪ ▪ ▪ ▪

Ich bin selbstbewusst, kenne meine Fähigkeiten ▪ ▪ ▪ ▪ ▪

Selbstbeherrschung ist nicht gerade meine
Stärke ▪ ▪ ▪ ▪ ▪

Ich kann mich gut in andere Menschen und
ihre Situation versetzen ▪ ▪ ▪ ▪ ▪

Ich möchte zu den Besten gehören ▪ ▪ ▪ ▪ ▪

Ich setze mich voll und ganz für meine
Aufgabe ein ▪ ▪ ▪ ▪ ▪

Der finanzielle Aspekt bei einem Posten
steht bei mir an erster Stelle

In einem Team kann ich mich gut behaupten

Ich möchte Verantwortung übernehmen
und Entscheidungen treffen

Misserfolge setzen mir sehr zu

Diese Aufgaben würden mich besonders reizen

Strategien entwickeln

Kosten- und Finanzpläne erstellen/überwachen

Verwaltung

Technik

Personalverantwortung

Kundenberatung und -pflege

Produkte präsentieren

An neuen Entwicklungen und Trends mitwirken

Reparaturen durchführen

Logistik/Organisation

Wichtig ist mir

Viel Geld zu verdienen

Mich mit meiner Firma/Aufgabe/
Produkt zu identifizieren

Eigenverantwortliches Arbeiten

Identifikation mit meiner Arbeit

Gutes Arbeitsklima

Entwicklungsmöglichkeiten

Weiterbildungsmöglichkeiten

Verantwortung zu übernehmen

Ein sicherer Arbeitsplatz

Schnell aufsteigen zu können ▪ ▪ ▪ ▪ ▪

Meine Fähigkeiten richtig einzusetzen ▪ ▪ ▪ ▪ ▪

Eine sinnvolle Aufgabe ▪ ▪ ▪ ▪ ▪

Meine Stärken sind

andere zu begeistern und mitzureißen ▪ ▪ ▪ ▪ ▪

besser sein zu wollen als die anderen ▪ ▪ ▪ ▪ ▪

mich voll einzusetzen ▪ ▪ ▪ ▪ ▪

Initiative ▪ ▪ ▪ ▪ ▪

Auf Veränderungen schnell reagieren zu
können/Flexibilität ▪ ▪ ▪ ▪ ▪

Stabile Gesundheit ▪ ▪ ▪ ▪ ▪

Kritik richtig rüberbringen zu können ▪ ▪ ▪ ▪ ▪

Nach einer Niederlage schnell wieder
auf die Beine zu kommen ▪ ▪ ▪ ▪ ▪

Mich durchzusetzen ▪ ▪ ▪ ▪ ▪

Organisation ▪ ▪ ▪ ▪ ▪

Überzeugungskraft ▪ ▪ ▪ ▪ ▪

Prioritäten setzen zu können ▪ ▪ ▪ ▪ ▪

Auch in stressigen Zeiten Ruhe zu behalten ▪ ▪ ▪ ▪ ▪

Wie sieht es aus mit Ihrem Führungsverhalten?

Meine Mitarbeiter wissen, was ich
von ihnen erwarte ▪ ▪ ▪ ▪ ▪

Ich lobe viel, bedanke mich häufig ▪ ▪ ▪ ▪ ▪

Ich kann meine Mitarbeiter und ihre
Fähigkeiten gut einschätzen und setze
sie entsprechend ein ▪ ▪ ▪ ▪ ▪

Ich setze klare Ziele, die ich genau definiere ▪ ▪ ▪ ▪ ▪

Ich bemühe mich um eine vertrauensvolle
Zusammenarbeit ▪ ▪ ▪ ▪ ▪

Ich lege Wert auf Information und gebe
    diese auch weiter

Ich lege einen Kompetenzrahmen vor

Ich gebe oft Feedback

Diese Fragen haben Ihnen sicherlich eine Menge Anregungen gegeben, sich mit Ihren Fähigkeiten und Veranlagungen, Ihrem Verhalten und Ihren Wünschen auseinander zu setzen. Nun sehen Sie klarer, wie es aussieht mit Ihrer Kreativität, Lernfähigkeit, Teamarbeit, Entscheidungsfreudigkeit, Organisationstalent, …

Jetzt prüfen Sie noch, inwieweit Ihre Selbsteinschätzung mit dem Eindruck übereinstimmt, den Sie bei anderen Menschen machen. Fragen Sie Partner, Kollegen, Freunde und Bekannte. Stellen Sie Diskrepanzen fest, sollten Sie Ihr Bild von sich überprüfen.

Wir wollen uns nach vorn, in die Zukunft, orientieren. Doch dazu gehört zuerst auch ein Blick in die Vergangenheit. Lassen Sie Ihr Leben Revue passieren. Seien Sie ehrlich und kritisch. Jeder von uns hat Lehrgeld bezahlt, musste mit Niederlagen fertig werden und hat Fehler gemacht. Das sind die Lektionen, die Ihnen das Leben erteilt. Lernen Sie daraus – beim nächsten Mal können Sie es besser machen. Wer jedoch für Misserfolge die Ursachen nur in den Umständen oder sogar bei anderen Menschen sucht, der wird wohl noch häufiger die gleichen Fehler machen. Weiterentwicklung ist nur möglich über Einsicht. Hierzu gehört auch eine richtige Fragestellung: Weichen Sie nicht aus in Passivität, indem Sie das Schicksal verantwortlich machen, sondern denken Sie zukunftsorientiert. Also nicht „Warum muss mir das passieren?" sondern lieber „Wie kann ich derartige Situationen vermeiden?" Auf diese Weise machen Sie aus einer negativen Erfahrung eine Chance. Erinnern Sie sich auch an die Situationen, in denen Sie glaubten, es nicht zu schaffen. Und doch haben Sie es geschafft! Dieses Vertrauen zu sich und Ihrer Kraft sollten Sie unbedingt mit in die Zukunft nehmen.

Wo will ich hin?

Nachdem wir uns nun eingehend mit uns befasst haben, sind wir gerüstet dafür, den nächsten Schritt zu machen, nach vorn zu blicken und unsere Ziele festzulegen. Nur wer ein Ziel hat, kann auch ankommen – dieser Satz ist zwar schon ein wenig abgegriffen, aber er trifft wie kein anderer zu. Was nützen die besten Kenntnisse und Fähigkeiten, wenn man sie nicht bündelt und zielgerichtet einsetzt? Was glauben Sie, wie viele fähige und begabte Menschen Tag für Tag wie die Hamster in der Tretmühle sich abrackern, um zu überleben anstatt sich einmal eingehend mit sich selbst und ihren Lebensinhalten zu befassen? Auf diese Weise werden Kräfte vergeudet, die – richtig eingesetzt - nicht nur das persönliche Leben, manchmal sogar die Welt verändern könnten. Eine zündende Idee kann zu einem Schneeball werden, der sich mit jeder Umdrehung vergrößert. Jede Veränderung – ob im Privatleben oder im Weltgeschehen – hat so angefangen. Das größte Ereignis hat mit einer kleinen Idee begonnen.

Vergeuden Sie nicht mehr einen einzigen Tag in Ihrem Leben! Leben Sie nicht mehr ziellos vor sich, von einem Monatsersten zum anderen, von einem Urlaub zum anderen. Vielleicht haben Sie sich ja noch gar keinen Gedanken gemacht über ein großes Lebensziel, vielleicht haben Sie nur Ihr Berufsleben geplant – von einer Position zur nächsthöheren, haben beruflich sozusagen von der Hand in den Mund gelebt. Dabei vielleicht auch noch nicht einmal eine klare Linie verfolgt, sondern sich von einem Angebot zum anderen bewegt. Ein solches Leben sieht im Rückblick wie der Zickzack-Lauf eines Hasen auf der Flucht aus. Ein passives Leben also, ein Leben, das bestimmt wird von Zufällen und Angeboten – und von anderen Menschen. Kein Wunder, dass man so nichts bewirkt.

Anders sieht es aus für denjenigen, der die Verantwortung für sich übernimmt und seine Zukunft gestaltet. Ohne Ziele ist das nicht möglich. „Jeder Mensch hat die Anlage, schöpferisch zu arbeiten. Die meisten merken es nur nicht" – so sagte Truman Capote. Arbeiten Sie einmal schöpferisch an Ihrem eigenen Leben, nehmen Sie sich reichlich Zeit für eine der entscheidensten Fragen in Ihrem Leben: Wo wollen

Sie hin? Das Wichtigste im Leben ist, seinen Platz zu finden. Anhand Ihrer Selbstanalyse dürfte sich bereits eine Richtung herauskristallisiert haben. Sie werden sich vermutlich nicht als erfolgreicher Anlageberater sehen, wenn Sie mit Zahlen auf Kriegsfuß stehen. Damit wiederhole ich, richtig gut ist man nur auf den Gebieten, die man mag. Ein Autofreak wird mit Begeisterung an jedem Wagen herumtüfteln, mit Freude Teile ein- und ausbauen. Ist für Sie das Auto nur ein Gebrauchsgegenstand, dann haben Sie vermutlich schon Probleme, den Keilriemen zu wechseln oder Öl nachzugießen.

Die unterschiedlichen Begabungen und Interessen ermöglichen es jedem von uns, auf seinem speziellen Gebiet erfolgreich zu sein. Für jeden gibt es einen Bereich, in dem er zur Spitze aufsteigen kann.

Überlegen Sie in aller Ruhe, was Sie aus Ihrem Leben machen möchten. Welches soll Ihr Lebensziel sein und wie wollen Sie es erreichen? Berücksichtigen Sie bei Ihren Überlegungen folgende Aspekte:

Wo will ich hin?

- Beruf
  Heutige Position: _____
  Wunschposition: _____
  Etappenziele: _____
  Angestrebte Position in einem Jahr _____
  Angestrebte Position in drei/fünf Jahren _____
  Der Weg: _____
  Weiterbildung...., Auslandsaufenthalt, ...Rhetorikkurs,.....
  Was muss/kann/soll ich machen? _____
  _____
  _____

- Privatleben
  Heutige Situation: _____
  Wunschsituation: _____
  Etappenziele: _____

In einem Jahr _____

In drei/fünf Jahren _____

Der Weg: _____

Partnerschaft stabilisieren, mehr Zeit für Freunde,
Urlaube fest einplanen....

Seien Sie nett zu sich

Gewohnheiten lassen sich nicht von einem Tag zum anderen ändern. Dazu ist Geduld erforderlich. Sie können es sich leichter machen, indem Sie Ihre Ziele in kleinen Schritten angehen. Machen Sie sich Erfolge schmackhaft. Gehen Sie liebevoll mit sich um. Haben Sie Ihren inneren Schweinhund überlistet, belohnen Sie sich – mit einem schönen Essen, einem Kurzurlaub, einem Theaterbesuch. Vergessen Sie nicht den Fun-Factor: Alles, was Sie tun, sollten Sie mit Freude machen. Ist das nicht der Fall, haben Sie falsche Ziele gewählt, Ziele, die Ihnen nicht wirklich entsprechen.

Diese drei Fragen sind die Basis für Ihr Leben und auch Grundvoraussetzung, damit Sie von diesem Buch profitieren können. Die Antworten auf diese Fragen sind vergleichbar mit einem soliden Fundament, das jedes Gebäude benötigt, um stabil und sicher zu sein. Wenn Sie sich hier irren, wird Ihr Lebensweg zu einem Irrtum. Deshalb: Nehmen Sie sich reichlich Zeit für sich, entdecken Sie verborgene Aspekte Ihrer Persönlichkeit. Machen Sie etwas aus Ihrem Leben – das ist die aufregendste Beschäftigung, die es gibt und die lohnendste. Hier geht es nicht (allein) um Geld, sondern um etwas viel Wertvolleres: Um die innere Zufriedenheit, die man nur erlangt, wenn man seinem Leben einen Sinn geben kann. Wer kann uns dabei unterstützen, wer kann uns daran hindern?

Die größten Feinde – die besten Freunde

Der größte Feind des Menschen ist der, der ihn klein macht und kritisiert. Überlegen Sie einmal, wie sehr sie einem solchen destruktiven Einfluss ausgesetzt sind, ohne dass Ihnen dies überhaupt so richtig bewusst ist. Von wem hören Sie Sätze, wie „Du schaffst das nicht", „Du kannst das nicht", „Die anderen sind besser"? Jeder, der nicht an Sie glaubt, ist Ihr Feind und vergiftet Ihr Leben, ist wie ein Klotz an Ihrem Bein. Denken Sie einmal nach, wer zu diesem Kreis gehört. Meiden Sie solche Menschen, denn sie behindern Sie, sie rauben Ihnen Ihre Kraft. Denken Sie nur einmal, wie viel negative Programmierungen Sie schon in sich tragen – allein durch solche Bemerkungen.

Ihre besten Freunde sind all die Menschen, die an Sie glauben, die Sie unterstützen, die zu Ihnen sagen „das schaffst du". Das beste Beispiel ist für mich Arnold Schwarzenegger. Seine Mutter sagte ihm ständig „Junge, ganz gleich was du machst, du wirst erfolgreich". Dieser Satz, diese Programmierung, hat Schwarzeneggers Leben geprägt. Ich spreche von Programmierungen, denn solche Sätze werden zu einem inneren Programm, nachdem der Betreffende funktioniert. Welches Programm haben Sie in sich installiert – oder installieren lassen?

Schreiben Sie die Namen Ihrer Feinde auf und hüten Sie sich vor Ihnen. Meiden Sie Menschen, die nur das Negative sehen. In vielen Pessimisten und Kritikern wirkt ein destruktiver Mechanismus. Sie geben nur die Kritik weiter, die sie selbst einstecken müssen.

Stoppen Sie diesen Kreislauf, umgeben Sie sich mit Menschen, die Ihre Fähigkeiten erkennen, die Ihnen Mut machen und die an Sie glauben (s. auch Seite 85 Glaube versetzt Berge).

3. Charisma durch ein sinnerfülltes Leben

Wer sich darüber keine Gedanken macht, wird eines Tages feststellen, dass er das Wesentlichste im Leben versäumt hat: Ein Leben kann nach außen hin noch so erfolgreich scheinen, hat es keinen Sinn ist es hohl und leer. Wie es um unsere Gesellschaft steht, hat uns der Amoklauf von Erfurt im April 2002 auf erschreckende Weise deutlich gemacht. Eine Gemeinschaft, in der wir den Nachbarn, den Kollegen, den Bekannten gar nicht richtig kennen. Eine Gemeinschaft, in der Egoismus an erste Stelle getreten ist und in der lebensnotwendige Werte an Bedeutung verloren haben. Wir müssen wieder lernen, „dass jeder Mensch wertvoll ist durch das, was er ist und nicht durch das, was er kann" – so Johannes Rau bei der Trauerfeier im Mai 2002. Er erwähnt eindringlich die Beeinflussbarkeit besonders der jungen Menschen, er spricht von der Verantwortung des Einzelnen und von der Bedeutung der Ideale und Vorbilder, die jeder selbst wählt. Mehr Achtung voreinander, mehr Rücksicht und eine Besinnung auf Werte ist dringend notwendig. Die Welt ist nicht heil, aber sie ist auch nicht unheilbar. Auf uns – auf jeden Einzelnen – kommt es an.

So manche Suizide in den sogenannten „besseren Kreisen" werden oft kommentiert mit „ein Motiv ist nicht bekannt". Doch Geld, Ansehen und Schönheit machen auf Dauer nicht glücklich. An dieser Erkenntnis kommt niemand vorbei. Da kann man in den aktiven Jahren noch so sehr vor sich selbst und der inneren Leere flüchten, irgendwann wird man mit dieser Tatsache konfrontiert. Schauen Sie einmal in die Gesichter der Passanten auf der Straße, im Flugzeug, betrachten Sie einmal unter diesem Aspekt den Gesichtsausdruck bei Politikern, Managern oder Künstlern. Wer sein Leben an wahren Werten ausrichtet, ethische Grundsätze hat und Sinnvolles tut, findet Erfüllung und innere Zufriedenheit.

Ein solcher Mensch hat eine Ausstrahlung, der sich niemand entziehen kann. Bestes Beispiel ist John F. Kennedy.

Schließt sich nicht gegenseitig aus: Ethik und Erfolg

Spendenskandale in der Politik, Milliardenbeträge auf schwarzen Konten in der Privatwirtschaft – darüber regen wir uns gerne auf. Und dann schieben wir selbst einen Schein rüber, wenn wir im überbuchten Restaurant einen Tisch möchten, frisieren ein wenig die Abrechnung oder tauschen schon mal das Preisetikett in der Umkleidekabine. Solche kleinen krummen Touren sind uns schon so in Fleisch und Blut übergegangen, dass wir sie kaum noch bemerken. „Und wenn schon – das machen ja alle," sagen wir uns, wenn sich das schlechte Gewissen meldet. Manche machen sich solche kleinen Betrügereien sogar zum Sport – je mehr sie den anderen über's Ohr hauen können, desto stolzer sind sie, fühlen sich überlegen und besonders clever. Wir beklagen uns über den Egoismus, die Rücksichtslosigkeit und den Einsatz der Ellbogen bei anderen und merken nicht, dass wir uns nicht so sehr von ihnen unterscheiden. Moral – das ist nichts für den modernen Menschen. So scheint es jedenfalls. Unsere Kinder wachsen auf, fixiert auf materielle Werte. Es muss der neueste Computer sein, das kleinste Handy, die Armani Jeans. Das ist es, was zählt. Damit der Kleine in die nächste Klasse kommt, lässt Papa die Beziehungen spielen. Das ist weniger aufwändig als sich dem Kind zu widmen, ihm Werte mitzugeben, mit ihm zu sprechen und für ihn da zu sein. Spricht man mit Jugendlichen über Moral, wird man förmlich ausgelacht und zum alten Eisen gezählt.

Ethik oder Moral? Es scheint als hätten wir diese Begriffe aus unserem Wortschatz verbannt. Nur der Erfolg zählt, egal um welchen Preis er erzielt wird. Wenn wir uns umschauen, scheint Lug und Betrug zum legalen Mittel geworden zu sein, um die Konkurrenz auszuschlagen.

Diese Meinung kann ich nicht teilen. Sicherlich kann man mit Tricks durchaus Erfolge erzielen, doch der wahrhaft erfolgreiche Manager hat dies nicht nötig. Er lebt und entscheidet nach ethischen Prinzipien und wird dennoch – oder gerade deswegen – erfolgreich sein. Ethik hängt nämlich sehr eng mit der Selbstachtung und innerer Stärke zusammen. Die Frage stellt sich: Tut man das, was zweckmäßig ist, was erfolgversprechend erscheint (und manchmal ein wenig am Rand der Legalität angesiedelt ist), was die Beliebtheit steigert oder tut man das, was das Richtige ist. Hier höre ich oft die Frage: Woher weiß ich denn, was wirklich richtig ist? Jeder von uns weiß ganz tief in sich, was richtig und was falsch ist. Jeder weiß, dass es nicht richtig ist, wenn bei einem Autounfall nur der Kotflügel beschädigt wurde und man einen größeren Schaden meldet, um eine Ganzlackierung von der Versicherung bezahlen zu lassen. Jeder Schiedsrichter weiß, dass sein Urteil nicht mehr objektiv ist, wenn er sich zu teuren Seereisen einladen lässt. Jeder weiß genau, was richtig ist und was nicht. Aber viele Menschen lassen sich – manchmal auch durch Druck von außen – zu Entscheidungen verleiten, die nicht richtig sind, die gegen das gute Gewissen, die Moral verstoßen. Mit jeder dieser Entscheidungen schwindet ein wenig von der Selbstachtung. Das schlechte Gewissen macht sich bemerkbar, wir fühlen im tiefsten Inneren, dass wir uns nicht richtig verhalten haben. Wie wär's, wenn Sie sich einfach einmal vorstellen, die Zeitung würde darüber berichten, dass Sie auf Kosten der Versicherung Ihr Auto haben lackieren lassen, obwohl nur der Kotflügel einer Lackierung bedurft hätte. Wie würden Sie sich fühlen? Sie sehen, eine simple Frage, eine kleine bildhafte Vorstellung – und Sie haben eine klare Antwort.

Alles ist in Ihnen – das Gefühl für Moral und Ethik, für gut und böse, das Gespür für richtig und falsch.

Bei jeder Entscheidung stellt sich auch die Frage nach der Rechtmäßigkeit, wobei ich dabei nicht nur die gesetzliche Rechtmäßigkeit meine, sondern auch das Recht des Einzelnen. Ist es ethisch verantwortlich, dass die Geschäftsleitung falsche Zahlen meldet und damit die Existenz der Mitarbeiter aufs Spiel setzt? Kurzfristig mag sich dieser Betrug auszahlen, weil sich dann vielleicht noch ein Investor für das marode Unternehmen findet und dadurch Arbeitsplätze erhalten bleiben. Nur sehr kurzfristig mag dies funktionieren. Langfristig lässt sich kein Betrug verheimlichen. Nicht nur die Geschäftsführung, die die Verantwortung trägt, verliert, auch die Belegschaft – als Spielball – und die verliert viel mehr. Möglicherweise kommt sogar eine ganze Branche dadurch in einen schlechten Ruf. Zieht man einen Geschäftspartner über den Tisch, mag das ein kurzfristiger Erfolg sein, langfristig kann es nur zu einem Verlust führen. Leben und leben lassen ist besser als nach dem Motto top oder hopp zu handeln. Vernichten Sie den anderen, dann mögen Sie zwar heute Erfolg haben, mögen heute der Gewinner sein, aber Sie haben sich einen nicht zu unterschätzenden Erzfeind geschaffen. Loyalität und Fairness zahlen sich langfristig immer aus.

Nun befinden wir uns oft in einer Zwickmühle. Zwar wissen wir, was gut und recht ist, aber jeder von uns hat Erwartungen zu erfüllen, steht mehr oder weniger unter Druck. Das gilt nicht nur für den einzelnen Menschen im Beruf, Wissenschaft, Politik und Sport, sondern auch für die Unternehmen und Konzerne. Wollen wir das Leben lebenswert und die Welt besser machen, dann müssen wir bei uns selbst beginnen: Es gibt nichts Gutes, außer man tut es! Raus aus der bequemen Grauzone, rein in ein Leben, das auf moralischen und ethischen Werten basiert. Kontrollieren Sie Ihre Entscheidungen:

- Ist sie rechtmäßig?
- Ist sie fair – kurz- und langfristig?
- Ist mein Gewissen damit zufrieden?
- Kann man Ihre Entscheidung/Ihr Verhalten in der Zeitung veröffentlichen, ohne dass Sie sofort auswandern müssen?

Wenn Ihr Handeln von ethischen Grundsätzen getragen ist, sind Sie mit sich im reinen, haben Sie ein gutes Gewissen. Sie können sich selbst in die Augen sehen. Ethik macht Sie frei, denn nicht Egoismus bestimmt Ihr Tun, sondern der Wunsch, Ihren Beitrag zu einer positiven Veränderung zu leisten. Dazu benötigen Sie Durchhaltekraft, Besonnenheit und Ausdauer. Alles Fähigkeiten, die Ihre Persönlichkeit zum Strahlen bringen. Sie erhalten Aufmerksamkeit ganz von selbst, denn Sie sind nicht mehr darauf angewiesen, sich aktiv darum zu bemühen. Sie brauchen keine großen Werbeplakate, Sie haben einen Ruf, der Ihnen vorauseilt, Sie haben sich einen Namen geschaffen. Sie werden zum Mittelpunkt, weil Sie eine in sich ruhende Persönlichkeit sind, die ihr Umfeld anzieht. Je mehr Sie Selbstsucht, Egoismus und Profitdenken loslassen, desto mehr wachsen Sie. Sie können auf sich selbst vertrauen, können Ihrer inneren Stimme folgen und mit Ruhe und Gelassenheit jede Situation meistern. Ihr Verhalten und Ihre Absichten, Ihre Worte und Ihre Taten stimmen überein. Sie sind eine Persönlichkeit, die im Gleichgewicht ist – so wie das Symbol für mein Institut. Ein aufrechter Mensch, der mit beiden Beinen fest am Boden steht, der nicht gebückt von der Last des Lebens ist. Ein Mensch, der im Gleichgewicht ist – dank seiner Aufrichtigkeit, der stark ist – dank innerer Werte, der integer ist – dank seines Moralkodex.

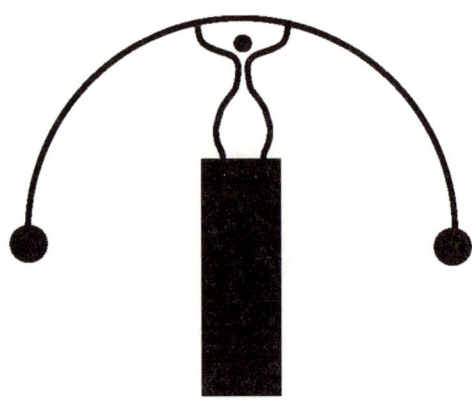

Erfolgreich sein

Erfolg möchten die meisten Menschen haben – am liebsten über Nacht und noch lieber ohne große Anstrengungen. Selten bekommt man im Leben etwas geschenkt und deshalb muss man für den Erfolg seinen Beitrag leisten. Erfolg und Leistung sind Begriffe, die eng miteinander verbunden sind. Sie brauchen sich nur einmal die Biografien großer Wissenschaftler, Entdecker oder Sportler anschauen. Ohne Fleiß kein Preis!

Haben Sie Erfolg, dann heißt das noch lange nicht, dass Sie sich nun auf Ihren Lorbeeren ausruhen können. Nichts bleibt so, wie es heute ist, alles ist vergänglich. Das ist ein kosmisches Gesetz. Auch Ihr heutiger Erfolg ist morgen nicht mehr gewährleistet, es sei denn, Sie bleiben am Ball, entwickeln sich weiter und wachsen mit Ihren Aufgaben. Immer wieder müssen die Ziele klar formuliert und mit Überzeugung angegangen werden. Einmal Erfolg haben, das gelingt den meisten, aber den Erfolg zu halten – das schaffen nur die Siegertypen. Das sind Menschen mit einer positiven Einstellung, die von sich und ihren Fähigkeiten überzeugt sind und die wissen, dass jeder sein Leben selbst gestaltet. So hat jeder von uns die Wahl, ob er Erfolg verursachen will oder nicht. Und er hat auch die Wahl, in welchem Bereich er diesen Erfolg haben möchte – man kann sowohl als Taschendieb wie auch als Abteilungsleiter erfolgreich sein. Sie selbst entscheiden, welchen Weg Sie gehen wollen.

Persönlichkeit, Ausstrahlung, der richtige Umgang mit Menschen – das entscheidet über den Erfolg, denn nur etwa 35 % des Erfolgs basieren auf den Fachkenntnissen! Nichts ist anziehender als Erfolg, denn wer erfolgreich ist, zieht andere mit nach oben. Sind Sie als Teamleiter erfolgreich, hat auch Ihr Team etwas davon. Ein erfolgreicher Vorgesetzter macht Karriere nicht auf Kosten seiner Mitarbeiter – das würde sowieso nur für kurze Zeit gut gehen. Erfolg ist am beständigsten im Team. Ohne sein Superteam könnte Schumacher nicht so schnell sein, ohne sein Team wäre Kennedy nie so bekannt geworden. Wo es im Team nicht klappt, klappt es auch an der Spitze nicht. Wer seinen Mitarbeitern Raum lässt, sich selbst zu entfalten, ihnen zu Erfolgserlebnissen verhilft, der hat wirklich motivierte Unterstützung. Dann macht Arbeiten erst richtig Spaß und dann kann man Superleistungen erzielen. Erfolg ist ansteckend, denn nichts beflügelt mehr als ein Erfolgserlebnis. Das Gefühl, einen Schritt voran gekommen zu sein, ein Problem gelöst zu haben, nach einem Misserfolg wieder mit Elan durchstarten – all das gibt Kraft. Wer Erfolg hat, weiß, dass er wichtig ist, dass er eine Aufgabe verantwortungsvoll übernommen hat. Ein solcher Mensch ist selbstbewusst – und das strahlt er aus.

Erfolg macht erfolgreich – innerlich wie äußerlich.

Probleme sind Chancen

Auch ich komme nicht umhin, das Wort „Problem" zu verwenden. Natürlich gibt es überall auf der Welt Probleme, das will ich gar nicht negieren. Worauf es ankommt, ist die Einstellung. Wer an Probleme denkt, bekommt Probleme – wer in Lösungen denkt, findet Lösungen. Für den Könner sind Probleme nicht dazu da, um unter ihnen zu leiden. Wir müssen nur umdenken, nämlich lernen in Lösungen zu denken. Positiv eingestellt Menschen erzielen positive Ergebnisse. Auch Probleme haben einen positiven Aspekt.

So wie Sie die Muskeln Ihres Körpers durch Sport und Krafttraining stärken, so können Sie auch Ihren Geist stärken. Problemlösung ist das Training für unseren Geist. Je mehr Probleme Sie lösen, desto belastbarer werden Sie, desto mehr lernen Sie. Laufen Sie vor Problemen nicht davon, denn Schonung ist der schnellste Weg zum Friedhof! Dort liegen die einzigen Menschen, die keine Probleme (mehr) haben.

Wer große Ziele hat, der muss damit rechnen, dass der Weg dorthin mit Hindernissen bestückt ist. Eigene Fehler, äußere Umstände, der falsche Zeitpunkt – Gründe für Misserfolg gibt es reichlich. Hinfallen ist keine Schande – eine Schande ist es nur, nicht wieder aufzustehen. Denken Sie nur an die unzähligen Menschen, die nach Katastrophen und Kriegen vor dem Nichts stehen. Ihre gesamte Existenz ist in Schutt und Asche. In solchen Situationen erkennt man den Unterschied zwischen Sieger- und Verlierertypen am deutlichsten. Der Sieger krempelt die Ärmel hoch und fängt an aufzubauen; der Verlierer lässt sich hängen, bedauert sich, hadert mit dem Schicksal.

An Problemen wächst der Mensch. Hat ein Politiker zur Lösung eines Konflikts beigetragen, hat ein Manager die Firma aus den roten Zahlen geführt, hat ein Mediziner eine verbesserte Therapiemethode entwickelt – je größer das gelöste Problem war, desto mehr Achtung und Anerkennung zollen wir dem Problemlöser.

Das Leben ist nicht das Paradies, es ist gepflastert mit Problemen. An der Art und Weise, wie wir sie lösen, unterscheiden sich die Menschen.

Die einen tun gar nichts, die anderen bemühen sich redlich um eine Lösung und wiederum andere machen sich selbst zum Hauptproblem in ihrem Leben. Der Pessimist bezeichnet das Glas als halbleer und der Optimist als halbvoll. Sehen Sie Lösungen oder entdecken sie überall nur Probleme?

Was sind Sie?

Sind Sie ein Problemlöser oder sind Sie etwa selbst das Problem?

An den Problemen, die wir lösen, wachsen wir. So paradox es klingen mag: Die Menschen mit den meisten Problemen leben am intensivsten. Stellen Sie sich umgekehrt vor, Sie hätten überhaupt keine Probleme. Das Leben wäre fast unerträglich langweilig. Geistig würden wir – ohne Herausforderung - verkümmern. Krempeln Sie die Ärmel hoch und machen Sie sich an die Lösung.

Notieren Sie Ihre Probleme auf einem Blatt Papier. Daneben schreiben Sie Ihre Lösungsansätze auf. Fallen Ihnen viel mehr Lösungen ein als Sie Probleme haben, sind Sie ein Problemlöser.

Doch geht es nicht nur um Sie allein. Wohin wir auch blicken, sehen wir Probleme – die ganze Welt scheint nur aus Problemen zu bestehen. All das sind Aufgaben für Menschen der Tat, für Problemlöser. Für jeden gibt es ein breites Betätigungsfeld. Sie müssen dafür nicht in die Ferne schweifen, in Ihrem direkten Umfeld gibt es viel zu tun, angefangen bei mehr Kindergartenplätzen, bessere Altenbetreuung bis hin zu einer ganzheitlichen Erziehung unserer Kinder. Greifen Sie zu, machen Sie Ihr Leben wertvoll, beteiligen Sie sich an der Lösung der Probleme, übernehmen Sie Verantwortung für die Gesellschaft. Denn Gesellschaft – das sind wir alle, jeder Einzelne von uns ist ein Teil dieser Gesellschaft. Entziehen Sie sich nicht Ihrer Verantwortung!

Sinn und Ethik

Je reifer ein Mensch wird desto wichtiger ist es für ihn, etwas zu schaffen, das einen bleibenden Wert darstellt. Da geht es nicht mehr um mehr Geld oder bessere Umsätze, sondern um Sinn und Zweck. Tief in jedem Menschen ist der Wunsch verwurzelt, dass etwas bleiben soll, wenn man selbst nicht mehr da ist. Einen Baum zu pflanzen, einen Sohn zu zeugen und ein Haus zu bauen – das reicht für diesen Anspruch nicht aus. Oder wie Walter Gropius sagt:

„Wenn Ihr Beitrag wesentlich war, dann wird immer jemand dort wieder anfangen, wo Sie aufgehört haben, und das wird Ihr Anspruch auf Unsterblichkeit sein."

Verständlich ist – und Untersuchungen haben dies bestätigt –, dass mit zunehmendem Lebensalter solche Aspekte immer wichtiger werden. Es geht auch nicht allein nur um das Alter. Auch in jungen oder den „besten Jahren" ist es wichtig, dass nicht nur Äußerlichkeiten die Antriebsfeder für Engagement sind, sondern dass Werte hinter allem Tun stehen. Ein sinnvolles Leben ist zugleich ein erfülltes Leben. Nicht Eigennutz steht dann im Mittelpunkt der Überlegungen, sondern der Wunsch, für andere Menschen etwas zu tun – sei das Erfahrungen weitergeben, praktische Hilfe leisten, sich für soziale Aufgaben engagieren. Einen Sinn zu sehen, in dem was man tut, erfüllt einen mit Zufriedenheit. Und das wiederum setzt einen Automatismus in Gang: Zufriedenheit mit sich stärkt das Selbstbewusstsein, aktiviert die Energien und ist zudem auch noch gut für die Gesundheit. Allein schon aus diesen Gründen sollten wir alle einmal den Sinn unserer Existenz überprüfen. Dann könnten wir uns vielleicht den einen oder anderen Weg zum Arzt ersparen, bräuchten weniger Pillen und Tropfen und hätten mehr Lebensfreude.

Bei Studien wurde inzwischen auch festgestellt, dass die Suche nach dem Sinn in der Lebensmitte ein wichtiger Faktor ist für die Lebensqualität im Alter darstellt. Entwicklungspsychologen und Altersforscher bestätigen, dass ein erfülltes Alter davon abhängt, ob man in der Lebensmitte die Weichen richtig gestellt und sein Leben, so wie man es gestaltet hat, dann auch akzeptiert. Das heißt ohne wenn und aber zu seinen Entscheidungen zu stehen. Man kann anderen ein ganzes Leben lang etwas vormachen, aber nicht sich selbst.

„Wer im eigenen Leben keinen Sinn findet und keine Werte,
die es zu schützen lohnt, wer keine Perspektive und keine Ziele hat –
dem gilt auch das Leben anderer wenig."

Johannes Rau

Den Sinn kann man nur in sich selbst finden. Wir spüren schnell, wenn es einem Menschen wichtig ist, was er tut, mit wem er zusammen ist und wer von seinem Einsatz profitiert. Solche Menschen strahlen Zufriedenheit und Zuversicht aus, denn sie haben ihre Lebensaufgabe gefunden und angenommen. Zu wissen, warum man auf dieser Welt ist und seine Aufgaben bestmöglich zu erfüllen – das gibt inneren Frieden. Wenn Aufgabe und Sinn überein stimmen, macht es uns glücklich und zufrieden.

Wie sieht das bei Ihnen aus?

Wir sollten einmal unterscheiden in Dinge, die von Bedeutung für uns sind und solche, in denen wir einen Sinn sehen. Das ist nämlich nicht das Gleiche. Wem und was Sie Bedeutung schenken, ist eine ganz persönliche Entscheidung, die vom Verstand, also in der linken Gehirnhälfte, getroffen wird. Sie können Karajan die Bedeutung des besten Dirigenten geben – oder auch nicht. Es steht Ihnen frei, was Sie als bedeutend ansehen, es hat nichts mit der tatsächlichen Qualität oder dem Wert zu tun.

Der Sinn dagegen entsteht nicht im Kopf, sondern aus dem tiefsten Inneren des Menschen. Der Sinn entwickelt sich aus dem inneren Potential. Beispielsweise ist der Sinn einer Kastanie, sich zu einem großen Baum zu entwickeln. Der Sinn Ihres Lebens ist so einzigartig wie Sie. Deshalb kann auch niemand für Sie einen Lebenssinn finden, den finden Sie nur in sich selbst. Die Fragen „Wer bin ich" und „Was will ich" helfen Ihnen dabei, den Sinn Ihres Lebens zu entdecken. Auch Fragen, wie „Warum bin ich auf dieser Welt" und „Was für ein Mensch möchte ich sein" helfen Ihnen weiter. Hören Sie auf Ihre innere Stimme, folgen Sie ihrem Ruf und Sie erkennen Ihre Berufung.

Manche Menschen – so habe ich bemerkt – haben ein wenig Probleme mit dem Wort „Sinn". Versuchen Sie es einmal mit dem Begriff „Leidenschaft". Hier spüren Sie tiefe Gefühle und das Verlangen, etwas zu bewegen. Leidenschaft motiviert und beinhaltet Hingabe an eine Aufgabe. Mit Leidenschaft eine Aufgabe erfüllen – das verleiht Kraft.

Wer seinem Leben einen Sinn gegeben oder sich mit Leidenschaft einer Aufgabe verschrieben hat, hat die besten Chancen, sein Leben wirklich genießen zu können. Kommen wir nun zu Ihnen:
- Welchen Sinn sehen Sie in Ihrem Leben?
- Welchen Sinn macht Ihre Arbeit?
- Welche Werte bestimmen Ihr Leben?
- Was treibt Sie an?

Hermann Gmeiner, der österreichische Sozialpädagoge und Gründer der SOS Kinderdörfer sagte einmal sehr treffend: „Alles Große in unserer Welt geschieht nur, weil jemand mehr tut, als er muss." Wo liegt Ihre „Mehr-Leistung"?

Schreiben Sie ein kurzes Essay über den Sinn Ihres Lebens, notieren Sie die Werte, an denen Sie sich bisher orientiert haben und überprüfen Sie, ob das mit dem Standpunkt (s. Seite 57 f.) übereinstimmt. Was ist für Sie wirklich wichtig und wertvoll? Was macht Sie glücklich und zufrieden? Stellen Sie sich noch einmal vor, Sie stehen am Ende Ihres Lebens und müssten ein Urteil darüber abgeben. Wie würde es wohl ausfallen? Wären Sie mit dem Ergebnis zufrieden? Könnten Sie Ihrem Leben das Qualitätssiegel „Wertvoll" verleihen?
Hier ein paar Anregungen:
- Wie viele Menschen haben Sie glücklich gemacht?
- Wie vielen Menschen haben Sie geholfen?
- Welche positiven Veränderungen haben Sie bewirkt?
- Unter welchem Motto stand Ihr Leben? Was war Ihr Lebensprinzip?
- Woran werden sich Ihre Mitmenschen erinnern, wenn sie von Ihnen sprechen?
- Wenn Ihr Name 2, 5, 10 Jahre nach Ihrem Tod fällt, wird man sich noch an Sie erinnern und in welchem Zusammenhang?

Oft sind wir ja zerrissen zwischen unterschiedlichsten Anforderungen: Da sollen wir zu Hause die Kinder erziehen, im Job sollen die Ansprüche der Kunden nach hochwertigster Ware erfüllt und zugleich die Vorgaben der Geschäftsleitung nach großen Einsparungen berücksichtigt werden. Es ist unmöglich, all diese Forderungen unter einen Hut zu bringen. Qualitativ hochwertig soll die Arbeitsleistung sein, die ethische Verantwortung darf dabei nicht auf der Strecke bleiben. Nehmen wir als positives Beispiel die medizinische Forschung: Qualitativ hochwertige Arbeit leisten mit dem Ziel, Kranken zu helfen, erfüllt diese Ansprüche. In anderen Bereichen ist es schwieriger, wenn beispielsweise im Nachrichtenwesen objektive Information mit den kommerziellen Interessen von Sendeanstalten oder großen Werbekunden kollidieren. Hier stellt sich die Frage für den Betroffenen: Was kann ich tun? Hier sind wir wieder mit der Ethik konfrontiert.

Im Good Work Project haben sich Wissenschaftler mit der Frage befasst, wie man hochwertige Arbeitsleistung mit gutem Gewissen bringen kann oder anders ausgedrückt, wie das Arbeiten Sinn macht.

- Eine zentrale Mission festlegen
  Jeder Beruf hat eine solche Mission, die darauf ausgerichtet ist, ein Bedürfnis der Gesellschaft zu befriedigen. Beispiel: Die Schule soll junge Menschen auf das Leben vorbereiten, sie mit dem notwenigen Wissen versorgen.

- Von Vorbildern lernen
  Wer ist der Beste auf seinem Gebiet und warum? Was kann ich von ihm lernen?

- Eine persönliche moralische Identität entwickeln
  Wo liegen die moralischen Grenzen für mich persönlich?
  Was ist ethisch vertretbar?

Irgendwann wird jeder von uns mit der Frage konfrontiert: Ist das noch der richtige Beruf für mich? Sind meine Werte auf der Strecke geblieben, habe ich mich von meinen Vorstellungen entfernt bzw. entfernen lassen? Kommt der Anstoß zu dieser Frage nicht von außen, sollten Sie sich mit diesem Thema dennoch ab und zu – am besten in regelmäßigen Abständen – befassen. Je eher Sie nämlich bemerken, dass Sie von Ihrem Weg abkommen, desto einfacher ist es, eine Kurskorrektur vorzunehmen.

Moral als Teil der charismatischen Persönlichkeit

Nicht nur die Ereignisse des 11. September 2001 auch die Frage nach den Grenzen der modernen Forschung und Wissenschaft bringen uns schnell zu der Frage nach den moralischen und ethischen Richtlinien. Bis heute werden die Zehn Gebote in der Schule auswendig gelernt. Aber wie sieht es heute mit der Auslegung der einzelnen Gebote aus? „Du sollst nicht falsch Zeugnis reden wider deinen Nächsten" – gilt das auch für andersgläubige Ausländer? „Du sollst nicht töten" – dürfen wir uns gegen Terroristen wehren oder nicht? „Du sollst nicht ehebrechen" – das ist doch heute Gang und Gäbe!

Woran orientieren wir uns eigentlich? Welche moralischen und ethischen Wertvorstellungen bestimmen unser Tun? Welche Richtlinien haben heute (noch) Gültigkeit? Die Auflösung alter Werte hat eine allgemeine Orientierungslosigkeit zur Folge. An was soll man sich halten? Wer keinen Halt findet, wird haltlos – und dann kommt man schnell ins Schleudern, besonders in wirtschaftlich unruhigen Zeiten.

Die Ereignisse in New York haben die westliche Welt vor die Frage gestellt, für welche Werte es sich eigentlich lohnt zu kämpfen. Versuchte man einst nach den Richtlinien der Religion zu leben, mit dem Ziel dafür im Jenseits belohnt zu werden, hat die Industrialisierung und der Kapitalismus dazu geführt, dass wir uns heute an Beruf, Leistung und Finanzen orientieren. Vor fast 10 Jahren wünschten sich über 60 % der Westdeutschen und über 70 % der Ostdeutschen eine bessere Moral!

Ich denke, die Zehn Gebote haben an ihrer Aktualität nichts verloren. Deshalb möchte ich Ihnen folgende Aufgabe ans Herz legen: Lesen Sie die Zehn Gebote und schreiben Sie sie um. Formulieren Sie die Gebote mit Ihren eigenen Worten, die Sie für sich annehmen wollen. Zu bedenken geben möchte ich auch, dass – wie bei allen Dingen im Leben – es auf die Auslegung ankommt. In den Briefen von Paulus lesen wir immer wieder, dass Gott nicht so abweisend ist wie ihn viele Schriftgelehrte darstellen. Vielmehr ist Gott der Schöpfer und Vater – und welcher Vater reicht nicht seinem Kind die Hand, sofern es sich helfen lassen will. Die Zehn Gebote sind heute so aktuell wie einst. Wer sich an ihnen orientiert, wird Halt und Sinn finden können – das gilt für den Einzelnen ebenso wie für unsere Gesellschaft.

Haben Sie mit der christlichen Religion nichts am Hut, sollten Sie dennoch nicht diese Seiten überblättern. Schreiben Sie Ihre eigenen Zehn Gebote, an denen Sie Ihr Leben ausrichten (wollen). Vielleicht zieht es Sie mehr zu einem anderen Glauben. Es kommt nicht auf den Namen an, sondern auf den Inhalt. Wir finden ja in den großen Weltreligionen viele Parallelen, ob Buddhismus oder Islam – die Grundgedanken sind die gleichen. Sie werden nur zu verschiedenen Zeiten unterschiedlich ausgelegt.

10 Gebote

Wertvorstellungen gibt es durchaus. Aber wir schieben sie gern beiseite – haben dafür dann auch durchaus plausible Erklärungen. Besonders gern reihen wir uns dann ein in die große Masse Ähnlichdenkender mit der Entschuldigung: Die anderen tun das ja auch. Und vieles hat oft keine allzu gravierenden Folgen.

Gemeinsamer Frust macht das Leben aber nicht unbedingt leichter. So verzichten manche Arbeitslose auf eine interessante, aber schlechter bezahlte Tätigkeit mit der Begründung, dass sie das Arbeitslosengeld, für das sie Jahre eingezahlt haben, verlieren bzw. bei erneuter Arbeitslosigkeit das niedrigere Gehalt die Messlatte sein wird. So sind sie lieber unzufrieden, aber sie nehmen aus der Gemeinschaftskasse den ihnen zustehenden Anteil. Nur ja keine Verantwortung übernehmen, und erst recht kein Risiko. Immer schön in der (sozialen) Hängematte liegen bleiben als sich einmal den Wind um die Nase wehen zu lassen. Dabei könnte man ja stolpern. Allerdings verzichtet man dann auch auf das beglückende Erlebnis, die eigene Kraft zu spüren und zu merken, zu welchen Taten man fähig ist. Dazu muss man sich die Chance geben. Das Leben ist kein Paradies.

Ich denke da beispielsweise an die Steuer. Jeder weiß, dass er sein Einkommen zu versteuern hat, dennoch wird eifrig am Finanzamt vorbeigearbeitet – ohne Skrupel oder schlechtes Gewissen. Da werden Summen ins Ausland transferiert oder gar der Wohnsitz im Ausland gewählt, nur um die Steuerklippe zu umgehen.

Es wird von der Gesellschaft zwar toleriert – je bekannter jemand ist desto weniger tragisch wird diese Steuerflucht gesehen. Je nach Sachlage, Promi- oder Sympathiefaktor heißt es elegant „Kavaliersdelikt". Das ist es aber keineswegs, denn wer seine Steuern nicht zahlt, der lebt auf Kosten anderer, ist ein Schmarotzer. Wer viel verdient, darf ruhig auch etwas mehr für die Allgemeinheit tun, er kann es sich leisten. Darauf darf man dann aber auch stolz sein.

Wenn es aber egal ist, ob wir unsere Werte auch leben, dann verlieren wir alles – Werte, Orientierung und Halt – im privaten Bereich wie auch in der Gesellschaft.

Es mag ja ganz praktisch sein, nicht alles zu versteuern. Nicht nur dass dieses Geld an irgendeiner Stelle fehlt, gravierender ist vielleicht noch die Tatsache, dass die Moral auf der Strecke bleibt.

Viele Menschen sprechen verächtlich von Geld. Ich kann das nicht nachvollziehen, denn Geld als solches ist erst einmal nichts anderes als bedrucktes Papier – es kommt allein darauf an, was man damit macht. Baut man damit Kindergärten, kauft man damit als Existenzgrundlage Nähmaschinen für ein Dorf in der Dritten Welt oder etwa Diamanten, mit denen schreckliche Kriege finanziert werden? Nicht das Geld ist das Entscheidende, sondern das was man damit anfängt. Deshalb ist Reichtum an sich etwas sehr Positives.

Der Schauspieler Michael J. Fox, selbst an Parkinson erkrankt, unterstützt finanziell und durch sein Eintreten eine Stiftung, die sich dieser Krankheit gewidmet hat. Steffi Graf engagiert sich für Kinder in Afrika. Wer viel hat, kann viel geben. Aber auch wer weniger hat, kann spenden – und das wird bei uns auch getan. Jeder kann andere an seinem Erfolg teilhaben lassen und je mehr wir geben, desto reicher werden wir dabei selbst.

Die sozialen Projekte weltweit erfordern viel Engagement und viel Geld. Vergleichen wir einmal aktive Mitarbeiter und Initiatoren solcher Projekte mit Menschen, die ihr gesamtes Vermögen nur in sich – überwiegend in ihr Äußeres – stecken, dann weiß man, was glücklicher macht. Ich denke beispielsweise an Karl Heinz Böhm, der seit 20 Jahren ein einmaliges Projekt in Äthiopien betreibt. Er sagt selbst, dass seine Filmerfolge lächerlich sind im Vergleich zu dem, was er in Afrika bewirkt. Mit einem Betrag von DM 135,– für Essen, Medizin und Krankenhausaufenthalt rettete er ein Mädchen vor dem Hungertod. Karl Heinz Böhm spricht von sich selbst als ein Mensch voller Liebe zu den Menschen. Liebe – ein Gefühl, das immer stärker wird je mehr man davon gibt. Betrachten wir dagegen die vielen sogenannten VIPs, die ihr Geld in immer jüngere Partner, in immer knappere Kleidung, in Facelifting und in Partys investieren, erkennen wir die große Leere in einem solchen Leben.

Ich bin absolut dafür, dass jeder die Früchte seiner Arbeit genießt – ruhig mit teuren Reisen, exklusiver Garderobe etc. Das ist völlig in Ordnung. Doch wenn das der einzige Lebenszweck ist, erscheint mir das doch etwas dürftig. Für andere da sein, zu teilen und seine Fähigkeiten für eine sinnvolle Aufgabe einzusetzen – das erst macht ein Leben reich in jeder Beziehung, erfüllt und wirklich lebenswert.

Ohne Sinn ist alles sinnlos

Der Glaube hält alles zusammen. Keine Gesellschaft kann existieren ohne ein Wert- und Glaubenssystem zu kreieren, das von den betroffenen Menschen akzeptiert wird. Nur dann kann das Leben einen Sinn erhalten und der Mensch in einer Ordnung leben – in einer Ordnung mit sich und seinem Umfeld. Wie wichtig hierbei die Wertvorstellungen sind, lässt sich an alten Kulturen sehr gut feststellen. So gingen anderen unterlegene Volksstämme im Laufe der Geschichte unter, weil ihnen die Sieger die

Ausübung ihres Glaubens, ihrer Rituale verboten hatte. Ohne diese verloren sie ihre alten überlieferten Werte und somit auch ihre Kultur. Sie verloren den Sinn, der sie alle zusammengehalten hatte, ihre Wurzeln. Lebensmut und Lebensfreude schwanden. Genauso wenig wie ein Volk ohne Kultur existieren kann, können Sie ohne Sinn Erfolg haben.

Dieses Phänomen der Sinnlosigkeit, das einher geht mit einer allgemeinen Orientierungslosigkeit, finden wir überall in der heutigen Gesellschaft. Der Fortschritt in den Industriegesellschaften geht immer schneller vonstatten. Wir kommen voran, es geht uns materiell so gut wie nie zuvor.

Und dennoch ist es da – das Vakuum, die große Leere, die Sinnlosigkeit. Nehmen wir einen Abteilungsleiter, der die Vorgaben der Geschäftsleitung erfüllt und die Zielvorgaben erreicht. Er könnte zufrieden sein. Doch dies ist nur ein Aspekt seiner (Lebens-)Aufgabe. Er hat nämlich auch eine Aufgabe gegenüber der Gesellschaft: zum Wohle der Gemeinschaft beizutragen. Viele Menschen glauben mit großzügigen Spenden sich dieser Verantwortung entziehen zu können. Sicherlich sind Spenden eine gute Sache, aber sie allein sind nicht der Weisheit letzter Schluss. Es geht nicht nur um den finanziellen Aspekt, sondern besonders auch um den Sinn des Lebens, d. h. seinen Anteil zu leisten für die geistige Entwicklung der Gesellschaft, sich selbstlos für hohe Ziele einzusetzen. Das erst verleiht dem Leben einen tiefen Sinn.

Lassen Sie mich ein Beispiel nennen: Ich kenne viele erfolgreiche Männer und Frauen, die nach Jahren im Job plötzlich eine tiefe Leere empfinden. Gern wird dies auch als „midlife crisis" abgetan. Doch es ist weit mehr als nur eine Krise in der Lebensmitte. Es ist eine Existenzkrise, in der sich gerade besonders erfolgreich Menschen der Tatsache bewusst werden, dass nichts bleibt, wenn sie zu arbeiten aufhören. Manche verschieben die Problematik einfach und hoffen der Leere durch aktive Planung des Ruhestands zu entgehen. Anstatt heute etwas zu ändern, heute das Leben mit Sinn zu erfüllen, schieben sie diese Entscheidung hinaus – manchmal bis es zu spät ist. Ich kenne viele dieser Menschen, denen die Worte „Wenn...(ich pensioniert bin), dann...(tue ich etwas Sinnvolles)" eine Art Krücke geworden sind, an der sie sich festhalten. An diesem Strohhalm klammern sie sich, ahnend, dass nicht jeder dann noch Zeit haben wird: Carpe diem!

Wenn Sie Ihrer Arbeit keinen Sinn geben können, finden Sie sich früher oder später in ähnlicher Situation. Zu sehr ist unser Leben an Äußerlichkeiten orientiert, was mit einem Verfall der schöpferischen Kräfte im Menschen einhergeht, weil Werte fehlen und damit das Leben wertlos erscheint. Sinn und Werte kann man nicht verordnen. Jeder muss sie für sich selbst in sich finden. Der Mensch wächst mit der Suche nach dem Sinn des Lebens.

Werte und Vorbilder

Helden haben wieder Hochkonjunktur – jedenfalls in den USA. Die Feuerwehrleute in New York, die ihr Leben für andere einsetzen, die Passagiere des Fluges United 93, die sich gegen die Entführer zur Wehr setzten – das sind die Helden und Vorbilder unserer Tage, wobei den Helden fast immer ein tragisches Schicksal beschieden ist. Was unterscheidet nun Helden bzw. Vorbilder von anderen Menschen? Sie setzen sich mit Mut und Selbstlosigkeit für ein höheres Ziel ein, nehmen dafür Anstrengung und Mühen, ja sogar Gefahren in Kauf. Und ganz wichtig: Der Einsatz für höhere Ziele, wobei der Held nicht einmal Gefahren fürchtet. Er nimmt eine klare Haltung ein. Gerade das ist es, was der Mensch so nötig braucht. Einen festen Standpunkt, von dem aus er agieren kann.

Alle Augen richten sich auf den Helden. Er wird zum Vorbild, weckt in seinen Mitmenschen den Wunsch, so zu sein wie er. Man möchte die Kraft haben, seine Vision zu realisieren, eine Aufgabe voll und ganz erfolgreich erledigen können.

Von seinem Ziel weicht der Held nicht ab und er ruht nicht, bis er es erreicht hat. Diesem Anspruch entsprechen auch viele Idole aus dem Sport. Sie haben das Image des durchsetzungsfähigen, zähen Kämpfers, der sich nicht unterkriegen lässt, geradezu über sich hinauswächst.

Beispielsweise liegt Michael Schumacher in puncto Vorbildfunktion ganz oben in der Skala. Wer möchte nicht so sein wie er? Tough, erfolgreich, zielstrebig und dennoch unheimlich sympathisch.

Haben solche Supersportler dann auch noch persönliche Schicksalsschläge gemeistert, wie bei Armstrong, dem Tour-de-France-Sieger, der seine Krankheit (Krebs) besiegte und eine Topzeit fuhr, steigt die Achtung vor ihnen noch mehr.

Wissenschaftlich ist erwiesen, dass wir überwiegend durch Nachahmen lernen. Kinder ahmen die Eltern nach, Jugendliche suchen sich zeitgemäße Idole, denen meist blind nachgeeifert wird. In dieser Entwicklungsphase werden solche Idole meist kritiklos verehrt. Mit zunehmenden Alter orientiert sich der Mensch an anderen Leitbildern, an denen dann nur noch bestimmte Aspekte bewundert werden. Das sind meist Facetten der eigenen Persönlichkeit, die vorhanden und durch das Nacheifern verstärkt werden. Wir orientieren uns an Vorbildern, eifern ihnen nach und prägen damit unsere Persönlichkeit. Vorbilder helfen einem, seinen Weg im Leben zu finden.

Sogar unbewusst funktioniert das: Kommt ein neuer, modisch gekleideter Mitarbeiter in eine Firma, in der bis dato kein Wert auf modischen Schnickschnack gelegt wird, kann sich der Kleiderkodex im Unternehmen ändern. Plötzlich wird Wert auf chice Kleidung gelegt! Oder denken Sie nur an den Lady Di Frisurtrend.... Man möchte sein wie der andere.

> „Man muss mehrere Vorbilder haben,
> um nicht die Parodie eines einzigen zu werden"
>
> *Erich Kästner*

Eine Forsa-Umfrage ergab, dass über zwei Drittel der Deutschen kein Vorbild haben. Das ist bedauerlich, denn von Vorbildern können wir am meisten lernen. Mehr als in jedem Seminar oder Weiterbildungskurs profitieren wir, wenn wir von unseren Vorbildern lernen. Der Kluge lernt auf Kosten anderer – von den Erfahrungen und dem Wissen seiner Vorbilder. Deshalb frage ich Sie jetzt:

Welche Vorbilder motivieren Sie?

Schreiben Sie auf ein Blatt Papier die Namen der drei Menschen, die Sie für die wertvollsten in der Zeitgeschichte halten und warum Sie gerade diese Menschen gewählt haben.

1.
2.
3.

Welche Fähigkeiten bewundern Sie am meisten bei diesen Menschen?
Welche Werte repräsentieren diese Menschen?
Was können Sie von diesen Menschen lernen?

Glauben Sie nur ja nicht, dass diese Übung vielleicht zu weit her geholt ist. Die bekanntesten Persönlichkeiten, die einflussreichsten Feldherren, die weitsichtigsten Politiker, die erfolgreichsten Manager, Künstler und Sportler sind aus dem selben Holz geschnitzt wie Sie: Sie alle sind Menschen – wie du und ich. Es gibt nur einige Kriterien, die sie von der Masse unterscheidet, z. B.

- sie haben Werte und Ziele für ihr Leben festgelegt
- sie haben ihre Talente und Fähigkeiten entfaltet
- sie haben Mut und Ausdauer
- sie haben ihre Persönlichkeit entwickelt
- sie haben das Richtige im richtigen Moment am richtigen Ort getan
- sie haben Vorbilder und erfüllen selbst eine Vorbildfunktion

An sich glauben und Berge versetzen

Mit seinem Buch „Why God won't go away" (Warum Gott nicht verschwinden wird) belegt Andrew Newberg, dass Gefühle ein starkes und eindeutiges Signal im Gehirn auslösen. Newberg bewies anhand von Fotos, dass im Zustand der Meditation bestimmt Nervenzentren für religiöse Gefühle zuständig sind. Aber auch ohne diesen Beweis wissen wir, dass es den Glauben gibt – und dieser versetzt Berge.

Der Glauben kann alles – er kann Unglaubliches möglich machen und zwar im positiven wie im negativen Sinn. Bekannt wurde der Fall eines Mannes, der als Anhalter in einem Tiefkühlwagen mitgenommen wurde. Er starb, weil er glaubte, die Kühlung wäre eingeschaltet, obwohl das nicht der Fall war. Vor lauter Panik geriet er außer sich und konnte deshalb auch nicht die unverschlossene Türe öffnen. Er starb an seinem Glauben.

Umgekehrt rettet der Glaube oft auch Leben. Wie wir das immer wieder beispielsweise bei den Erdbeben erleben. Obwohl viele Verschüttete nach menschlichem Ermessen – wie das so schön genannt wird – längst hätten tot sein müssen, wurden bei solchen Katastrophen immer wieder Menschen lebend aus den Trümmern geborgen. So wie der Glaube an die Kühlung den Mann in einen außergewöhnlichen Panikzustand versetzt hat, der ein Herzversagen zur Folge hatte, hat der Glaube den Verschütteten die Kraft gegeben zu überleben. Die Körperfunktionen haben sich auf ein Minimum reduziert, was die Lebenschancen vergrößert hat.

Dem amerikanische Arzt Dr. Henry K. Beecher ging während des Zweiten Weltkrieges in einem Lazarett in Italien das Morphium aus. Einem Teil der verletzten Soldaten ging es so schlecht, dass sich der Arzt nicht mehr anders zu helfen wusste als eine schwache Kochsalzlösung als Morphium auszugeben und den Soldaten zu spritzen. Das Wunder geschah: Die meisten hatten weniger Schmerzen. Die Soldaten glaubten daran, dass die Spritze Schmerzen lindert. Ebenso ging es einigen Patienten, die sich wegen einer Arthrose am Knie operieren ließen. Tatsächlich wurde aber bei einigen Patienten gar keine Operation durchgeführt. Der Arzt schnitt lediglich die Haut etwas auf, um eine Op-Wunde optisch vorzutäuschen. Der Erfolg war sowohl bei den tatsächlich Operierten und den nicht Operierten gleich groß. In der Medizin spricht man vom Placebo-Effekt: Man gibt Tabletten ohne Wirkstoffe als Medizin aus. Der Patient glaubt an die Heilung und wird gesund. Der umgekehrte Effekt kann allerdings auch eintreten. Nebenwirkungen, wie Erbrechen, Schweißausbrüche, Nervosität treten auch bei Placebo-Mitteln ein, wenn diese mit den entsprechenden Hinweisen verordnet werden. Sie sehen also, es kommt nur darauf an, was der einzelne glaubt. Welche Kraft der Glaube hat, zeigen andere Untersuchungen. Der Placebo-Effekt, also der Glaube z. B. an eine Schmerzlinderung, bewirkt, dass der Köper entsprechend reagiert und mehr körpereigene Stoffe zur Schmerzlinderung produziert. Das lässt sich ebenso messen wie Blutwerte, die sich nur aufgrund von Placebo-Medikamenten veränderten. Das macht deutlich, dass im Körper ein riesiges Selbstheilungspotential vorhanden ist, das lediglich aktiviert werden muss. Wir nutzen es nur nicht, weil wir nicht daran glauben. Doch nicht nur unser Körper verfügt über ein ungenutztes Potential. Erst recht unser Geist!

Solche und ähnliche Tests wurden auf allen möglichen Gebieten durchgeführt. So wurde in einer Schule ein Test gemacht und fünf Schüler als besonders gut hervorgehoben. Nach einem halben Jahr sollten diese Schüler von ihren Lehrern beurteilt werden. Und siehe da, diese Kinder waren tatsächlich die Besten. Was niemand wusste, war, dass es sich bei den ausgewählten Kindern nur um mittelmäßige Schüler handelte. Was sehen wir daran ganz deutlich?

Die Kraft des Glaubens ist größer als wir denken. Oft hindert uns ja nur unser kritischer Verstand an etwas – und vor allem an uns selbst – zu glauben. Erst kommt der Glaube, dann die Tat. Wenn Sie an sich glauben, an das enorme Potential in sich, dann können Sie alles erreichen. Das Glaube im Herzen ist mehr wert als das Wissen im Kopf!

Unter Berücksichtigung des soeben Gelesenen:
- Was glauben Sie und an was glauben Sie?
- Glauben Sie an sich, an Ihre Fähigkeiten oder eher an Ihre Schwächen?
- Glauben Sie an einen Erfolg oder eher an einen Misserfolg?

Viel hängt von Ihrem Glauben ab. Glauben Sie, dass Sie Ihr Projekt erfolgreich vermarkten können? Damit haben Sie schon halb gewonnen. Alles in Ihnen ist erfüllt von dem Erfolgsgedanken, von dem Glauben an den Erfolg. Damit tritt ein Automatismus ein: Sie strahlen Zuversicht und Sicherheit aus, damit überzeugen Sie. Innerlich sind Sie ganz auf Erfolg eingestellt – Sie wissen schon: Ihr Unterbewusstsein ist ganz aktiv für Sie – und Sie tun intuitiv das Richtige. Sie denken positiv und strahlen dies aus. Dagegen kann sich kaum jemand wehren! Gegen Worte kann man sich wehren – nicht aber gegen Ausstrahlung! Ihre Gedanken werden Realität. Sie setzen eine Erfolgsspirale in Gang, denn nichts macht erfolgreicher als Erfolg.

Macht und Einfluss

Eine Persönlichkeit besitzt immer auch Macht. Von Kennedy heißt es sogar, er war von einer Aura der Macht umgeben. Nun haben wir Deutsche oft ein Problem mit diesem Wort. Ebenso wie beim Geld kommt es bei der Macht darauf an, was der einzelne damit tut. Jeder Mensch hat Macht, ob er das will oder nicht, ob er sie nutzt oder nicht. Macht über den Partner, den Schwächeren, den Abhängigen....

Was ist denn Macht eigentlich?

Wollen Sie den neu geschaffenen Posten und Ihr Kollege bootete Sie elegant aus, drängt Sie jemand auf der Autobahn von der Überholspur – schon haben wir es mit Machtkämpfen zu tun. Es gibt Sieger und Verlierer. Um Macht und Einfluss wird überall da gekämpft, wo es gibt, was man möchte: Aufmerksamkeit, Zuneigung, ein besserer Posten... Schon die Frage, wer den Hund am Abend ausführt, ist eine Frage der Macht. Wer ändert seine Pläne, wer nicht, wer hat das Sagen, wer nicht. Im privaten Bereich läuft der Kampf um die Macht eher subtiler ab, im Berufsleben wird mit harten Bandagen gekämpft.

Das Gegenteil von Macht ist Ohnmacht, also ohne Macht zu sein, ohnmächtig einer Situation ausgesetzt sein. Das ist wohl das Schlimmste, was einem Menschen passieren kann. Dann bestimmen andere über das Leben. Meine bewährte Methode hilft Ihnen, so viel Selbstbewusstsein und Sicherheit zu erwerben, dass Sie immer Ihr Leben in Ihrer Hand behalten können, dass Sie niemals sich ausgeliefert fühlen, sondern selbst entscheiden. Auch das beginnt – wie alles – wieder bei Ihnen, denn Macht hat jeder über sich selbst: In seiner Macht steht es, was er aus seinem Leben macht, ob er sich weiter entwickelt, ob er Einfluss nimmt oder sich beeinflussen lässt. Wer diese Macht nicht wahrnimmt, lässt andere über sich bestimmen – und macht sich damit „ohnmächtig". Betrachten Sie einmal Ihr Leben unter diesem Aspekt. Nutzen Sie Ihre Macht und machen Sie daraus etwas. Nehmen Sie Einfluss, lassen Sie Ihre Ideen in Ihre Mitmenschen einfließen. Allein kann heute niemand mehr Großes bewirken.

Macht ist nicht immer gleich Macht. Ich unterscheide in Macht durch Position/Amt oder Macht durch Persönlichkeit. Wer sich auf die Macht der Position beruft, kann nicht mit engagierten Mitarbeitern rechnen. Vielmehr entsteht eine Atmosphäre der Unsicherheit – zündende Ideen können in einem solchen Arbeitsklima nicht entstehen. Die Angst geht um. Ganz das Gegenteil ist die Macht der Persönlichkeit: Hier herrscht die Freiheit, die man benötigt, um eine Superleistung zu bringen. In einer solchen Atmosphäre können die Mitarbeiter zu Höchstleistungen auflaufen. Eine Führungspersönlichkeit wird als natürliche Autorität anerkannt. Alle wollen so sein, wie sie und deshalb ist ein solches Team hochmotiviert. Hier sind Verstand und Emotionen im Einsatz.

Dies bestätigen auch zwei amerikanische Psychologen, die sich mit dieser Thematik befasst haben. Sie verwendeten die Begriffe „Schicksalskontrolle" bzw. „Verhaltenskontrolle" (die tatsächliche Dominanz), was ich als Macht durch Persönlichkeit im positiven Sinne bezeichne. Unter Schicksalskontrolle (also Macht durch Position) verstehen wir die höhere Position, aber auch finanzielle Aspekte: also die Chef-Angestellten-Konstellation, Lehrer/Schüler oder aber die finanziell abhängige Ehefrau. Dennoch gibt es genau das Gegenteil, nämlich dass die weniger Mächtigen das Sagen haben, also die Schüler dem Lehrer auf der Nase herumtanzen, der finanziell unterstützte Geliebte aufmüpfig ist, der kleine Angestellte dem Chef überall Paroli bietet. Woran liegt das?

Auch dies wurde untersucht, und zwar von einer amerikanischen Sozialpsychologin anhand von Experimenten. Dabei kristallisierten sich vier Machttypen heraus: Der Ausbeuter, der Menschenfreund, der Tyrann und der Raffinierte. Der Ausbeuter verlangte viel und gab nichts dafür, der Menschenfreund gab viel und verlangte nichts dafür, der Tyrann war total unberechenbar, folgte ausschließlich seiner Laune. Nur der Raffinierte übte seinen Einfluss im großen Stil aus. Er stellte Forderungen, wurden diese erfüllt, gab es eine Belohnung, wurden sie nicht erfüllt, gab es Strafe – dies wurde konsequent durchgeführt. Nach kurzer Zeit funktionierte dieses System perfekt. Der enorme Erfolg des Raffinierten im Unterschied zu den anderen Machttypen lag in der Konsequenz seiner Handlungen. Da die Mitarbeiter wussten, welche Konsequenzen sie erwarteten, waren sie leicht zu beeinflussen. Eine gnadenlose, aber erfolgreiche Strategie.

Was lernen wir daraus?
Das Geheimnis liegt in der Konsequenz – wer immer nur freundlich oder immer nur eklig ist, also sich immer gleichbleibend verhält, egal, was geschieht, erreicht ebenso wenig wie der total unberechenbare Tyrannentyp. Die Geschichte hat übrigens bewiesen, dass Herrscher, die willkürlich ihre Untergebenen tyrannisieren, sich meist nicht lange halten. Auch die permanente Demonstration von Macht lässt sich auf Dauer nicht durchführen, irgendwann geht jedem General oder Heerführer die Luft aus. Dauerhafteren Erfolg dagegen hat derjenige, dessen Verhalten kalkulierbar ist. Wenn jeder genau weiß, was er für sein Verhalten zu erwarten hat – ohne wenn und aber, funktioniert dieses Spiel. Natürlich gehören zwei dazu: Der eine, der die Macht ausübt und der andere, der es akzeptiert.

Nietzsche bezeichnet Macht als einen natürlichen Antrieb, Alfred Adler sah im Machtstreben eine Kompensation für Minderwertigkeitsgefühle, später sah man in Machtstreben ein gelerntes Bedürfnis, das man in der Kindheit vermittelt bekommt, beispielsweise durch unsere Märchen, in denen es oft um Macht und Einfluss geht. Macht kann auch einfach nur ein Mittel sein, um sich in den Genuss von Vorteilen zu bringen, dazu gehören neben Geld, auch Beachtung, Anerkennung und Bewunderung. Zugleich beinhaltet Macht auch mehr Freiheit zur Selbstverwirklichung, Entscheidungsmöglichkeiten, größere Chancen, seine Wünsche zu erfüllen.

Anstelle von Macht verwende ich lieber das Wort „Einfluss". Jeder sollte seinen Einfluss geltend machen, um Dinge zu verändern und voranzutreiben.

Charisma oder Wünsche von den Augen ablesen

Warum werden manche Vorgesetzte förmlich geliebt und verehrt, obwohl sie harte Maßnahmen durchsetzen müssen? Warum bekommen manche Vorgesetzte kein Bein auf den Boden, obwohl sie eher für einen wirtschaftlichen Aufschwung im Betriebe sorgen? Es liegt an der Persönlichkeit, an der Ausstrahlung, an der Art und Weise, wie sie mit Menschen umgehen. Es liegt an den sozialen Kompetenzen, die jemand hat oder nicht – oder sie sich erwirbt. Es liegt auch daran, ob ein Vorgesetzter weiß, was er will, ob er eine wirkliche Aufgabe hat, mit der er sich identifiziert und welche Einstellung er grundsätzlich zum Leben hat. All dies und noch vieles mehr ist in dem Begriff „Charisma" vereint.

Im Duden heißt es u. a. „... Übernahme einer Führerrolle und einer damit verbundenen irrationalen Herrschaft." Ursprünglich kommt das Wort aus dem Altgriechischen und heißt „Aufmerksamkeit auf sich ziehen".

„Autorität durch Charisma" – so nennt Max Weber den irrationalen Führungsanspruch im Vergleich zum bürokratischen (rationalen) Anspruch.

Julius Caesar war ein charismatischer Führer. Es ist überliefert, dass seine Soldaten für ihn durchs Feuer gingen. Dafür hat Caesar auch einiges getan, wie beispielsweise nicht gespart mit Lob, Geschenken und Beförderungen. Eine Strategie, die bis heute aufgeht und als transaktionale Führung bezeichnet wird.

Charisma – das ist ein schillernder Begriff, den selbst die Charisma-Forschung nicht ganz in den Griff zu bekommen scheint. Zu viele Faktoren können eine Rolle spielen. Eines ist jedoch sicher, dass zu Charisma außerordentliche Persönlichkeitsmerkmale gehören, die die Beziehung prägen. Auf jeden Fall gehört zu Charisma visionäres Denken und emotionales Handeln. Typisches Beispiel dafür ist Martin Luther King „I have a dream". Um diese Vision auch anderen zu eröffnen, ist die richtige Sprache nötig – die Worte müssen das Herz erreichen, geistige Bilder müssen entstehen. Charisma wächst mit der Aufgabe, mit der Situation – vergleichbar ist das in der Tierwelt, in der ein Alpha-Tier nicht unbedingt als solches geboren wird, sondern sich dazu entwickelt. So wissen wir, dass ein Zwergmungo vom Leittier ausgewählt wird. Erst dann folgt die physische Veränderung zum Alphamännchen. Gerade in Zeiten des Umbruchs, der Veränderung und der Krisen und Gefahren können sich charismatische Fähigkeiten entfalten. Angst vor Veränderung lähmt die Masse – sie braucht jemanden, der sie anführt, der Vorbild ist und sie aufrütteln kann.

Ob wir jemanden als charismatisch empfinden oder nicht, hängt auch stark von dem Einzelnen ab. Es funktioniert wie bei einem Radiosender. Wenn der Empfänger nicht eingeschaltet hat, kann er die Ausstrahlung nicht erhalten. Es hängt davon ab, ob Sie in Ihrer Seele angesprochen werden, ob die Ausstrahlung auf „fruchtbaren" Boden fällt. So mag der eine Gerhard Schröder oder Boris Becker als strahlende Persönlichkeit empfinden, der andere eben nicht.

In jedem schlummern charismatische Talente. Wer will, kann diese verstärken und ausleben und kann so zu einer strahlenden Persönlichkeit werden. Er kann zeigen, was ihm wichtig ist, für welche Werte er steht und wofür er sich einsetzt. Nur was vorhanden ist, kann man auch anderen weitergeben. Deshalb ist ein Charismatiker nicht etwas ein Schauspieler, der gut in Rhetorik und Körpersprache ist – ein Charismatiker lebt seine Einstellung.

Charismatische Menschen kann man gut mit Diamanten vergleichen. Sie sind einmalig, werden bewundert und begehrt und sie üben eine hypnotische Wirkung aus. So wie man Brillanten schleift und sie zu einmaligen Diamanten macht, so können Sie Ihr Potential bearbeiten. Nicht nur bei Diamanten kommt es auf den Schliff an!

KAPITEL II

DER WEG

Das strahlende Wesen ist es, das uns alle bezaubert hat und das bei dem Gedanken an John F. Kennedy als erstes in unserer Erinnerung wach wird. Auch andere Menschen strahlen, sind erfolgreich und bekannt und doch verblassen sie im Vergleich zu Kennedy. Was ist das Besondere, das Einmalige an ihm? Was unterscheidet Kennedy von anderen bekannten Persönlichkeiten?

Kennedy war so erfolgreich, kam im wahrsten Sinn des Wortes bei den Menschen – in ihren Herzen – an, weil er authentisch war. Er ruhte in sich, verkörperte seine Ideen, lebte aus seiner Mitte. Natürlich hat er Techniken erlernt, sich gut darzustellen, hat beispielsweise seine Stimme verbessert, hat seine Reden noch brillanter formuliert. Er hat seine Fähigkeiten genutzt, um sich selbst und seine Idee, seine Weltanschauung, richtig zu präsentieren. Das unterscheidet ihn von anderen Politikern, die zwar manchmal über eine bessere Technik verfügen, also ausgezeichnete Schauspieler sind – doch mit ihrer Glaubwürdigkeit ist es nicht weit her. Ich erinnere nur an die Vorstellung, die unsere Politiker bei der Abstimmung über das Zuwanderungsgesetz, gaben. Für die Bühne eines Volkstheaters hätte es gereicht, aber um als glaubwürdiger Vertreter vor dem Volk zu stehen, war es eine klägliche Nummer. Ein Mensch kann sich nur zu einer Persönlichkeit entwickeln, wenn er sich selbst treu bleibt. Aber dazu muss man sich erst einmal kennen. Selbsterkenntnis – sich selbst kennen, Klarheit darüber haben, was man gern tut und kann und was man besser lassen sollte. Meine Übungen und Vorschläge helfen Ihnen, sich selbst zu entdecken, so dass Sie dann bei sich bleiben, aus Ihrem Potential schöpfen können. Ziel ist es nicht, aus Ihnen einen anderen Menschen zu machen, sondern das, was Sie sind und haben, optimal zu nutzen – zu Ihrem Vorteil und dem Ihres Umfelds. Und da gibt es weit mehr als Sie vielleicht jetzt noch glauben. Lassen Sie sich überraschen!

Erfolg ist immer auch eine Folge einer inneren Veränderung. Fangen Sie noch heute an, Ihr Leben zu verändern und in kleinen Schritten voranzugehen. Das ist besser als zu glauben, man könnte ein großes Ziel mit einer einzigen Anstrengung erreichen. Tun Sie etwas, denn nichts wirkt lähmender als das Warten auf Chancen.

DER WEG

Jeder besitzt sie und dennoch merken wir bei dem einen mehr davon als beim anderen. Ich spreche von dem, was einzigartig ist und den individuellen Menschen ausmacht – ich spreche von der Persönlichkeit. Ich habe in mehr als drei Jahrzehnten meiner Tätigkeit als Trainer ein System zur Entfaltung der persönlichen Fähigkeiten entwickelt, mit dessen Hilfe jeder Mensch das Beste aus sich machen kann. Aus diesem Grund will ich meine 14 Grundgesetze der Lebensentfaltung an den Anfang dieses Kapitels stellen, denn damit erwerben Sie das Fundament für ein erfülltes und geglücktes Leben.

1. Das Geheimnis einer strahlenden Persönlichkeit

Die Grundgesetze der Lebensentfaltung

Ich habe bewusst das Wort „Lebensentfaltung" gewählt, denn es trifft genau den Kern der Sache. Wie viele positive Anlagen haben wir und wie wenig nutzen wir davon. Das liegt daran, dass wir uns viel zu wenig mit uns selbst befassen. Ich meine nicht das äußere Erscheinungsbild, das an die erste Stelle unserer Aufmerksamkeit gerückt ist. In einer Unzahl von Magazinen befasst man sich fast ausschließlich mit einem makellosen Aussehen – angefangen bei immer neuen Methoden, um sich einen Waschbrettbauch anzutrainieren, über Mittelchen und Pülverchen, um Haut und Haare zu pflegen bis hin zu Tabletten, die faltenfreies Alter versprechen. Was ich vermisse, sind entsprechende Blätter, die sich mit dem geistigen und seelischen Potential befassen, die Anregungen geben, wie man ein erfülltes Leben führen kann, wie man seinen Geist anregt, seine Fähigkeiten nutzt, sein Wissen vertieft. Nichts gegen die Pflege des Körpers – die muss selbstverständlich sein –, aber wenn dabei das Wesen des Menschen verkümmert, nützt der tollste Body nichts – der Mensch bleibt farblos, trotz bester Visagisten.

Wenn Sie meine Gesetze nicht nur lesen, sondern verinnerlichen und Ihr Leben danach richten, dann haben Sie den Schlüssel für eine erfolgreiche und erfüllte Zukunft in Ihrer Hand. In diesen Gesetzen finden Sie alles, was Sie benötigen, um die höchsten Ziele zu erreichen, aber auch um die schlimmsten Krisen meistern zu können.

Lesen Sie jedes Gesetz in Ruhe, lassen Sie die Worte auf sich wirken und notieren Sie erst einmal, was Ihnen das einzelne Gesetz sagt, was Sie darunter verstehen und erst dann lesen Sie weiter. Am besten lernen Sie die Gesetze auswendig, so programmieren Sie Ihr Unterbewusstsein entsprechend – und Sie handeln ganz von selbst danach. Auf diese Weise lernen wir am besten. So haben Sie Fremdsprachen oder mathematische Formeln auswendig gelernt, haben sie vergessen, um sie dann unbewusst anzuwenden. Meine 14 Grundgesetze der Lebensentfaltung stehen im Einklang mit der Natur.

1. Gesetz:
Nur der Mensch hat die Kraft, bewusst zu denken, zu planen und zu gestalten. Nur er kann sich selbst und damit sein Schicksal und seine Zukunft gezielt beeinflussen.

> *Was sagt Ihnen dieses Gesetz?*
> *Was verstehen Sie darunter?*
> *Welche Auswirkung kann die Anwendung auf Ihr Leben haben?*

Das erste Grundgesetz ist das Wichtigste. Wenn Sie es fest in Ihrem Unterbewusstsein verankern, können Sie die Chancen Ihres Lebens nutzen. Wenn Sie es wirklich verinnerlichen, es in Ihnen wirksam wird, dann reagieren Sie in jeder Situation richtig. Sie sind innerlich frei und können wählen, sind nicht Opfer, sondern Akteur in Ihrem Leben.

Die Fähigkeit, bewusst zu denken, ist eines der Merkmale, die den Menschen zum Menschen macht und ihn auch von den Tieren unterscheidet, die überaus hoch entwickelt sind. Der Mensch hat alles in sich, um sein Leben nach seinen Vorstellungen zu realisieren. Ein Tier handelt nach dem Instinkt, es kann nicht entscheiden, welchen Sinn es seinem Leben geben soll. Das Verhalten ist geprägt vom Instinkt. Beim Menschen ist das anders, er kann jederzeit sein Verhalten ändern, wenn er das will. Kommt er zu der Erkenntnis, dass etwas falsch läuft in seinem Leben, kann er sich anders orientieren. Die Fähigkeit dazu hat er. Damit kann er großen Einfluss auf seine Zukunft nehmen. Die Betonung liegt auf dem kleinen Wörtchen „kann", niemand zwingt ihn dazu. Viele Menschen müssen erst ganz tief fallen, es muss ihnen wirklich ganz schlecht gehen, bevor sie endlich einmal aktiv werden. Viele Menschen sind so passiv, ja sie „lassen sich leben" – lassen andere über ihr Leben bestimmen. Ja nicht einmal beim Essen treffen manche Menschen ihre eigene Entscheidung – sie essen, was immer sie vorgesetzt bekommen. Sie lassen einfach alles mit sich machen. Zwar ärgern sich viele, aber geändert wird nichts. Man hat sich schon so daran gewöhnt, dass andere entscheiden – und das ist ja auch bequem. Läuft es schief, ist man nicht mal schuld.

Mit einer solchen Haltung kann niemand glücklich werden. Und schauen wir uns um, wenn wir zur Arbeit fahren, dann können wir an den Gesichtern ablesen, wer die Gabe nutzt und sein Leben selbst gestaltet. Das sind dann die Menschen, die auffallen – durch ihre Ausstrahlung, durch ein Lächeln, durch eine gerade Körperhaltung....

Wann haben Sie das letzte Mal etwas bewusst in Ihrem Leben geändert?

Ich meine damit nicht, dass Sie reagieren, dass ein äußerer Anlass Sie dazu bewegt hat, etwas zu unternehmen, z. B. den Job zu wechseln, weil man in der alten Firma von Konkurs munkelte oder keinen Alkohol, keine Zigaretten mehr zu konsumieren, weil der Arzt bedenkliche Leberwerte oder Raucherhusten konstatiert hat...

Haben Sie Ihre/n Partner/in, weil Sie ihn/sie ausgewählt haben oder haben Sie ihn/sie vielleicht nur, weil Sie jemand anderen nicht bekommen haben? Bei dieser Frage herrscht in meinen Seminaren oft betretenes Schweigen...

Und wie sieht das mit Ihrer Arbeit aus? Vielleicht haben Sie einfach irgendeinen Beruf ergriffen, weil der Vater in der Branche tätig ist, weil sie keine Spezialausbildung benötigten, weil....

Selbst in banalen Dingen stellen viele Menschen fest, dass sie gar nicht selbst bestimmen – das fängt beim Fernseher an, der einfach läuft, egal was gerade gesendet wird oder beim Urlaub. Gebucht wird, was terminlich oder preislich passt und das hat oft wenig mit den eigenen Wünschen zu tun. Sicher müssen Preis und Termine stimmen, aber mit etwas Mühe lässt sich auch ein Ziel finden, dass allen Anforderungen und den eigenen Vorstellungen entspricht.

Damit sind wir bereits beim Thema: Mühe. Natürlich macht es Mühe, ein Ziel zu verfolgen, noch mehr Mühe macht es, sein Leben zu verändern. Andererseits: Ein Leben zu führen, das keinen Spaß macht ist übrigens mindestens so mühevoll! Neues muss gelernt werden, alte Gewohnheiten müssen abgebaut werden – das ist nicht gerade einfach. Hinzu kommt die Angst vor dem Neuen, Unbekannten: Es könnte ja schief gehen... Auch das ist ein Grund für viele Menschen lieber im Mittelmaß zu verharren als den Griff nach den Sternen überhaupt zu wagen. Aber was kann schon passieren?

Nur wer das Unmögliche will, kann das Mögliche erreichen!

Dafür benötigt man Power. Alte Gewohnheiten sind wie Pattex, sie lassen sich nur äußerst schwer auf- bzw. ablösen. Aber wer in seinem Leben eine Rolle spielen will, muss aus der Betrachterhaltung herauskommen und sich auf die Lebensbühne begeben und mitspielen. Welche Rolle Sie übernehmen, entscheiden Sie selbst. Ist es eine Rolle, in der Sie Ihre Talente ausleben können oder werden Sie zur Marionette Ihrer Mitspieler bzw. des Regisseurs? Sie können das Drehbuch für Ihr Leben schreiben, können selbst Regie führen. Lassen Sie sich Ihr Lebensscript nicht aus der Hand nehmen.

Spüren Sie nicht auch ab und zu etwas Unruhe in sich, haben Sie nicht das Gefühl, es muss sich unbedingt etwas ändern? Lassen Sie dieses Gefühl zu und leben Sie es! Schlüpfen Sie raus aus Ihren Puschen, raus aus Ihrer passiven Zuschauerrolle – und rein in Joggingschuhe. Gehen Sie an den Start zum größten Abenteuer, das es gibt: Die Gestaltung Ihres Leben!

Schreiben Sie zu diesem Thema ein kleines Essay oder entwickeln Sie ein Drehbuch – mit Ihnen als Hauptperson! Lassen Sie Ihre Fantasie frei, träumen Sie (s. Seite 42 Träume). Schieben Sie das nicht auf – tun Sie es. Jetzt gleich!

Notieren Sie mindestens ein Beispiel aus Ihrem Leben, dem dieses Gesetz zugeordnet werden kann.

2. Gesetz:
Am Anfang jeder Tat steht die Idee.
Nur was gedacht wurde, existiert.

Was sagt Ihnen dieses Gesetz?
Was verstehen Sie darunter?
Welche Auswirkung kann die Anwendung auf Ihr Leben haben?

Gedanken bestimmen unser Leben: Die Entdeckung Amerikas, die Erfindung der Glühbirne oder des Autos, Beethovens Eroika, Michelangelos Malerein in der Sixtinischen Kapelle... – als erstes war der Gedanke. Erst dann kommen die Taten, die Worte. Worte sind ja nichts anderes als hörbare Gedanken. Gerne berufe ich mich auf die Rede von Martin Luther King: „I have a dream", in der er vom friedlichen Zusammenleben von Schwarz und Weiß spricht. Alles, was geschieht wurde zuerst gedacht. Das gilt für alles – nicht nur für segensreiche Erfindungen, leider auch – wie uns der 11. September 2001 oder die Tragödie in Erfurt zeigten – für das Gegenteil: Zuerst war der Gedanke – das gilt auch für Osama Bin Laden und seine Anhänger, für Amokläufer etc.

Manche Menschen verbringen ihr ganzes Leben mit Nachdenken. Ist Ihnen einmal bewusst geworden, was nachdenken bedeutet. Wir hinken damit immer hinterher. Wir überlegen nachher, was wir vorher hätten überlegen sollen. Und während wir uns mit der Vergangenheit beschäftigen und dem nachtrauern, was wir hätten tun können, vergeht die Gegenwart und wir bewegen uns in die Zukunft – ohne Ziel. Wer nämlich nicht an seine Zukunft denkt, der hat keine! Die meisten Menschen gehen rückwärts in die Zukunft! Dies mag provokativ in Ihren Ohren klingen, aber es ist die Realität. Nur was gedacht wird, kann auch geschehen. An dem, was geschehen ist, können Gedanken nichts mehr ändern. Fehler, die Sie gemacht haben, können nicht mehr korrigiert werden, aber Sie haben die Chance, an der Zukunft mitzuwirken.

Ändern kann man nur das, was noch nicht geschehen ist. Die wichtigste Zeit ist die Zukunft. Befassen wir uns zu viel mit der Vergangenheit, dann entgeht uns das Wertvollste – die Zukunft entgleitet uns. Was glauben Sie, wie viel besser Sie agieren können, wenn Sie mit den Gedanken Ihren Taten voraus sind! Flüchtigkeitsfehler gibt es nicht mehr. Wenn Sie wissen, was Sie wollen, können Sie ohne Zeit- und Energieverlust Ihre Ziele ansteuern. Lieber früher an später denken. Das heißt, rechtzeitig Zeit investieren, einen klaren Plan, eine eindeutige Vision entwickeln.

Es gibt nur zwei Kräfte, die unsere Zukunft bestimmen:
Wünsche und Befürchtungen
Wofür entscheiden Sie sich?

Frage ich Erwachsene nach ihren Wünschen (s. auch Seite 45 / Kapitel I) und Plänen, dann höre ich oft, dass sie alles im Kopf haben. Was man wirklich will, muss man auch konkretisieren und der erste Schritt dazu ist die schriftliche Fixierung. Stellen Sie sich einen Bauherrn vor, der den Architekten nach dem Plan für das Haus fragt und zur Antwort erhält: „Den Plan habe ich im Kopf". Oder einen Anlageberater, der die Finanzpläne im Kopf hat. Auf solche Kopf-Pläne kann man weder ein Haus, noch eine finanzielle Zukunft und erst recht nicht ein Leben aufbauen.

Ihre Wünsche sollten Sie nicht für sich behalten, denn sonst kann Ihnen ja niemand helfen, diese Wünsche in die Tat umzusetzen. Auch wir helfen anderen Menschen, ihre Wünsche zu erfüllen. Geben und Nehmen – entsprechend den Gesetzen der Natur.

Lieben Sie Ihre Wünsche, formulieren Sie Ihre Wünsche positiv, sagen Sie Ja zu Ihren Wünschen und Träumen – damit bejahen Sie automatisch die Zukunft.

Wünsche haben so viel Positives an sich. Beispielsweise holen Sie mit Ihren Wünschen die Zukunft in die Gegenwart, leben heute schon im Morgen, werden ein Meister im Vorausdenken. Ein selbstbewusster Mensch bekennt sich zu seinen Wünschen, denn er kennt sie.

Ist Ihnen schon einmal aufgefallen, wie sehr sich destruktives Gedankengut in unseren Alltag eingeschlichen hat, ohne dass wir das bemerken? Von den Wünschen erfährt man meist recht wenig, aber die Befürchtungen nehmen einen großen Raum ein. Klarer Ausdruck von Befürchtungen sind Sätze wie:

Wer hoch steigt, kann tief fallen

Den Abend nicht vor dem Morgen loben

Das dicke Ende kommt noch

Machen Sie sich lieber solche Sätze zum Motto:

Jeder kann morgen etwas werden, was er heute noch nicht ist.

Wer wagt gewinnt.

Morgenstund hat Gold im Mund

Spannen Sie Ihre Wünsche vor Ihren Lebenswagen und vergessen Sie nicht: Der Erfolg Ihres Lebens wird bestimmt von der Fähigkeit, positiv zu sprechen. Alles ist in Ihnen!

Notieren Sie mindestens ein Beispiel aus Ihrem Leben, dem dieses Gesetz zugeordnet werden kann.

3. Gesetz
Gedanken entwickeln sich im Unterbewusstsein, aus dem Menschen selbst oder durch äußere Einflüsse.

Was sagt Ihnen dieses Gesetz?

Was verstehen Sie darunter?

Welche Auswirkung kann die Anwendung auf Ihr Leben haben?

Die Gedanken sind im Gedächtnis verankert. Ich bezeichne das Gedächtnis gern als die Schatzkammer des Lebens. Ist Ihnen bewusst, dass

Sie einen Großteil Ihrer Gedanken gar nicht selbst denken, sondern dass Sie vieles von anderen Menschen einfach übernehmen? 95% Ihrer Gedanken stammen nicht von Ihnen, sondern von anderen Menschen! So wundert es nicht, wenn wir ohne ersichtlichen Grund beim Einkaufen plötzlich zu einer anderen Schokoladenmarke als sonst greifen. Ob Sie nun selbst die Idee hatten, Ihre Zukunftsgestaltung aktiv zu betreiben oder ob dieses Buch den Auslöser dafür gibt, das ist egal.

Woran liegt das? Ihr Unterbewusstsein hat alles aufgenommen, was in Ihrem Umfeld passiert, beispielsweise auch die Werbespots im Fernsehen, auf die Sie überhaupt nicht achten. Das Resultat merken Sie nur in Ihrem Verhalten, ohne die Ursachen dafür zu kennen. Alles, was um uns herum geschieht, schlucken wir wie ein Turbo-Staubsauger. Da wird kein Unterschied gemacht zwischen Diamanten oder Müll – alles wird aufgesaugt und im Unterbewusstsein gespeichert. Manchmal allerdings sind wir über unser Verhalten selbst überrascht. Dieses Rätsel können Sie aber nun leicht lösen, weil Sie wissen, aus welchem Stoff Ihre Gedanken gemacht sind. Und jetzt verstehen Sie auch, warum ich behaupte, dass die meisten Gedanken gar nicht von uns selbst entwickelt wurden, sondern vom Radio, Fernseher, Internet auf uns einwirken. Der Fernseher ist der wirksamste Hypnotiseur, den man sich vorstellen kann. Ganze Branchen leben ja von dieser Erkenntnis – PR, Verkaufsförderung, Werbung...

Aber auch im Job läuft es nicht anders. Steter Tropfen höhlt auch hier den Stein. Erzählen Sie viel von Ihren guten Verkaufszahlen, werden Sie bald als guter Verkäufer eingeschätzt. Sprechen Sie aber dauernd von den Geschäften, die Ihnen entgangen sind, haben Sie schnell den Ruf eines Verlierers. So einfach geht das. Die entsprechende Information wird aufgenommen, prägt sich ein und die Reaktion lässt nicht lange auf sich warten.

Ich will damit sagen, dass der äußere Einfluss auf unser Denken, unsere Meinungsbildung, unser Verhalten enorm ist – weit größer als wir ahnen. Deshalb ist es wichtig, darauf zu achten, welche geistige Nahrung wir zu uns nehmen. Die Zeitschriften sind zwar voller guter Ratschläge, wie wir uns gesund, vitaminreich und kalorienarm ernähren sollen. Aber wie wir unseren Geist ernähren sollen, sagt uns niemand.

So achten wir auf unseren Körper und merken überhaupt nicht, wie wir geistig verseucht werden. Wie heißt es doch so schön im Märchen Aschenbrödel: „Die guten ins Töpfchen, die schlechten ins Kröpfchen" Diesen Slogan sollten wir umwandeln: Die guten ins Köpfchen, die schlechten ins Töpfchen!

All die unqualifizierten Äußerungen, die uns von früh bis spät überschwemmen, wirken auf uns – auch wenn wir das überhaupt nicht wollen. Eine Überlegung wert ist die Frage unter Berücksichtigung des oben Gesagten:

- Von wem haben Sie am meisten gelernt (unbewusst und bewusst)?
- Wer sind Ihre wichtigsten Lehrer?
- Von wem lassen Sie sich beeinflussen?

Denken Sie bei der Beantwortung dieser Fragen auch an die Menschen, mit denen Sie zu tun haben, an Ihre Lektüre, an Ihre Fernsehgewohnheiten?

Unsere Kinder werden mit unnützen Informationen geradezu überschwemmt. Das erleichtert es ihnen nicht, sich eine eigene Meinung zu bilden. Viele Eltern wissen dies und schicken ihre Kinder deshalb lieber auf Privatschulen. Dort werden Informationen gefiltert, so dass die Schüler positiven Einflüssen ausgesetzt sind und Negatives eher fern gehalten wird.

Die Frage nach Ihren Vorbildern (Seite 30) stelle ich nicht ohne Grund. Am meisten und am leichtesten lernen wir nämlich von erfolgreichen Menschen. Wann haben Sie das letzte Mal mit einem erfolgreichen Menschen gesprochen? Wann haben Sie einen erfolgreichen Menschen eingeladen? Der Umgang mit erfolgreichen Menschen verlangt ein ausgeprägtes, gefestigtes Selbstbewusstsein. Deshalb verursachen solche Fragen in vielen Menschen ein unbehagliches Gefühl, weil sie sich selbst unsicher fühlen. Wer unsicher ist, orientiert sich eher nach unten als nach oben. Lieber umgibt man sich mit Kollegen und Bekannten, die weiter unten angesiedelt sind, da fühlt man sich selbst gleich besser. Hat man es mit Persönlichkeiten, mit Experten zu tun, wächst die Angst, selbst dumm dazu stehen. Und wer möchte das schon? So bleiben wir lieber in unserer Entwicklung stehen als die Chance zu nutzen von den Erfolgreichen zu lernen.

All das entsteht im Unterbewusstsein und blockiert Sie vielleicht für den Rest Ihres Leben. Sie lassen sich damit an der Entfaltung Ihrer Fähigkeiten hindern!

Machen Sie sich die Mühe und analysieren Sie den Inhalt Ihres Unterbewusstseins.

Notieren Sie mindestens ein Beispiel aus Ihrem Leben, dem dieses Gesetz zugeordnet werden kann.

4. Gesetz:
Das Unterbewusstein – die Baustelle des Lebens und der Arbeitsraum der Seele – hat die Tendenz, jeden Gedanken zu realisieren.

Was sagt Ihnen dieses Gesetz?
Was verstehen Sie darunter?
Welche Auswirkung kann die Anwendung auf Ihr Leben haben?

Das Unterbewusstsein – für viele Menschen ein etwas verwaschener Begriff, den sie gerne verwenden, wenn sie mit der Logik nicht weiterkommen. Unterbewusstsein und Gedächtnis sind aufs engste miteinander verknüpft. Jede Wahrnehmung wird im Gedächtnis, im Unterbewusstsein und im Bewusstsein gespeichert. Das ist unser Potential, das ist das Material, mit dem wir unser Leben formen. Körper und Seele zusammen machen den Menschen aus. Von der gegenseitigen Wechselwirkung können nicht nur Psychologen, sondern auch Ärzte ein Lied singen. Etwa drei Viertel aller Krankheiten sind seelisch bedingt. Nehmen wir als Beispiel ein Magengeschwür. Erst haben wir ein Problem, z. B. ständig Stress, Überlastung, Angst vor Jobverlust. Unser Körper reagiert mit vermehrter Säureproduktion. Nach ein paar Monaten haben wir dann ein Problem mit dem Magen. Dann können wir Tabletten schlucken soviel wir wollen, wenn wir nicht das ursächliche Problem lösen oder zumindest eine andere Einstellung dazu finden, werden wir uns Magengeschwür nicht los. Ob es sich nun um eine negative Lebenseinstellung oder um akute Konflikte handelt, der Körper reagiert –

mal schneller, mal langsamer, aber immer an der schwächsten Stelle. Körperliche Symptome sind ein deutliches Signal, dass im seelisch-geistigen Bereich etwas nicht in Ordnung ist. Doch wer möchte das schon wahrhaben? Lieber begeben wir uns auf eine Odyssee – von einem Spezialisten zum anderen als sich mit den Ursachen zu befassen. Das ist ja auch weitaus schwieriger als Medikamente einzunehmen. Bessert sich der Gesundheitszustand nicht, dann können wir ganz einfach die Schuld dem Arzt zuschieben – und unsere Welt ist wieder (oder immer noch) in Ordnung.

Dass das nicht so funktioniert sehen wir, wenn wir mit offenen Augen durchs Leben gehen. Wie viele Menschen könnten zufrieden, glücklich und gesünder sein, wenn sie die Verantwortung für sich und ihr Leben übernehmen und ihr Unterbewusstsein richtig besprechen würden.

Alles, was Sie sehen, hören und riechen, was Ihnen durch den Kopf geht – alles, alles wird im Unterbewusstsein gespeichert. Gern vergleiche ich das Unterbewusstsein mit einem Computer, weil sich die Funktionsweisen sehr ähneln. Der Computer macht genau das, was Sie ihm sagen. Das Unterbewusstsein funktioniert ebenso. Es tut exakt, was Sie ihm sagen, egal ob das förderlich für Sie ist oder nicht. Dem Unterbewusstsein ist das egal, es ist nur ein ausführendes Organ, es beurteilt und wertet nicht, es hat kein Gewissen und keine Kontrollfunktion. Allein an Ihnen liegt es, welches Programm Sie Ihrem „Computer" eingeben – ein konstruktives oder ein destruktives. Nach Ihren Anweisungen verfährt das Unterbewusstsein. 13 Milliarden Zellen in Ihrem Gehirn warten nur darauf, für Sie tätig sein zu dürfen! Stellen Sie sich das einmal vor! Sie brauchen nur Anweisungen zu geben und schon beginnt Ihr Unterbewusstsein für Sie zu arbeiten. Sie sind der Boss. Unsere Welt sähe anders aus, würden mehr Menschen Führungsqualitäten entwickeln und dieses Potential nutzen.

Wie können Sie Ihr Unterbewusstsein besser nutzen?

Von Nichts kommt nichts. Werden Sie aber aktiv, bestimmen die Richtung, in die es gehen soll, dann können Sie Unglaubliches bewegen.

Alles, was der Mensch benötigt, um ein erfülltes Leben zu führen, ist in ihm angelegt. Alles finden wir in uns selbst – oder nirgends.

Wo liegt der Unterschied zwischen John F. Kennedy und einem Langzeitarbeitslosen?

Kennedy hat die Verantwortung für sein Leben übernommen, seine Fähigkeiten entfaltet – der Arbeitslose hat sich treiben und andere über sein Leben bestimmen lassen; seine Talente sind verkümmert. Ein Mensch mit Pennermentalität wäre wohl nicht Präsident der USA geworden, aber ein Kennedy hätte überall eine Führungsposition eingenommen, ob als Direktor eines Unternehmens, als Wissenschaftler oder als Supersportler. Er hätte auch einen anderen Platz und andere Aufgaben übernehmen können – egal, wofür er sich entschieden hätte: Wir hätten von ihm immer Notiz genommen als charismatische erfolgreiche Persönlichkeit.

Alles ist in uns.

Sprechen Sie diesen Satz für drei Monate jeden Morgen und jeden Abend laut, lassen Sie die Worte auf sich wirken und Sie werden eine Veränderung in sich bemerken können. Sie werden spüren, wie Sie mehr und mehr zu sich selbst kommen, Ihre Mitte spüren und zur Ruhe kommen. Wann haben Sie sich zuletzt selbst gefühlt? Wann haben Sie sich in sich vertieft? Nur aus sich selbst heraus können Sie sich entwickeln, können zu dem werden, der Sie wirklich sind. Und erst dann können Sie all das aus sich herausholen, was in Ihnen steckt. Ihre Persönlichkeit können Sie nur zum Strahlen bringen, wenn Sie Sie selbst sind, wenn Sie authentisch sind. Alles andere wäre nicht von Dauer – gleich einem Kometen könnten Sie vielleicht kurzfristig hoch steigen, aber schnell verglühen. Was wir anstreben, ist ein stetiges Wachstum, ein sicherer Aufstieg.

Um diesen Weg zu gehen, müssen Sie sich richtig einstellen, müssen Ihr Unterbewusstsein richtig programmieren, müssen dafür sorgen, dass auf der inneren Baustelle aufgebaut und nicht zerstört wird, dass der Arbeitsraum der Seele lichtdurchflutet ist und nicht abgedunkelt wird.

Schaffen Sie Ordnung in Ihrem Unterbewusstsein! Räumen Sie

Schrott und Müll weg, schieben Sie negativen Informationen einen Riegel vor und suchen Sie das Aufbauende. Wenn Sie konsequent vorgehen, werden Sie den einen oder anderen wertvollen Brillanten finden, polieren Sie ihn, damit er richtig zum Strahlen gelangt.

Haben Sie Mut zur Veränderung. Alles, was Sie benötigen, liegt in Ihnen. Wir haben das Wissen von Riesen, aber leider nur den Mut von Zwergen. Wir sind nämlich keineswegs so klein wie wir uns machen. Wir verfügen über ein unendliches Wissen. Nicht nur das, was wir im Lauf unseres Lebens gelernt haben, steht uns jederzeit zur Verfügung. Wir können auf das gesamte Wissen der Menschheit zurückgreifen, wenn wir unsere selbst gesetzten Grenzen überwinden.

Das Bewusstsein macht nicht einmal ein Drittel unseres Wesens aus. Einen viel größeren Raum nehmen Unterbewusstsein und kollektives Unterbewusstsein ein. Wären wir nicht so hektisch und nervös, würden wir viel mehr erreichen. Wir bräuchten nur das Wissen abzurufen, das wir gerade benötigen. Das Zauberwort heißt Alpha! (Seite 137) Darauf werde ich im Laufe des Kapitels noch näher eingehen.

Notieren Sie mindestens ein Beispiel aus Ihrem Leben, dem dieses Gesetz zugeordnet werden kann.

5. Gesetz
Aus dem kleinsten Gedankenfunken
kann ein leuchtendes Feuer werden.

Was sagt Ihnen dieses Gesetz?
Was verstehen Sie darunter?
Welche Auswirkung kann die Anwendung auf Ihr Leben haben?

Kennedy beispielsweise kandidierte im April 1952 für den Senat mit dem Slogan „Kennedy will do more for Massachusetts" und gewann mit mehr als 70.000 Stimmen. Vergleichbar einem kleinen Funken ist die berühmte Rede von Martin Luther King, mit der er einen gewaltigen Prozess einleitete. Springt ein Funke über, kann er zu einem Flächenbrand werden. Wir sehen das in der Natur fast jedes Jahr in Südfrankreich oder Australien. Ein Funke – und Tausende von Quadratmetern stehen in Flammen. Richtig eingesetzt, wie es die Aborigines in Australien seit Jahrtausenden praktizieren, wird der Boden fruchtbar gemacht.

Jede Veränderung begann mit einer Idee, die sich ausbreitet. Entscheidend ist, dass wir dafür sorgen, dass die richtigen Ideen zu einem leuchtenden Feuer werden können. Handelt es sich um gefährliche Gedanken, sollten wir schnell handeln und den Funken auslöschen, bevor er ein Feuer entzünden kann. Ich denke dabei beispielsweise an Terrorismus, Rassismus, Missgunst, Neid u. ä.

Ich nenne dieses Gesetz auch das Gesetz der Optimisten, denn wer es berücksichtigt, entwickelt sich weiter, wächst im Einklang mit der Natur. Anstatt zu zweifeln sollten Sie an einer ständigen Verbesserung arbeiten.

Welcher Funke lebt in Ihnen?

Welche Ideale streben Sie an?

Welche Idee wollen Sie verwirklichen?

Brennt in Ihnen ein Feuer, können Sie den Funken in Ihrem Inneren zum Zünden bringen?

Selbst die kleinste Idee kann die Welt verändern, wenn dahinter das Feuer der Begeisterung steht. Entscheidend ist, dass Sie selbst überzeugt und begeistert sind von dem, was Sie wollen. Dann ist es auch möglich. Sie sind der Motor, der alles in Bewegung bringen kann. Sie benötigen dazu Ihre Idee, Liebe zur Menschheit, Begeisterung sowie richtiges Handwerkszeug (Rhetorik, Charisma). Dann können Sie ein Feuer im Herzen Ihrer Mitmenschen entzünden.

Notieren Sie mindestens ein Beispiel aus Ihrem Leben, dem dieses Gesetz zugeordnet werden kann.

6. Gesetz
Wer wachsen soll, braucht Nahrung.
Die Nahrung der Gedanken ist die Konzentration.

Was sagt Ihnen dieses Gesetz?

Was verstehen Sie darunter?

Welche Auswirkung kann die Anwendung auf Ihr Leben haben?

Seien Sie ganz ehrlich: Ihre Gedanken haben Sie nicht immer alle beisammen, oder? Die Gedanken schwirren von früh bis spät durch den Kopf. Meist sind wir mit unseren Problemen beschäftigt, denken immer wieder das Gleiche oder wir überlegen, wie wir unsere Aufgaben erledigen sollen, wie wir die Termine schaffen können... Die Gedanken kommen und gehen und wir scheinen keine Kontrolle über sie zu haben. Viele Menschen beklagen sich, dass sie ihre Gedanken nicht abschalten können. Das ist fatal, denn unkontrollierte Gedanken schaden mehr als wir uns vorstellen. Gute Arbeit erfordert absolute Konzentration. Aber noch schlimmer: Ein Ziel ist ohne Konzentration auf das Wesentliche nicht zu erreichen.

Stellen Sie sich einen Rennfahrer vor, der nicht konzentriert ist – die erste Kurve wird ihm schon zum Verhängnis.

Ausstrahlung hat sehr viel mit Konzentration zu tun. Einem konzentrierten Redner hört man zu, bei einem konzentrierten Autofahrer fühlt man sich sicher, ein konzentrierter Designer liefert optimale Entwürfe. Was immer Kennedy anstrebte, er hat sich voll darauf konzentriert. Das ist nur eine Facette seines Erfolgs.

Die Nahrung gibt Energie – das gilt für alle Lebewesen und für jedes Ziel. Denn ohne Nahrung entwickelt sich keine Energie. Wir benötigen viel Energie, um mit einem unserer großen Probleme fertig zu werden: der Nervosität. Hier hilft, wie wir noch sehen werden, Alpha und Konzentration.

Was ist Konzentration?

Zentrierung der Aufmerksamkeit und Energie auf einen Punkt. Das fällt dem modernen Menschen ganz besonders schwer. Lieber schneller als bewusst langsam, lieber oberflächlich als zu tiefschürfend, lieber flüchtig als fundiert – so eilen wir durchs Leben. „Time ist money" und deshalb haben wir keine Zeit, uns zu konzentrieren. Lieber sind wir Generalisten (die es sicher auch geben muss) als Spezialisten, lieber wissen wir wenig von viel als viel von einer Sache. Mit einem solchen Verhalten sichern wir uns eines: Wir schwimmen mit der Masse, bleiben in jeder Beziehung im Mittelfeld. An Veränderung im eigenen Leben, geschweige denn im weiteren Rahmen ist nicht zu denken. Wie schade, denn Sie könnten auch ganz anders! Konzentration auf das, was Ihnen am wichtigsten ist (s. Seite 40, Standortbestimmung). Nur wenn Sie Ihre Gedanken und Taten auf Ihr Ziel ausrichten, werden Sie es auch erreichen können. Ansonsten verpufft die Energie und Sie bleiben auf der Strecke.

Ein Sportler, der sich nicht konzentriert, braucht gar nicht erst anzutreten. Betrachen Sie einmal die Gesichter der Gewichtheber, bevor Sie die Stange aufnehmen. Konzentration pur, alles ist nach innen gerichtet. Oder die Fakire in Indien, die nur durch Konzentration ihren Körper so beherrschen, dass sie auf einem Nagelbett liegen, ohne dass die Haut auch nur geritzt wird. Der Geist herrscht über den Körper.

Was immer Sie tun, tun Sie es bewusst. Nur das eine und sonst gar nichts. Sie glauben, das ist nicht möglich, weil Sie ja so viel am Hals haben. Sie werden schnell Spreu vom Weizen trennen können, wenn Sie auf Konzentration setzen. Sie können dabei nur gewinnen: Unwesentliches können Sie loslassen, Wesentliches qualitativ viel besser erledigen! Klarheit im Geist schafft Klarheit im Leben!

Notieren Sie mindestens ein Beispiel aus Ihrem Leben, dem dieses Gesetz zugeordnet werden kann.

7.Gesetz:
Bewusste und unbewusste Konzentration
ist Verdichtung der Lebensenergie.

Was sagt Ihnen dieses Gesetz?
Was verstehen Sie darunter?
Welche Auswirkung kann die Anwendung auf Ihr Leben haben?

Ich unterscheide zwischen der bewussten und der unbewussten Konzentration. Unter bewusster Konzentration verstehe ich, dass wir uns zusammennehmen oder etwas erzwingen wollen. Diese Art der Konzentration raubt uns viel Energie, denn sie wird durch den Verstand ausgelöst. Schnell sind wir erschöpft. Anders ist das bei der unbewussten Konzentration. Da haben wir fast unbegrenzte Energie, weil diese Konzentration aus unserer Mitte kommt, vom Unterbewusstsein ausgeführt wird. Diese Konzentration muss von Ihnen bewusst eingeschaltet bzw. gezündet werden. So wie beim Auto die Zündung den Motor in Betrieb setzt, oder im Sport der Startschuss den Beginn anzeigt, so brauchen Sie für die Konzentration eine bewusste Zündung. Bei einer Rede ist das der erste Satz. Kaum haben Sie ihn gesprochen, arbeitet das Unterbewusstsein auf Hochtouren weiter.

Je mehr wir uns auf eine Sache konzentrieren, desto mehr Energie erhält diese. Mit der Zeit tritt ein Automatismus ein und Sie werden von Ihrer Idee förmlich getragen.

Jemand der wirklich konzentriert ist, verfügt immer über genügend Kraftreserven. Im Gegensatz zu einem nervösen Menschen, der ständig unter Strom steht und andauernd Energie durch die selbsterzeugte Hektik verbraucht, speichert der konzentrierte Mensch die Energie.

Sind Sie immer in Aktion, dann legen Sie Ruhepausen ein. Konzentrieren Sie sich auf Ihren Atem und Sie spüren, wie Sie ruhig werden und Ihre Batterien sich aufladen. Solche Pausen regelmäßig durchgeführt – und Sie strotzen bald vor Energie.

Notieren Sie mindestens ein Beispiel aus Ihrem Leben, dem dieses Gesetz zugeordnet werden kann.

8. Gesetz:
Im Streit zwischen Gefühl und Intellekt siegt immer das Gefühl.

Was sagt Ihnen dieses Gesetz?
Was verstehen Sie darunter?
Welche Auswirkung kann die Anwendung auf Ihr Leben haben?

Sie glauben, Sie entscheiden nur mit dem Kopf. Weit gefehlt! Die Gefühle bestimmen Ihr Verhalten weit mehr als Sie glauben. Ein kleines Unbehagen in der Magengegend, Herzflattern, feuchte Hände, schlaflose Nächte – alles nichts anderes als Ausdruck Ihrer Gefühle. Und die weichen die Argumente des Verstandes auf. Aber so leicht wollen wir nicht aufgeben und deshalb erfinden wir neue logische Argumente für unsere emotionale Entscheidung. Und damit ist die Welt wieder in Ordnung. Sie glauben das nicht? Dann überdenken Sie einmal die letzten zehn Entscheidungen, die Sie getroffen haben.

„Es ist das Gefühl, das den Intellekt entzündet, und nicht der Intellekt, der das Gefühl entfacht" wusste schon George Bernard Shaw. Der Intellekt oder Verstand, der so hoch gerühmt wird und dem wir gern unsere Erfolge zuschreiben, ist oft gar nicht förderlich für uns. Der Verstand ist oft schuld daran, dass wir uns Chancen entgehen lassen, dass wir Ängsten – die wir selbstverständlich nicht als solche bezeichnen und sehen wollen – erlauben, sich immer breiter in unserem Leben zu machen. Das liegt natürlich auch daran, dass wir schon von klein auf in dieses Schema gepresst werden. Die Erkenntnisse der Gehirnforschung (Warum hat der Mensch zwei Gehirnhälften Seite 112) werden noch nicht einmal in unserem Schulsystem berücksichtigt. Nach wie vor wird fast ausschließlich die linke Gehirnhälfte, in der die Logik ihren Sitz hat, beansprucht – zu Lasten der kreativen rechten Seite, in der Gefühle, Intuition etc. zu Hause sind. Seit über 30 Jahren ist es bekannt, dass die Gehirnhälften unterschiedliche Fähigkeiten haben. Nur wer beide Hälften nutzt, kann sein Potential ausschöpfen, kann auf Basis von Emotion und Ratio handeln. Wie das wirkt, sehen wir an Kennedy. Seine Reden waren brillant, aber niemand würde sich Jahrzehnte später daran erinnern, wenn ihm nicht das Wesentliche gelungen wäre, nämlich die Herzen der Zuhörer zu erreichen. Das Resultat eines optimalen Zusammenwirkens von Gefühl und Verstand. Erst dann sind wir wirklich vollkommen.

Trotz Verstandesorientierung gelingt es den Gefühlen, unserem Verstand ein Schnippchen zu schlagen. Oft stehen sich Verstand und Gefühl gegenüber, scheinen sich gegenseitig auszuschließen. In solchen Fällen stehen wir vor scheinbar unlösbaren Problemen. Dabei ist jedes Problem zu lösen, wenn man Kopf und Bauch miteinander in Einklang bringen kann, dann darf ruhig das Gefühl als Sieger hervorgehen.

Notieren Sie mindestens ein Beispiel aus Ihrem Leben, dem dieses Gesetz zugeordnet werden kann.

9. Gesetz:
Gefühle lenken und verstärken die Konzentration unbewusst, aber nachdrücklich.

Was sagt Ihnen dieses Gesetz?
Was verstehen Sie darunter?
Welche Auswirkung kann die Anwendung auf Ihr Leben haben?

Nichts geht ohne Gefühle – das wissen wir alle und dennoch haben wir oft Schwierigkeiten, uns zu unseren Gefühlen zu bekennen. Gefühle scheinen uns schwach zu machen, dabei ist es genau umgekehrt. Erst die Gefühle machen uns wirklich stark, geben uns unendlich viel Energie – viel mehr als der Verstand. Das größte Gefühl ist die Liebe. Lieben Sie jemanden, dann denken Sie häufig an diesen Menschen. Diese unbewusste Konzentration lädt Sie mit Energie auf.

Nur wer sich selbst liebt, kann seine Mitmenschen lieben. Bei uns ist Selbstliebe mit einem negativen Bild besetzt und wird oft mit Egoismus gleichgesetzt. Ich frage Sie, wer kann andere lieben, wenn er sich selbst nicht ausstehen kann? Über die Selbstliebe – ich kann es auch Selbstakzeptanz nennen, wenn Ihnen dieses Wort leichter fällt – kommen wir zur Menschenliebe. Ist unser Tun geprägt von dieser Liebe, von dem Wunsch, dazu beizutragen, dass die Welt schöner und das Leben leichter wird, dann gelingt alles viel leichter. Die Liebe ist eine unschätzbare Energie, die – einmal entzündet – alles Positive verstärkt. Es fällt leicht, sich auf sein Tun und seine Ziele zu konzentrieren. Liebe ist der Motor der uns antreibt und uns bei der Stange hält, wenn Schwierigkeiten auftauchen.

Liebe bezieht sich nicht nur auf Menschen. Wenn Sie Ihre Aufgabe lieben, sind Sie zu Außergewöhnlichem fähig, denn Liebe verleiht Flügel! Alles geht fast von selbst. Deshalb ist es so wichtig, dass Sie das tun, was Sie wirklich wollen, dass Sie Ihre Entscheidungen aus einer inneren Freiheit treffen. Dann tun Sie alles mit positiven Gefühlen, haben mehr als genug Energie, um erfolgreich zu sein. „Je mehr ein Mensch seinen Beruf liebt, umso mehr wird er verdienen" sagte Mark Twain sehr treffend.

Deshalb: Lassen Sie Ihre Gefühle zu.

Notieren Sie mindestens ein Beispiel aus Ihrem Leben, dem dieses Gesetz zugeordnet werden kann.

10. Gesetz:
Durch eine gezielte Entscheidung kann die Aufmerksamkeit auf jeden ausgewählten Punkt gelenkt werden.

Was sagt Ihnen dieses Gesetz?
Was verstehen Sie darunter?
Welche Auswirkung kann die Anwendung auf Ihr Leben haben?

Ich will damit sagen, dass ausschließlich Sie entscheiden, welche Ziele in Ihrem Leben Priorität haben. Alles können Sie erreichen – vorausgesetzt, Sie entscheiden sich dafür. Viele Menschen entscheiden sich jeden Tag für etwas anderes, manche entscheiden sich überhaupt nicht. Entsprechend verläuft das Leben. Misserfolg entsteht durch die Vielseitigkeit. Schauen Sie sich doch unser Umfeld an. Wir wollen alles ändern, doch was bewegt sich wirklich? Nur sehr wenig. Das liegt daran, dass wir glauben, an allen Ecken und Enden gleichzeitig tätig sein zu müssen. Würden wir erkennen, dass alles im Zusammenhang steht, dass alles vernetzt ist, dann könnten wir uns gelassen nur mit einem einzigen Punkt befassen. Ändern wir eine Sache, verändert sich das Ganze von selbst – das gilt für eine private Beziehung ebenso wie für die Führung eines Unternehmens.

Wofür haben Sie sich entschieden? Worauf richtet sich Ihre Aufmerksamkeit?

Ist es Ihr Wunsch, sich kennen und lieben zu lernen, sich weiterzuentwickeln und zu dem zu werden, der Sie wirklich sind? In diesem Fall nehmen Sie bewusst und unbewusst alles wahr, was Sie benötigen, um Ihre Vorstellung zu realisieren. Ihr Unterbewusstsein ist wie ein Spürhund auf dieses Ziel ausgerichtet. Und weil Sie das offenbar wollen, halten Sie dieses Buch gerade in Ihren Händen. Irgendetwas hat Ihre Aufmerksamkeit auf diesen Titel gelenkt. Nicht zufällig, sondern weil Sie die innere Voraussetzung dafür mitbringen. Andere Menschen greifen im Buchladen zu anderen Titeln – entsprechend ihrer inneren Einstellung.

Sie können diesen Effekt verstärken, indem Sie Ihrem Unterbewusstsein einen konkreten Auftrag erteilen. Was glauben Sie, was dann erst in Ihrem Leben los ist! In der Konzentration auf einen Punkt, in der Entscheidung für eine Sache liegt der Schlüssel zum Erfolg. Die Zerstreuung, die Vielseitigkeit führt uns ins Verderben.

Nichts in dieser Existenz geschieht aus Zufall. Die Ursachen für alles, was Ihnen geschieht, haben Sie selbst gelegt. Oft mag Ihnen das nicht bewusst sein, die Folgen müssen Sie dennoch tragen. Deshalb ist es sinnvoller und zweckmäßiger, eine bewusste Entscheidung zu treffen, das Leben selbst in die Hand zu nehmen als andere darüber bestimmen zu lassen. Fragen Sie sich immer wieder, auf welchen Punkt wollen Sie sich konzentrieren. Haben Sie sich entschieden, dann bleiben Sie dabei und verfolgen Sie dieses Ziel in aller Konsequenz.

Notieren Sie mindestens ein Beispiel aus Ihrem Leben, dem dieses Gesetz zugeordnet werden kann.

11. Gesetz:
Beachtung bringt Verstärkung. Nichtbeachtung bringt Befreiung.

Was sagt Ihnen dieses Gesetz?
Was verstehen Sie darunter?
Welche Auswirkung kann die Anwendung auf Ihr Leben haben?

Nehmen wir ein einfaches Beispiel: Ihr Assistent hat in einer kritischen Situation außergewöhnlich clever agiert. Sie loben ihn begeistert. Die Folgen: Er fühlt sich bestätigt und super, blüht zur Höchstform auf.

Umgekehrt wirkt das natürlich auch. Ihre Verkaufsmannschaft ist offenbar in einem Formtief, zudem sind die Zeiten nicht besten – entsprechend ist der Umsatz ausgefallen. Sie sind verärgert und machen keinen Hehl daraus. Die meiste Zeit der Besprechung wird über das schlechte Ergebnis geredet. Was glauben Sie, in welcher Verfassung Ihre Verkaufsmannschaft nach dem Meeting ist? Und wie glauben Sie, mit welcher Motivation werden Ihre Leute zur Kundschaft gehen? Das schlechte Ergebnis ist schon schlimm genug. Aber nun fühlen sich Ihre Verkäufer noch viel schlimmer, fühlen sich als Versager. Eine kurze Analyse hätte genügt, um aus eventuellen Fehlern zu lernen. Hätten Sie dann Ihre Mannschaft positiv motiviert, hätten Sie nach vorn gesehen – ich garantiere Ihnen, das nächste Ergebnis wäre besser ausgefallen. Nichtbeachtung bringt Befreiung!

Die Veränderung zum Positiven beginnt in dem Moment, in dem Sie sich weigern, etwas Negatives auszusprechen. Hören Sie auf, sich zu beklagen, zu kritisieren und fangen Sie an, über Ihre Hoffnungen, Ihre Chancen und Ihre Träume zu sprechen. Reden Sie von den Dingen, die Sie sich wünschen. „Am Anfang war das Wort" – für ein erfolgreiches Leben ebenso wie für eine bessere Welt.

Notieren Sie mindestens ein Beispiel aus Ihrem Leben, dem dieses Gesetz zugeordnet werden kann.

12. Gesetz:
Zustimmung aktiviert Kräfte. Ablehnung vernichtet Lebenskraft.

Was sagt Ihnen dieses Gesetz?
Was verstehen Sie darunter?
Welche Auswirkung kann die Anwendung auf Ihr Leben haben?

Sie stellen Ihre Planung vor und sehen, dass die Kollegen, aber auch der Chef zustimmend nicken; in der Presse werden Sie lobend erwähnt etc. Was passiert? Sie fühlen sich super. Und dieses Hochgefühl lässt sie zur Höchstform auflaufen. Jetzt können Sie sich erst richtig entfalten. Neue Ideen sprudeln nur so aus Ihnen heraus. Sie fühlen sich angenommen, sie fühlen sich frei und können sogar über sich selbst hinauswachsen. Jeder Redner, jeder Schauspieler oder Sportler kann dies nur bestätigen. Sobald das erste Mal geklatscht wird, fällt die Unsicherheit ab. Die Zweifel, ob man ankommt, ob man die Idee rüberbringt, ob man siegen wird, sind verflogen. Wir werden innerlich frei und genau das ist nötig, um aus dem Vollen schöpfen zu können, diese Freiheit gibt uns nämlich Riesenkraft.

Blickt der Redner dagegen in eisige Mienen, kommt kein Feedback, hört der Schauspieler das Publikum flüstern oder der Radrennfahrer Buh-Rufe, dann steigt eine Kälte in ihm hoch. Die Konzentration schwindet, die Stimme wird dünner und jeder Satz bzw. jede Erhebung zu einem unüberwindlichen Hindernis. Positive oder negative Energie – die Auswirkung ist enorm. Haben Sie bemerkt, dass Zustimmung viel mehr Energie beinhaltet als Ablehnung? In meinen Rhetorikseminaren trainieren wir „Pro-" und „Kontra-Reden". Dabei wird ganz deutlich, dass die Pro-Redner immer die Stärkeren sind. Sie erhalten schneller Unterstützung, gewinnen die Sympathie. Im Gegensatz dazu stehen die Widerredner nicht so gut da. Sie sind nicht sonderlich beliebt, haben schnell das Image eines Nörglers, sind die Schwächeren. Beobachten Sie einmal politische Diskussionen unter diesem Aspekt. Und denken Sie auch mal an unsere Redewendungen: jemandem, z. B. durch Ablehnung „den Boden unter den Füßen wegziehen" oder so etwas wie Zustimmung „verleiht Bärenkräfte".

Gerade Chefs sollten sich mit diesem Gesetz ganz besonders vertraut machen. Jede Art der Ablehnung – das kann schon ein finsterer Blick, eine Geste oder ein nicht erwiderter Gruß sein – hat Folgen. Umgekehrt hat jedes noch so kleine Lob, ja sogar schon ein wortloses Lächeln – die gleiche Energie und entsprechend positive Folgen.

Notieren Sie mindestens ein Beispiel aus Ihrem Leben, dem dieses Gesetz zugeordnet werden kann.

13. Gesetz:
Die ständige Wiederholung einer Idee wird erst zum Glauben, dann zur Überzeugung – auch in negativer Hinsicht.

Was sagt Ihnen dieses Gesetz?
Was verstehen Sie darunter?
Welche Auswirkung kann die Anwendung auf Ihr Leben haben?

Jeder kennt es aus eigener Erfahrung nur zur Genüge. Wir haben ein unangenehmes Gespräch vor uns. Je näher der Termin rückt, desto größer wird unsere Angst, wir beginnen, an einen Misserfolg zu glauben. Dieser Gedanke setzt sich richtig fest. So fest, dass wir kurz vor dem Termin dann regelrecht davon überzeugt sind, dass unser Vorschlag abgeschmettert wird. Mit dieser Einstellung, die sich längst in unserem Unterbewusstsein fest etabliert hat, gehen wir zum Termin. Ohne Überraschung hören wir das, was wir ja schon wussten – alles lief entsprechend unserer Erwartung ab. Ich spreche hier von der sich erfüllenden Vorhersage. Sie wirkt im positiven wie im negativen Sinn.

Umgekehrt: Unser Vorschlag ist super. Wir denken ihn immer wieder durch, sehen das Projekt schon realisiert. Unsere Idee erhält Leben. Je mehr wir uns damit befassen, desto stärker wird unser Glaube, unsere Überzeugung. Wir freuen uns darauf, unsere Idee vorstellen zu dürfen. Und wir haben Erfolg.

Wundert Sie das?

Notieren Sie einmal drei positive und ein negatives Beispiel aus Ihrem Leben:

1.
2.
3.

14. Gesetz:
Glaube führt zur Tat.
Konzentration führt zum Erfolg.
Wiederholung führt zur Meisterschaft.

Was sagt Ihnen dieses Gesetz?
Was verstehen Sie darunter?
Welche Auswirkung kann die Anwendung auf Ihr Leben haben?

Glauben heißt Nichts wissen. Dennoch hat der Glaube oft viel mehr Energie als das pure Wissen. Die bahnbrechenden Erfindungen haben wir nicht zuerst dem Wissen, sondern dem Glauben der Erfinder zu verdanken. Hätten sie nicht geglaubt, dass es mehr gibt als das, was wir bereits haben, würden wir heute vielleicht noch im Dunkeln sitzen. Im Dunkeln tappen erstaunlich viele Menschen - nämlich die, die sich mit reinem Wissen befassen und nicht mit der Entfaltung der Persönlichkeit.

Alles was der Mensch seit Urbeginn der Zeiten geschaffen hat, war getragen von dem Glauben. Zu welchen Taten Menschen im Namen des Glaubens fähig sind, haben wir aufs Schrecklichste im Jahr 2001 erfahren und bis heute wird im Namen des Glaubens gemordet und geraubt. Ein trauriger Beweis dafür, dass der Glaube zur Tat führt. Ich möchte mich lieber mit den schönen Aspekten befassen. Wenn Sie glauben, dass Sie ein begnadeter Klavierspieler sind, dann werden Sie mit Begeisterung jede Sekunde und jeden Flügel nutzen, um zu üben.

Wenn Sie etwas gern machen, wenn Sie mit dem Herzen dabei sind, dann sind Sie ganz bei der Sache. Sie lassen sich nicht ablenken, sondern fokussieren Ihre Aufmerksamkeit auf das Objekt Ihres Interesses.

Durch ständige Wiederholung ändern Sie festgefahrene Verhaltensmuster, die Sie jetzt nicht mehr benötigen. So werden Sie besser als die Konkurrenz. Der Erfolg ist Ihnen sicher.

Notieren Sie mindestens ein Beispiel aus Ihrem Leben, dem dieses Gesetz zugeordnet werden kann.

2. Rhetorik
oder die Lehre von der Wirkung des Menschen

Genau genommen heißt Rhetorik (griechisch) „Kunst des Redens". Für mich ist jedoch Rhetorik weit mehr als nur Reden. Ich bezeichne es lieber als die „Lehre von der Wirkung des Menschen". Es geht dabei nämlich nicht nur darum, seine Ideen vorzutragen, sondern den Gesprächspartner zu verstehen, zu motivieren und zu begeistern, ihn emotional anzusprechen, eine vertrauensvolle Basis zu schaffen und sein Interesse zu wecken. Dazu benötigt man weit mehr als nur Worte. Doch allein schon die richtigen Worte zu finden, ist nicht jedem gegeben. Wollen Sie Menschen führen, dann müssen Sie sich auf den richtigen Kommunikationskanal begeben, sonst werden Ihre Worte keine Wirkung zeigen, sonst können Sie keinen Einfluss nehmen.

Kennedy als der mächtigste Mann der Welt hat seinen Erfolg nicht etwa seinem Intellekt zu verdanken, sondern seiner Fähigkeit, seine Mitmenschen auf der Gefühlsebene anzusprechen. Intellekt oder Wissen entsteht in der linken verstandesmäßigen Gehirnhälfte. Der Mensch aber wird bewegt vom Gefühl, nicht vom Verstand. Wissen kann man zwar weiter vermitteln, aber man kann es nicht übertragen. Anders dagegen Gefühle; sie lassen sich übertragen. Eine positive Ausstrahlung wirkt auf das Umfeld. Denken Sie nur mal an Ihre Liebesgeschichten. Oder an Kennedy – auch in Ihnen hat er Gefühle angesprochen, was Sie empfänglicher für seine Argumente gemacht hat.

Kennedys Erfolg ist seiner Fähigkeit zu verdanken, dass er genau wusste, wie er die Herzen seiner Mitmenschen durch die richtigen Worte öffnen konnte. Vielleicht glauben Sie, dass dies eine Gabe Gottes ist. Aber das stimmt nicht. Es gehören zwei Dinge dazu, mit Worten zu überzeugen oder zu führen: Man muss selbst von der Sache überzeugt sein, die man vertritt und man muss seine Mitmenschen lieben, dann kommt das Gespür für deren Bedürfnisse fast von selbst.

Unbewusst sucht jeder Mensch nach dem tieferen Sinn seines Daseins. Werte machen unser Leben wertvoll, nicht nur für uns selbst, sondern auch für unser Umfeld. Haben Sie eine Mission oder eine Vision – so wie Kennedy –, dann geben Sie auch anderen die Möglichkeit, dieses Ziel zu ihrem zu machen, sich dafür zu engagieren und somit auch ihrem Leben einen Wert zu geben. Auf diese Weise bewegt sich die Welt und Sie können aktiv den Kurs mitbestimmen.

Überzeugend zu sprechen – das kann jeder lernen. Am besten lernt man von Vorbildern. Deshalb empfehle ich Ihnen, sich bewusst Reden anzuhören. Das Fernsehen macht eine solche Schulung einfach. Hören und schauen Sie genau zu, wenn unsere Politiker sprechen, Filmpreise verliehen werden oder berühmte und weniger berühmte Menschen in Talkshows von ihrem Leben berichten. Wer fesselt Ihre Aufmerksamkeit, wer spricht Sie an, wem hören Sie bald nicht mehr zu und bei wem schalten Sie auf einen anderen Sender um. Analysieren Sie die Aussagen, die Sprache, die Stimme – achten Sie auf die Körpersprache, die Gesten, den Blick, die Mimik. Nehmen Sie nicht nur mit den Augen und Ohren wahr, sondern eignen Sie sich einen Röntgenblick an – blicken Sie hinter die Fassade, hinter das hübsch geschminkte Gesicht und finden Sie heraus, ob der Sprecher es ernst meint. Kann er Sie ansprechen? Was löst er in Ihnen aus? Hat er Sie überzeugt, ist er glaubwürdig?

Ich will auf die Rhetorik nur kurz eingehen. Wollen Sie in diese Thematik tiefer einsteigen, dann kommen Sie zu meinem Rhetorik-Seminar. Dort lernen Sie nicht nur mit Begeisterung zu sprechen, sondern auch Ihre Persönlichkeit zur Wirkung zu bringen. Ich freue mich auf Sie.

Die Technik der Rede

Reden können wir alle, aber ein erfolgreiches Gespräch führen oder eine fesselnde Rede zu halten – das ist eine Kunst, die nur wenige beherrschen. Wenn Sie einfach nur so daher reden was Ihnen gerade in den Sinn kommt, werden Sie kaum begeisterte Zuhörer finden und überzeugen können Sie erst recht niemanden. Von Mitarbeiterführung ganz zu schweigen. Eine Rede ist wie ein solides Gebäude – es benötigt ein festes Fundament und eine ausgewogene Struktur, dann kann man es ruhig zu einem hohen Wolkenkratzer hochziehen. Am Anfang steht die Planung oder wie Mark Twain sagt: „Um eine gut improvisierte Rede zu halten, braucht man mindestens drei Wochen"

Das Ziel:

• Was wollen Sie erreichen?

Wer in ein Gespräch ohne exakte Zielvorgabe geht, ist vergleichbar mit einem Jäger, der mit einer Schrotflinte einen Löwen erlegen will. Sie werden Ihre Energie verbrauchen und nichts erreichen. Legen Sie ein konkretes Ziel fest, das Sie in Etappen ansteuern.

Der Weg zum Ziel:

Studieren und analysieren Sie Reden aus den Rednerschulen der alten Griechen, z. B. die Antwort von Demosthenes auf die Anklage von Aischines. Sie gilt als die perfekteste Rede überhaupt.

Auch heute orientieren wir uns an dieser klassischen Struktur: Einleitung – Thema – Beweisführung/Argumente – evtl. Widerlegung – Schluss.

Egal, ob Sie mehr Gehalt wollen, ein neues Konzept vorstellen oder eine Festrede halten, auf diese Weise kommt Klarheit in Ihre Aussage. Gesprächspartner bzw. Zuhörer können Ihren Ausführungen folgen und Sie verstehen. Mit den W-Fragen können Sie alle Aspekte abdecken:

- Was will ich erreichen?
- Wer soll angesprochen werden?
- Wie wird das Thema angepackt ?
- Womit kann ich überzeugen?
- Wann sollen Aktionen erfolgen?
- Warum spreche ich von diesem Thema?
- Wo hole ich die Zuhörer ab?
- Welche Gefühle will ich ansprechen?

Ein gutes Gespräch, eine erfolgreiche Rede ist wie ein schönes Menü: Die Vorspeise macht Appetit auf den Hauptgang, das Dessert rundet das Ganze ab.

Mit der Einleitung wecken Sie das Interesse Ihres Gesprächspartners. Der Hauptteil befasst sich mit dem Thema und stellt das Ziel vor. Die Rede sollte die Zuhörer informieren und überzeugen. Der Schluss bleibt in Erinnerung und muss zum aktiven Handeln auffordern.

Öffnet die Herzen: Der erste Satz

„Wer Karriere machen will, muss die Menschen so behandeln, als seien sie so wichtig, wie sie denken, dass sie sind" – sagte Robert Lemke. Mit dem ersten Satz können sie dies locker praktizieren. Er entscheidet darüber, ob Sie die Aufmerksamkeit Ihrer Zuhörer fesseln können oder nicht. Dieser Satz will wohl überlegt sein. Er soll Ihre Zuhörer/Gesprächspartner dort abholen, wo sie sich befinden und soll nicht nur den Verstand, sondern vor allem die emotionale Seite (rechte Gehirnhälfte) ansprechen.

Die meisten Menschen machen bereits hier den ersten Fehler, weil sie von sich selbst sprechen. Seien wir doch mal ehrlich: Wir fühlen uns doch einfach geschmeichelt, wenn uns Aufmerksamkeit geschenkt wird. Selbst wenn wir das nicht freiwillig zugeben, oder sogar abwehren – unser Gehirn (rechte Seite!) reagiert auf Zuwendung, die entsprechenden Zellen werden aktiviert und schon ist unser Interesse geweckt. Eine Neuigkeit würde nur die ohnehin aktive linke Gehirnhälfte ansprechen. Bei einer Information, der Ihre Zuhörer nicht zustimmen können, würden sie innerlich ganz zumachen. All das geschieht ganz von selbst, ohne dass Sie das wirklich bemerken. Aber Sie können dafür sorgen, dass man Ihnen zuhört. Ihr Gegenüber sollte spontan – also ohne langes Überlegen – Ihrer Aussage zustimmen können. Warum also nicht mit einer positiven Einleitung auf Ihr Anliegen einstimmen? Denken Sie nur an meine Grundgesetze 11 (Beachtung) und 12 (Zustimmung).

Hier ein paar Anregungen, wie Sie Herzen öffnen und Interesse wecken:
„Wie schön, dass Sie heute hierher gekommen sind..."

„Sicher haben Sie bei diesem schönen Wetter die Anreise genossen..."

Der Hauptteil

Er sollte gut gegliedert und dramaturgisch optimal aufgebaut sein. Sprechen Sie länger, fassen Sie zwischendurch sicherheitshalber immer wieder einmal das Gesagte zusammen. Wie wir aus der Gehirnforschung wissen, kann das menschliche Gedächtnis sich nicht mehr als drei Punkte merken. Wiederholung der wichtigsten Aussagen ergeben Konzentration auf das Wesentliche! Denken Sie an das Schrotflintenprinzip.

Halten Sie es mit Charles de Secondat, Baron de Montesquieu „Was den Rednern an Tiefe mangelt, ersetzen sie durch Weitschweifigkeit". Und vergessen Sie nicht, dass die Aufmerksamkeit der Zuhörer mit der Länge der Rede drastisch abnimmt! Kurze prägnante Sätze sind verständlicher und bleiben besser im Gedächtnis.

Redekunst ist die Kunst der Beeinflussung. Wir alle unterliegen einer ständigen Beeinflussung. Schalten wir das Radio an, werden wir von Nachrichten, Werbung, Musik beeinflusst. Alles, was wir hören fließt in uns hinein und wirkt auf unsere Stimmung, unsere Gedanken und folglich auf unser Verhalten. Die gereizten Autofahrer wirken auf uns ebenso wie das Lächeln einer schönen Frau, eines attraktiven Mannes. Wenn Sie Ihre Partnerin nicht beeinflussen, wird ein anderer das tun. Die hohen Scheidungszahlen beweisen dies täglich. Keinen Einfluss auf einen Menschen nehmen wollen, ist sichtbarer Ausdruck von Gleichgültigkeit. Beeinflussen bedeutet nicht etwa, den anderen mental zu unterdrücken oder eine Meinung aufzudrängen. Wir beeinflussen uns gegenseitig in dem Augenblick, indem wir uns mit anderen Menschen austauschen. Je mehr sich ein Mensch öffnet für Ihre Argumente, desto stärker können Sie ihn beeinflussen. Jeder bestimmt selbst wie weit er sich beeinflussen lässt. Erwiesen ist jedoch, je besser die Kommunikation desto größer ist die Bereitschaft, neue Ideen aufzunehmen und zu überdenken. Ein Meister der Kommunikation ist ein Meister der Beeinflussung – siehe Kennedy.

Ein Fernsehsender kann 24 Stunden am Tag senden, was er will.

Wenn niemand den Sender einschaltet, können die Nachrichten nicht ankommen. Wenn Ihre Zuhörer, Ihr Geschäftspartner nicht auf Empfang eingestellt sind, können Sie Stunden mit ihnen reden – ein Resultat erzielen Sie nicht.

Achten Sie darauf, dass Ihre Zuhörer innerlich „offen" sind, wenn Sie mit Ihrem Anliegen kommen. Kennedy beherrschte diese Kunst hervorragend, er war ein Meister in der Beeinflussung seiner Mitmenschen. Das können wir von ihm lernen - auch heute noch. Vielleicht haben Sie Gelegenheit, einige seiner Reden noch einmal unter diesen Gesichtspunkten zu betrachten.

Auf den Schluss kommt es an!

Viele Redner machen sich unendliche Mühe mit ihrer Rede, feilen Wort für Wort, machen Sprechproben, kontrollieren sich per Video. Das ist alles gut und hilfreich, aber wer nicht den richtigen Schlusssatz findet, braucht eigentlich gar nicht erst anzutreten. Egal, ob Sie mit Ihrem Chef, Ihrem Kunden, ja sogar Ihrer Herzallerliebsten sprechen oder ob Sie einen Fachvortrag halten: Wenn Sie keinen posthypnotischen Befehl geben, haben Sie ins Leere, haben Sie umsonst geredet. Nichts wird sich verändern! Unter posthypnotischem Befehl verstehe ich eine zum Handeln auffordernde positive Formulierung.
Beispiel:
- Rufen Sie mich nächste Woche an.
- Schicken Sie mir die Unterlagen.
- Beteiligen Sie sich an diesem Projekt und tragen Sie sich in die ausliegenden Listen ein.

Schlagfertigkeit

Schnell und gut kontern – das ist eine Trainingssache. Lernen Sie von den Besten. Notieren Sie elegante Redewendungen, lustige Phrasen, überzeugende Argumente und Einwände (s. Kartei des Wissens, Seite 163). Das Fernsehen ist eine preiswerte Schule, die an keine Öffnungszeiten gebunden ist. Politische Diskussionen, Talkshows mit Menschen aus allen Schichten und Berufen – das ist ein weites Feld für Ihre Studien. Viel können Sie von bekannten Talkmastern lernen. Glauben Sie nicht, dass der Witz und die Pointen ganz von selbst sprudeln. Vorbereitung ist das A und O einer gelungenen Sendung. Bereiten Sie sich auf Ihre Gesprächspartner intensiv vor, lernen Sie sie richtig kennen. Wenn Sie um Hobbys, Gewohnheiten etc. wissen, dann können Sie schon vorab sich die eine oder andere passende Bemerkung zurecht legen. Liegt die Gesprächsführung bei Ihnen, haben Sie es einfach. Sie bestimmen, wo es lang geht und wissen, wann Sie was einfließen lassen. Eine witzige Bemerkung hat schon so manches Meeting wieder belebt.

Bedeutung der Wiederholung – ein Geheimnis des Erfolgs

Wiederholung führt zur Meisterschaft – das gilt für den Sportler wie für die charismatische Persönlichkeit. Dann wird Ihnen auffallen, dass bestimmte Sätze sich häufig wiederholen. Das ist nicht etwa Einfallslosigkeit oder Nachlässigkeit des Redners. Auch wenn ich bestimmte Leitsätze, z. B. meine Grundgesetzte, immer wiederhole, so tue ich das nicht, weil mir nichts Neues einfällt, sondern weil ich möchte, dass sich die wichtigsten Grundsätze in Ihrem Unterbewusstsein einprägen.

Das Unterbewusstsein, das einen Großteil (s. Skizze Seite 171) des menschlichen Wesens ausmacht, ist einfach strukturiert. Es ist ein ausführendes Organ. Seine einzige Aufgabe ist es, Ihre Befehle entgegenzunehmen und auszuführen. In meinem 4. Grundgesetz bezeichne ich es als Baustelle des Lebens und Arbeitsraum der Seele. Denn hier haben Sie alles abgelegt, was Sie beeindruckt hat – wissentlich oder unwissentlich. Alles, was Sie sehen, hören, riechen, wahrnehmen, wird im Unterbewusstsein gespeichert. Stellen Sie sich eine Tonkassette vor, die Sie bespielen und die permanent auf Aufnahme geschaltet ist. Jedes Geräusch, jeder Ton wird aufgenommen. Hören Sie eine Melodie mehrfach, prägt sich diese Melodie stärker ein und übertönt dann beim Abspielen die leisen Töne. Wir nehmen die häufig auftauchende Melodie selektiert gegenüber den anderen Tönen wahr. Nun verstehen Sie auch, warum jeder Mensch seine individuellen Denkstrukturen und Verhaltensmuster hat – je nachdem, was sich in seinem Unterbewusstsein besonders stark eingeprägt hat. Oder anders gesagt: Was der Mensch am häufigsten aufgenommen hat. Und jetzt wird auch klar, warum die Wiederholung so wichtig ist – im Gespräch oder bei der Rede. Eine Aufforderung fünfmal gehört, wirkt fünfmal stärker.

Wie oft schon haben Sie Ihren Partner, Ihre Kinder gebeten, etwas zu erledigen oder etwas mitzubringen. Und wie oft wurde Ihre Bitte vergessen? Meine Frage lautet: Wie oft haben Sie denn eine solche Bitte geäußert? Vermutlich haben Sie es nur einmal gesagt und waren dann gekränkt, als nichts geschah. Testen Sie selbst: Bitten Sie diesmal Ihren Partner/Ihre Kinder ein paar Mal. Ich bin davon überzeugt, dass Sie diesmal Erfolg mit Ihrer Bitte haben werden.

Nicht nur Sie können sich die Bedeutung der Wiederholung zunutze machen. Auch andere Menschen tun das – manche unbewusst und intuitiv, andere mit Kalkül. Ich denke da beispielsweise an die Politik. Immer und immer wieder hören wir die gleichen Argumente und irgendwann haben wir sie übernommen – nach dem Motto „Steter Tropfen höhlt den Stein".

Smalltalk

Als Sunnyboy stand John F. Kennedy bei Partys im Mittelpunkt. Mit kleinen Anekdoten fesselte er die Aufmerksamkeit der Gäste. Er war ein Meister im Smalltalk, fand für jeden ein passendes Wort und bezauberte im Handumdrehen alle Anwesenden. Er war kontaktfreudig, ging locker auf jeden zu, ob er ihn kannte oder nicht, das spielte für ihn keine Rolle. Seine ungezwungene Art zu reden, machte ihn überall beliebt. Sie mögen jetzt vielleicht einwenden, dass Kennedy einfach vom Schicksal begünstigt wurde, er über Talente verfügte, die Sie vielleicht nicht haben.

Kennedy war ein Mensch wie Sie und ich, er hatte wie jeder Mensch positive und weniger positive Anlagen. Nur er hat – im Gegensatz zu anderen – an sich gearbeitet, hat seine Begabungen genutzt und weiterentwickelt. Genau das können Sie auch tun.

Smalltalk ist eine gute Gelegenheit, auf eine lockere Art und Weise mit anderen Menschen ins Gespräch zu kommen. Manchmal ergeben sich daraus sogar neue Geschäftsbeziehungen, manchmal verbringt man einfach nur ein paar schöne Stunden mit angenehmen Plaudereien. Auf jeden Fall aber ist Smalltalk ein hervorragendes Terrain, um sich rhetorisch zu betätigen. Anstatt dieses kostenlose Training zu nutzen, scheuen sich viele Menschen, sagen lieber viele Gelegenheiten ab, bei denen sie ungezwungen auf Bekannte und Fremde treffen können. Tun Sie das nicht! Lernen Sie doch einfach auf Kosten anderer, nehmen Sie jede Gelegenheit wahr, um zu einem Meister im Smalltalk zu werden. Sie können überhaupt nichts verlieren! Es geht übrigens den meisten Menschen wie Ihnen – sie fühlen sich unsicher; die meisten sind sowieso von Natur aus schüchtern. So können Sie davon ausgehen, dass jeder froh ist, wenn Sie den ersten Schritt machen.

Überall wo Menschen sind, können Sie üben. Sprechen Sie auf Empfängen ruhig Fremde an, gehen Sie bei Partys von Gruppe zu Gruppe. Beginnen Sie ein Gespräch mit Ihren Mitmenschen in der U-Bahn, im Flugzeug.... Gehen Sie auf andere zu und Sie werden überrascht feststellen, dass Sie fast überall auf Resonanz stoßen. Die meisten Menschen kapseln sich ja nur so ab, weil sie unsicher sind und Minderwertigkeitskomplexe haben. Einmal angesprochen, öffnen sie nicht nur den Mund, sondern oft auch ihr Herz – der Kennedy-Effekt wirkt auch bei Ihnen!

Beim Smalltalk können Sie vieles praktizieren, was Sie bei Geschäftsverhandlungen benötigen. Hier ist es einfach: Es geht nicht um knallharte Fakten, sondern um ein angenehmes kleines Gespräch, das vielleicht sogar zu neuen Geschäftsbeziehungen führen kann. Betrachten Sie Smalltalk als Sport – wie ein Ping-Pong-Spiel, bei dem man sich gegenseitig die Bälle zuwirft. Vermeiden Sie Fragen, auf die mit Ja oder Nein geantwortet wird – sie stoppen den Redefluss, ebenso Fragen, die mit Wo, Wann, Wer beginnen. Stellen Sie sich auf einem Empfang zu einer Gruppe, suchen Sie Blickkontakt, lächeln Sie freundlich in die Runde. Bei einer Gesprächspause stellen Sie sich kurz vor.

Seien Sie beweglich – sowohl geistig wie auch körperlich

Gehen Sie auf andere zu, bleiben Sie nicht an einer Stelle stehen.

Überlegen Sie, mit wem Sie es zu tun haben werden und legen Sie sich entsprechende Gesprächsthemen zurecht. Gut ist es, wenn Sie in den Tagen vor einem Event die Zeitungen gut studieren und die neuesten Nachrichten kennen. Tagesthemen eignen sich immer gut für ein lockeres Gespräch. Gute Themen sind auch Hobbys, Reisen, Essen und Trinken. Kritische Themen wie Politik, Krankheit, Probleme im Job sollten tunlichst vermieden werden. Schließlich geht es hier um Unterhaltung und nicht um einen tiefergehenden Meinungsaustausch. Gehen Sie zu einem Geflügelzüchterkongress, dann sollten Sie ein paar Basis-Informationen haben, damit Sie kluge Fragen stellen können. Apropos Fragen: Beobachten Sie bei derartigen Gelegenheiten einmal sogenannte Partylöwen, also Menschen, die sofort im Mittelpunkt stehen. Sie werden feststellen, dass sie kaum von sich selbst sprechen, dafür umso mehr Fragen stellen und sehr gut zuhören. Ein wichtiges Erfolgsgeheimnis: Nicht sich selbst in den Mittelpunkt stellen. Wer interessant ist, wird ganz von selbst zu einem Mittelpunkt, um den die anderen wie Satelliten kreisen.

Legen Sie sich mit der Kartei des Wissens (Seite 163), wie ich Sie Ihnen später noch genauer beschreiben werde, eine Sammlung von Anekdoten, Witzen, Sprüchen und Redewendungen an. Damit kommen Sie immer an. Achten Sie auf Gesprächskiller: Monologe, den Blick ständig umherschweifen lassen als suchten Sie interessantere Gesprächspartner, neugierige oder hartnäckige Fragen und den Menschen zu sehr auf die Pelle rücken. Einen Mindestabstand von einer halben Armlänge sollten Sie in unseren Breiten einhalten. Stehveranstaltungen sind übrigens hervorragend geeignet, elegante Rückzugsmöglichkeiten auszuprobieren. Redet jemand ohne Punkt und Komma, nervt Sie ein Profilierungssüchtiger oder klebt ein Unsympath an Ihnen, dann versuchen Sie es mit einer Entschuldigung „...ich habe da vorn einen Kollegen gesehen..." , „ich hole mir einen Drink", „gehe eine rauchen".

Freuen Sie sich auf solche Veranstaltungen, freuen Sie sich darauf, neue Leute kennen zu lernen und lächeln Sie. Sind sie positiv eingestellt, sind Sie offen und neugierig, dann senden Sie so viel kommunikative Signale aus, dass Sie problemlos Kontakt aufnehmen können.

Ihre Ausstrahlung wirkt – bevor Sie überhaupt den Mund aufgemacht und ein Wort gesagt haben. Und dann ist Smalltalk erst recht ein Kinderspiel für Sie.

Wer fragt, gewinnt!

Mit den richtigen Fragen können Sie zur Spitze gelangen. Lernen Sie von den Besten, indem Sie sie fragen. Fragen schmeicheln der Eitelkeit, nutzen Sie diesen Effekt für Ihr Fortkommen. Damit schlagen Sie gleich zwei Fliegen mit einer Klappe: Sie machen sich beliebt und zugleich profitieren Sie vom Wissen der Profis. Von Kennedy wissen wir, dass er immer Fragen parat hatte. Tun Sie es ihm gleich. Sie gewinnen gegenüber Ihrer Konkurrenz nicht nur einen Informationsvorsprung, sondern auch Sympathiepunkte. Das Wichtigste ist der Mensch und den hat Kennedy in den Mittelpunkt gestellt – aus dem Gefühl, für den anderen wichtig und interessant zu sein, wächst Sympathie und Zustimmung. Fühlen Sie einmal in sich hinein: Wie geht es Ihnen, wenn Sie um Rat gefragt werden? Sicherlich ganz gut, Sie fühlen sich bestätigt und geehrt, weil Ihre Meinung oder Ihre Fachkenntnisse im Mittelpunkt des Interesses stehen. Sie werden beachtet und das lässt Sie wachsen. Lassen Sie auch andere wachsen, Sie werden dabei mit nach oben gezogen! Fragen sind Ausdruck von Interesse. Schenken Sie anderen Menschen Ihr Interesse, wird man sich ohne Ihr weiteres Dazutun ganz von selbst für Sie interessieren. Nutzen Sie diesen Automatismus.

Das wichtigste Wort

Basis für eine erfolgreiche Kommunikation ist die Erkenntnis, dass das wichtigste Wort im Leben eines Menschen sein Name ist. Keine noch so logischen Argumente führen daran vorbei, dass verliert, wer sich den Namen seines Gegenübers nicht richtig gemerkt hat. Souverän winken Sie zwar ab, wenn der Gesprächpartner sich nicht mehr an Ihren Namen erinnert oder ihn – was mindestens genauso schlimm ist – verstümmelt wiedergibt. Aber in Ihrem Herzen gibt es einen Stich und den vergessen Sie nicht! (s. auch Seite 166 Namensgedächtnis)

3. Die Stimme

Sie können ein Rhetorikprofi sein, wenn Ihre Stimme nicht stimmig ist, kommen die besten Worte nicht richtig an. Zudem ist Ihre Stimme verräterisch; sie zeigt das, was Sie mit Worten versuchen zu verbergen. Angst, Unsicherheit, Aggression – alles hören wir aus der Stimme. Und dazu bedarf es keiner großen Fachkenntnisse. Unbewusst nimmt jeder den anderen allumfassend wahr und spürt, dass hinter starken Worten sich nur große Angst verbirgt. Nervöse und unsichere Menschen sprechen mit einer hohen Stimme; Menschen, die in sich ruhen und sicher sind, haben eine tiefe Stimme. Hohe Stimmen verursachen beim Zuhörer ein unangenehmes Gefühl, das soweit gehen kann, dass er innerlich „zu" macht. Ganz im Gegensatz dazu wirkt die tiefe Stimme beruhigend und vermittelt Sicherheit und Vertrauen. Tiefen Stimmen hört man gerne zu, man ist innerlich auf Aufnahme eingestellt und positiv gestimmt.

Prüfen Sie, wie Ihre Stimme ankommt und arbeiten Sie eventuell an ihr. Sie können Ihre Stimme durch mein dynamisches Stimmtraining zu einer klaren Aussprache bringen, Ihre Stimme „tiefer" legen und leichter in Alpha (Seite 137) gelangen. Ihre Stimme sollte Ihnen entsprechen, sorgen Sie dafür, dass sie es auch tut. Die Stimme ist schließlich das Transportmittel für Ihre Gedanken; Sie benötigen sie, um etwas zu bewegen, um Menschen zu erreichen und zu begeistern! Nur das Beste ist gut genug für Ihre Stimme.

Viele Menschen können sich nicht einmal mit ihrer Stimme identifizieren. Das lässt tief blicken: Wer seine Stimme nicht mag, mag auch sich selbst nicht – oder zumindest gewisse Aspekte seiner Persönlichkeit. Trifft das auch für Sie zu, dann ist aktive Arbeit angesagt. Wie wollen Sie andere überzeugen, wenn Sie von sich selbst nicht überzeugt sind?

Ich möchte Sie an dieser Stelle mit dem psychodynamischen Stimmtraining bekannt machen, das Sie täglich anwenden sollten, auch wenn Sie mit Ihrer Stimme zufrieden sind. Sie werden eine Veränderung an Ihrer Stimme feststellen: gute Stimmen werden noch besser, noch tiefer und einprägsamer, schwache Stimmen werden kräftiger und hohe Stimmen dunkler. Zugleich werden Sie eine Veränderung Ihrer Persönlichkeit bemerken, denn wer an seiner Stimme arbeitet, arbeitet an seiner Persönlichkeit (und verändert sein Bankkonto!).

Psychodynamische Stimmübungen

Jeden Morgen sollten Sie ein wenig Zeit in Ihre Stimme – und damit in die Entfaltung Ihrer Persönlichkeit – investieren.

Stellen Sie sich bequem hin, atmen Sie tief ein, dann wieder aus – jetzt kann es losgehen:

1. Atmen Sie ein und sprechen Sie mit lauter Stimme jeden einzelnen Buchstaben und zwar jewils so lange Ihr Atem ausreicht:

   I   **E**   **A**   **O**   **U**

   Die Buchstaben entsprechen den Frequenzen, beginnend mit der höchsten Frequenz, dem I. Solange Sie den Ton halten, wird ein der Frequenz entsprechendes Körperteil mit mehr Energie versorgt. Beim I ist das der Kopf. Mit dem E aktivieren Sie den Halsbereich, mit dem A den Brustkorb, mit dem O den Oberbauch und mit dem U den Unterbauch. Sie können das gut spüren, wenn Sie Ihre Hände auf die entsprechenden Körperteile legen.

   Wenn Sie Ihre Stimme zu hoch finden, sprechen Sie öfters am Tag das U.

2. Wir atmen wieder aus und ein und summen nun mit geschlossenen Lippen „MMMMMMMMM" – zuerst leise so lange der Atem reicht. Dann lauter und ein drittes Mal so laut Sie können – jeweils solange der Atem reicht. Die Lippen bleiben dabei aber geschlossen. Die Übung aktiviert Brust- und Bauchraum. Sie können das überprüfen, wenn Sie Ihre Hände auf den Bauch legen.

3. Ist Ihnen schon einmal aufgefallen, welch große Rolle das „R"
spielt? Ein richtig gerolltes R gibt der Sprache erst Kraft. Man
muss nicht unbedingt Bayer sein, um das R richtig zu sprechen.
Üben Sie mit meiner Methode und sprechen Sie laut eine Reihe
von Worten, mit R:
R am Anfang des Wortes:
Rennen
Rasen
Riechen
Rufen
Reifen

R am Ende des Wortes:
Wir
Hier
Stier
Bier

R in der Mitte des Wortes:
Irren
Wirren
Verirren
Spüren
Ergänzen Sie diese Liste, ändern Sie die Worte. Wichtig ist, dass
Sie das R richtig mit der Zunge rollen und überbetont ausspre-
chen.

4. Die letzte Übung ist nicht nur gut für Ihre Stimme, sondern sogar
eine Prophylaxe gegen den Herzinfarkt, zudem beugt sie Erkäl-
tungen vor. Ich nenne sie die Tarzan-Übung:
Sie atmen aus und wieder ein. Klopfen Sie nun wie Tarzan mit
den Fäusten auf Ihre Brust während Sie laut die Buchstaben – entsprechend der ersten Übung – aussprechen. Sie sagen also „I" und
klopfen dabei mit Ihren Fäusten auf die Brust, wie Sie es bei Tarzan gesehen haben. Achten Sie darauf, dass Sie wirklich nur den
oberen Brustbereich bearbeiten – weder zu hoch noch zu tief. Ver-

mutlich müssen Sie husten und sich räuspern. Das ist gut so, denn diese Übung befreit Ihre Atemwege und reinigt die Bronchien. Machen Sie diese Übung nur am Morgen, denn sonst können Sie möglicherweise nicht schlafen.

Tägliches Training drei Monate lang jeden Tag und Ihre Stimme hat sich verändert. Sie ist kräftiger und ausdrucksstarker geworden. Meine Übungen stärken nämlich auch die Lunge, so dass Sie ganz nebenbei viel besser atmen lernen. Die meisten Menschen atmen nämlich gar nicht richtig. Anstatt richtig in bzw. aus dem Bauch zu atmen, atmen die meisten Menschen flach, nutzen nur einen Teil der Lunge. Woher sollten da die Worte Kraft bekommen? Kennedy hatte eine starke, kraftvolle Stimme. Das können Sie auch. Die Stimme ist unerlässlich für die Kunst der Menschenführung.

Die Sprache des Körpers

Zur Rhetorik gehört unbedingt auch die Körpersprache. Ähnlich der Stimme spricht nämlich auch unser Körper Bände – oft mehr als uns lieb ist. Die Information läuft über das Unterbewusstsein, d. h. wir nehmen unbewusst alles wahr, was uns die Mimik und Gestik unseres Gegenübers verrät. Wer mit gebeugten Schultern dasitzt, einen schleppenden Gang hat, der drückt damit nur aus, dass er saft- und kraftlos ist. Wer ständig seine Hände in den Hosentaschen versteckt, ist auch sonst nicht so offen wie er versucht sich zu geben. Mit Worten kann man lügen, nicht aber mit der Stimme und der Sprache des Körpers. Das ist auch der Grund, warum Lügner meist nicht lange überzeugen können.

Kennedy hat sein Image als dynamischer, sportlicher Typ gepflegt, ja er wirkte sogar äußerst gesund, obwohl er das ja gar nicht war. Wie hat Kennedy das geschafft?

Wenn Sie Kennedy in Filmen sehen, dann achten Sie auf die Sprache seines Körpers. Er ging sparsam mit den Gesten um, er bewegte sich geschmeidig – ähnlich einer Katze. Sie sollten sich einmal ansehen, was Ihr Körper so spricht, ohne dass Sie das überhaupt bemerken. Am besten eignen sich dafür ein paar Videoaufnahmen. Natürlich ist jeder voreingenommen, wenn er sich selbst betrachtet, aber nehmen Sie doch einfach einmal etwas Abstand von Ihrer Person und analysieren Sie sich selbst.

Der Fernseher, von vielen verteufelt, ist die beste und preiswerteste Schule, die es gibt. Jeden Tag kommen die wichtigsten Menschen in Ihr Wohnzimmer. Sie brauchen nur das Knöpfchen zu drücken und schon können Sie von ihnen lernen. Hören Sie den Moderatoren, den Politikern oder Reportern zu und achten Sie auf folgende Punkte:
- Was will er wirklich sagen? (Wiederholungen)
- Was spricht seine Stimme? Damit meine ich nicht die Worte, die Sie hören, sondern die Stimme (Höhe, Tiefe, Tonfall etc.)
- Was sagt sein Körper? (Haltung, Hände, Füße etc.)
- Stimmt alles überein oder stellen Sie Diskrepanzen fest?
- Schauen Sie sich Filme an oder Talkshows und schalten Sie den Ton ab. Mit solchen spielerischen Übungen sensibilisieren Sie Ihr Wahrnehmungsvermögen, d. h. Sie schauen schneller hinter die Kulissen, man kann Ihnen nicht so leicht etwas vormachen. Damit sind Sie klar im Vorteil.

Wenn Sie mir bis hierher gefolgt sind, verstehen Sie nun, warum für mich Rhetorik die Lehre von der Wirkung des Menschen ist. Kennedys Auftritte waren perfekt inszeniert. Doch der beste Regisseur, der fähigste Redenschreiber hätte ihn nicht zu dem Erfolg führen können, wäre da nicht das gewisse Etwas gewesen – die strahlende Persönlichkeit, das Charisma eines unvergessenen Mannes. Bringen Sie Ihr Wesen zum Strahlen, wachsen Sie und werden Sie der, der Sie in Wirklichkeit sind! Sie bringen nur das, was in Ihnen steckt zum Strahlen – so wie das alte Familiensilber, das unbeachtet lange Zeit im Schrank lag, poliert werden muss, so müssen Ihre nicht genutzten Fähigkeiten ans Tageslicht gebracht und aktiviert werden. Es geht nicht darum, einen anderen Menschen aus Ihnen zu machen. Das wäre gar nicht möglich und könnte auch nie zum Erfolg führen. Überzeugend kann man nur sein, wenn man authentisch ist, strahlen kann nur das, was im Kern vorhanden ist. Verhalten kann man trainieren, sogar bis zur Perfektion. Fehlt aber die Kraft, die Strahlkraft, haben wir es nur mit Technik ohne Seele zu tun, so bleibt die Wirkung aus.

Besonders erwähnen möchte ich hier die Kraft des Blickes. Die Augen gelten als der Spiegel der Seele. Ohne Worte drücken Sie Ärger, Zuneigung, Spannung oder Aggression aus. An den Augen erkennen Sie, ob Ihr Gegenüber die Wahrheit spricht oder nicht. Oft spricht man von einer magnetischen Kraft, die von den Augen ausgeht. Allein durch Blicke können Emotionen geweckt werden, können Menschen in Trance versetzt werden (Hypnose), Blicke können zum Reden verleiten aber auch zum Schweigen gebieten. Von Mussolini weiß man, dass er seine Augen rollte, bis man nur noch das Weiße sah. Er nutzte dies, wenn er sich angegriffen fühlte. Haben Sie schon einmal auf Ihren Blick geachtet? Schauen Sie Ihrem Gesprächspartner in die Augen, können Sie Augenkontakt aufnehmen – und auch halten? Strahlen Ihre Augen, ist Ihr Blick offen oder gehen Sie etwas mit verkniffenen Augen durchs Leben.

Erfolgsgeheimnis: Alpha Training

Sind Sie wirklich entspannt? Oder kontrollieren Sie sich nur? Am Rhythmus der Gehirnströme kann man den Spannungszustand messen: Bei 0 bis 4 Hertz (Delta-Zustand) ist der Mensch in einer Tiefenentspannung, im traumlosen Schlaf. In dieser Phase regeneriert sich Körper und Geist. Bei einer Frequenz von 4 bis 7 Hertz (Theta-Zustand) schläft der Mensch nicht mehr ganz so tief, ist aber immer noch äußerst entspannt. Auch in der Meditation wird dieser Zustand erreicht. Bei einer Wellenlänge von 7 bis 14 Hertz (Alpha-Zustand) befindet sich der Mensch in einem idealen Entspannungszustand, dabei ist er aber geistig wach. Dies ist die optimale Verfassung, um zu wirklichen Erkenntnissen und Einsichten zu gelangen, um kreative Ideen zu entwickeln, um aus seiner Mitte zu schöpfen. Haben Sie Probleme, dann sollten Sie sich unbedingt in den Alpha-Zustand versetzen. Dann ist Ihre (Ein-)Sicht klar, Sie können optimale Lösungsstrategien erarbeiten, gewissermaßen „fällt Ihnen die Lösung ein". Alpha ist der optimale Arbeitszustand für Ihr Gehirn!

Erschreckenderweise befinden sich die meisten Menschen in dem destruktiven Beta-Zustand, in dem das Gehirn Frequenzen von 15 bis 35 Hertz erzeugt. Nervosität, Gereiztheit, Aggression und Ärger sind spürbarer Ausdruck dieser Frequenz. Wir merken selbst, wenn wir in diese Phase geraten. Dann mangelt es uns an Verständnis, an Ruhe und Toleranz. Es geht nur noch darum, die Meinung durchzusetzen – koste es was es wolle. Innerlich sind wir zu, ja sogar auf Angriff eingestellt – wohin das führt, brauche ich nicht weiter zu erwähnen. Die großen Kriege, aber auch die Grabenkämpfe im Job und daheim – all das geschieht in Beta. Je höher Beta ist, desto weniger ist die rechte Gehirnhälfte (Intuition, Emotion) noch am Geschehen beteiligt. Wir agieren überwiegend mit der linken Gehirnhälfte – und schließen somit die Hälfte der Persönlichkeit unseres Wesens aus. Die Resultate sind dementsprechend.

Warum nur aus einem Teil unseres Seins leben, wenn wir doch ein viel größeres Potential in uns haben? Die Lösung liegt in Alpha. Sie brauchen sich nur in diesen Entspannungszustand zu versetzen und vieles geschieht dann fast von selbst, denn Verständnis erzeugt Verständnis, Sympathie erzeugt Sympathie. Die eigenen Fähigkeiten kommen zum Tragen, die Zusammenarbeit mit anderen funktioniert, Lösungen werden schneller erarbeitet, das Leben wird angenehmer.

Was kann Alpha bewirken?

Die Grenzen zwischen den Bewusstseinsstufen werden durchlässig. Sie haben nicht nur Ihr Unterbewusstsein, sondern das kollektive Unterbewusstsein, in dem alles Wissen der gesamten Menschheit gesammelt ist, zur Verfügung. Damit werden Sie unschlagbar. Sie haben ähnliches sicher auch schon erlebt: Sie werden nach etwas gefragt, das Ihnen normalerweise nicht geläufig ist und dennoch antworten Sie richtig, ohne auch nur eine Sekunde zu überlegen. In einem solchen Moment müssen Sie in Alpha gewesen sein: Alles ist in Ihnen und Sie könnten es jederzeit abrufen, wenn Sie wissen wie. In Alpha überschreiten Sie Bewusstseinsgrenzen, erhalten Sie einen Rundumblick. Sie sehen nicht nur einen kleinen Ausschnitt, Sie erkennen das Gesamtbild und sind folglich in der Lage, eine Gesamtlösung zu finden. Intuition, Kreativität und Vorstellungskraft verbinden sich mit dem analytischen Verstand – alles arbeitet zusammen.

Wie Sie wissen, nehmen wir ungefiltert alles auf, was um uns herum geschieht. Dass dabei viel (Gedanken-, Informations-)Schrott ist, liegt auf der Hand, dennoch wirken diese negativen Programmierungen in uns, wenn wir nichts dagegen unternehmen. Der Alpha-Zustand ist die Lösung für dieses Problem: In Alpha können wir bewusst Einfluss auf unser Unterbewusstsein nehmen. Zwar können wir Negatives nicht einfach abwerfen oder löschen, aber wir können es überspielen – wie eine unerwünschte Melodie auf einer Musikkassette. Ob wir positive geistige Nahrung aufnehmen oder Junkfood – das ist allein unsere Entscheidung. Mit Alpha haben wir die Möglichkeit, die richtigen Impulse zu setzen, um unserem Leben die gewünschte Richtung zu geben.

Wie kommt man in diesen wundervollen Zustand? – werde ich bei meinen Seminaren immer gefragt. Das ist einfacher als Sie vielleicht denken. Schon wenn Sie Ihre Lieblingsmusik hören, entspannen Sie sich – schnell sind Sie dann in Alpha. Gerade vielbeschäftigte Menschen gehen sehr gern in Konzerte. Sie tun dies nicht nur, weil sie Musikliebhaber sind – wie sie behaupten. Dies ist nur das verstandesmäßige Argument. Unbewusst zieht es sie in die Konzerte, weil sie dort in die angenehme Alpha-Entspannung fallen. Ein Zustand, in dem die Gedanken leicht werden und einfach dahin ziehen. Alles Drängende, Bohrende wird vergessen, Belastung fällt ab – der Geist wird frei, die Seele leicht und die Muskeln entspannen sich. Deshalb sehen Sie nach einem Konzert in entspannte und glückliche Gesichter. Alpha hat das möglich gemacht.

Nun können Sie aber auch ganz bewusst in Alpha gehen – und das sollten Sie auch tun, und zwar so oft wie möglich. Ob Sie über Meditation, autogenes Training, Atemübung, Autosuggestion mit oder ohne Kassetten in die Tiefenentspannung gelangen wollen, bleibt Ihnen überlassen. Wege gibt es viele, aber gehen können Sie nur einen. Wählen Sie also die Methode, die Ihnen am besten gefällt und die Sie am einfachsten durchführen können. Aber egal, wofür Sie sich entscheiden – auf die Kontinuität kommt es an. Einmal am Tag sollten Sie sich ganz bewusst Zeit nehmen für einen Abstecher in Alpha. Sie kommen frisch und gestärkt zurück ins Tagesgeschehen und die Arbeit geht Ihnen dann viel leichter von der Hand. Training heißt es – und nochmals Training. Aber ich versichere Ihnen, wenn Sie es zum Meister gebracht haben, dann brauchen Sie nur noch ganz wenig Zeit, sich in Alpha zu versetzen. Ein Wort – und schon sind Sie heraus aus Beta und in Alpha.

Zwei Probleme auf einmal – nämlich Entspannung und positive Programmierung – können Sie mit besprochenen Kassetten lösen. Dabei ist wichtig, dass Ihnen die Stimme des Sprechers auch wirklich sympathisch ist, denn sonst machen Sie sofort innerlich zu.

Zur Ruhe können Sie nur über die Atmung kommen, denn Atem ist Lebensenergie. Sind wir hektisch und nervös, haben wir wenig Energie, weil sie im wahrsten Sinn des Wortes „verpufft". Das Herz rast, wir atmen schnell und in kurzen Atemzügen. Die Ruhe ist dahin – die Kraft auch. Wir atmen generell flach, d. h. nur in die Brust hinein, nehmen dabei nur einen halben Liter Luft auf, anstatt eine richtige Bauchatmung zu praktizieren, bei der wir etwa einen Liter Luft aufnehmen können. Im Stress ist die Atmung noch flacher! Wer die sogenannte Ganzkörperatmung durchführt, kann sogar 3 bis 4 Liter Luft einatmen. Stellen Sie sich einmal diese Energie vor! Mittelmäßige Atmung ergibt mittelmäßige Resultate. Die Nerven sind gereizt, die Konzentration reduziert, das Gehirn ist nicht voll aufnahmefähig, die Leistung entsprechend schwach. Damit katapultieren wir uns selbst ins Abseits – dabei wollten wir doch Kennedy gleich die Welt bewegen. Sie sehen daran: Kleine Dinge – große Wirkung. Auf die Atmung kommt es an! Richtige Atmung gibt Energie – und die brauchen wir dringend, um unsere Aufgaben anzupacken.

Atmen Sie bewusst, zählen Sie die Atemzüge und versuchen Sie, mit sechs oder sieben Atemzügen in der Minute auszukommen. Damit schaffen Sie eine Alpha-Grundbasis, rutschen nicht mehr so schnell nach Beta.

Zählen Sie langsam und bewusst, beginnend bei 1 – solange Sie möchten.

Rezitieren Sie das Alphabet – langsam, betont und mit tiefer Stimme. Für einen meiner Freunde ist dies die beste Methode einzuschlafen.

Blicken Sie ganz konzentriert einen Gegenstand – z. B. eine Blume – an, oder schauen Sie in die Flammen des Kamins oder einer Kerze.

Sie werden spüren, wie die Hektik des Tages von Ihnen abfällt, wie Sie innerlich leicht und frei werden und Sie zu einer wundervollen Ruhe gelangen. Diesen Zustand können Sie jederzeit selbst herbeiführen. Alles, was Sie dazu benötigen, haben Sie in sich.

Ich möchte Sie hier auch mit meiner abgewandelten Methode des Autogenen Trainings (AT) bekannt machen: Anstatt schwere Arme und Beine zu bekommen, wie es im klassischen AT praktiziert wird, sollten wir leicht, frei und frisch werden. Deshalb habe ich folgende Formel entwickelt:

Machen Sie es sich bequem, atmen Sie tief und ruhig. Stellen Sie sich vor Sie stehen auf einer schönen Treppe. Jetzt gehen Sie Schritt für Schritt nach unten. Sie setzen bewusst einen Fuß vor den anderen, zählen dabei rückwärts von zehn bis null. Bei null sind Sie unten angekommen und gleichzeitig sind Sie in der Entspannung, in Alpha. Gehen Sie noch weiter, immer tiefer in diese angenehme Entspannung. Sie fühlen sich gut, nichts stört Sie, nichts belastet Sie. In dieser Entspannung kann der Körper kein Adrenalin produzieren, also kann weder Angst noch Nervosität sich entwickeln. Wenn Sie jetzt Ihrem Unterbewusstsein Ihre Wünsche mitteilen (Autosuggestionen), dann können Sie sicher sein, dass sie auf fruchtbaren Boden fallen. Alles ist in Ihnen – und alles steht Ihnen zur Verfügung.

Bleiben Sie in Alpha solange Sie das wünschen, laden Sie sich auf mit Energie, genießen Sie die Ruhe. Wenn Sie diesen Zustand verlassen wollen, gehen Sie langsam die Treppe nach oben, zählen Sie dabei von null bis zehn. Bei zehn sind sie oben angelangt. Recken und strecken Sie sich, schütteln Sie Arme und Beine. Sie sind topfit und voller Elan.

Für Profis:

Wenn Sie diese Übung oft praktizieren, dann können Sie auch mit der Kurzformel arbeiten:

Schalten Sie ab, machen Sie es sich bequem und sorgen Sie dafür, dass Sie nicht gestört werden. Ruhig atmen und rückwärts von zehn bis null zählen – und Sie sind in Alpha. Wollen Sie wieder zurück, dann zählen Sie von null bis zehn – und Sie sind wieder ganz im Hier und Jetzt – ruhig und voller Energie.

Es geht noch kürzer für denjenigen, der Alpha fest in sein Leben integriert hat: Zählen Sie rückwärts von zehn bis null.

Stress lass nach! (oder: Sind Sie auch bei sich?)

Vor 50 Jahren benutzten nur Physiker das Wort Stress – heute ist es in aller Munde und wird oft für jede Art der Belastung angewandt. Das ist eindeutig zu viel. Dabei ist ein gewisses Maß an Stress lebensnotwendig für den Menschen. Auf die Dosierung kommt es an.

Um sich weiterzuentwickeln, um Neues zu lernen und mit den sich schnell verändernden Lebensbedingungen mitzuhalten, braucht der Mensch auch eine psychische Belastung. Der Körper reagiert mit feuchten Händen, Kurzatmigkeit, Herzrasen auf solche Herausforderungen. Haben wir sie gemeistert, fühlen wir uns gut. Fühlen wir uns aber einer Situation nicht gewachsen, verunsichert uns das. Wenn wir uns ständig überfordert fühlen, dann kann sich das massiv auf unsere psychische und physische Gesundheit auswirken. Angst, Erschöpfung, nachlassende Konzentration, Immunschwäche oder sogar ernsthafte Krankheiten können sich entwickeln, wenn Überlastung und Überforderung zum Dauerzustand werden. Schlafstörungen, allgemeines Unwohlsein, aber auch chronische Schmerzen, Angst und Depressionen sind auf Stress zurückzuführen. Die Weltgesundheitsorganisation (WHO) hat Stress zu einer der größten gesundheitlichen Gefahren des 21. Jahrhunderts erklärt. 70 bis 90 % aller Arztbesuche in den USA sollen auf Stress zurückzuführen sein! Weltweit fällt laut WHO mehr Arbeitszeit durch psychische Erkrankungen aus als durch physische; in Deutschland ist Stress eine der Hauptursachen für eine vorzeitige Beendigung der Berufstätigkeit.

Abgesehen vom Verstand, der sich massiv in unser Leben einmischt, ist es also der Stress, der uns am meisten zu schaffen macht. Stress blockiert nicht nur unsere Kreativität und hindert uns manchmal daran, einen klaren Gedanken zu fassen. Stress nimmt einen immer größeren Raum in unserem Leben ein. Stress ist schuld daran, dass wir eine falsche Kalkulation erstellt , dass wir uns im Ton vergriffen haben, dass wir zu spät zum Meeting kommen. Es klingt oft so als würden nicht mehr wir über unser Leben bestimmen, sondern ausschließlich ein Phänomen namens Stress. Was ist denn Stress eigentlich und warum geben wir Stress eine so große Bedeutung, einen so großen Stellenwert in unserem Leben? In unserer Gesellschaft ist der Beruf Indikator für den sozialen Status. Wer hier versagt, ist out.

Stress entsteht, wenn wir uns zuviel aufbürden, wenn wir alles auf einmal erledigen wollen – egal, ob das nun unsere eigene Entscheidung ist oder ob wir uns von anderen unter Druck setzen lassen. Letztlich sind wir allein verantwortlich dafür, was in unserem Leben geschieht. Das gilt für selbst erzeugten Stress wie auch für Stress von außen. Stress ist auch nicht gleich Stress.

Wir benötigen Stress, nämlich den positiven Eustress, der uns antreibt. Ohne Aufregung keine Weiterentwicklung – Stress ist der Stimulator, der Körper und Geist anregt. An Ihnen liegt es, dafür zu sorgen, dass Sie genügend positive Reize und nicht zu viel negative Reize zulassen. Was uns zusetzt, das ist der Distress, die ständige Überlastung, die uns früher oder später auch körperlich krank macht. Mutet sich jemand viel zu, weil er begeistert von der Sache ist, fällt dies nicht unter Stress – solange er sich nicht überfordert fühlt. Medizinisch gesehen entsteht Stress, wenn von außen gestellte Anforderungen nicht erfüllt werden können. Ein angenehmes Betriebsklima, ein gutes Verhältnis zu Vorgesetzten und die Möglichkeit, selbständig zu arbeiten ist laut Umfragen von DAK und BGW (Berufsgenossenschaft für Gesundheitsdienst und

Wohlfahrtspflege) durchaus ein Schutz gegen Stress – selbst bei viel Arbeit. Hier sind die Chefs gefordert, dafür zu sorgen.

Können Sie sich Kennedy im Stress vorstellen? Sicher nicht. Das ist einer der Gründe für seinen Erfolg. Ruhe strahlt aus, Ruhe zieht an – Hektik macht hektisch und verbreitet eine Atmosphäre der Nervosität und Unsicherheit. Hektische Menschen versucht man zu meiden. Das oberste Gesetz lautet: Finden Sie zur Ruhe. Und die können Sie nur in sich selbst finden – nirgendwo sonst. Sie selbst entscheiden, was in Ihrem Leben eine Rolle spielen soll. Entschuldigungen oder Ausreden, wie Überlastung, Angst vor Jobverlust etc. kann ich nicht gelten lassen. Wenn Sie in sich ruhen, dann sind Sie definitiv weniger gefährdet Ihren Job zu verlieren als wenn Ihnen – überlastet – Fehler unterlaufen. Sie kommen in die Defensive, können nicht mehr agieren, sondern sind gezwungen nur noch zu reagieren. Nutzen Sie jetzt die Chance, Ihr Leben umzukrempeln, denn Sie haben ja ein großes Ziel. Stress gefährdet die Verwirklichung Ihrer Träume. Und eine ständige Betriebsamkeit führt dazu, dass wir unser eigenes Wesen vergessen. Wer nach dem schnellen Erfolg, dem schnellen Glück strebt, muss früher oder später erkennen, dass dies nicht realisierbar ist. Wir können nicht auf Dauer auf Hochtouren laufen – wir brauchen Spannung und Entspannung in einem gesunden Wechsel. Dann sind wir fit und leistungsfähig!

Es liegt an uns selbst, wie viel Stress wir zulassen und wie wir mit ihm umgehen. Je tiefer wir in uns die Überzeugung „Ich schaffe das" verankern können, desto weniger kann uns der Stress anhaben. Oft sind es ja schon die Versagensängste, die Angst, es nicht zu schaffen, die uns schon fertig machen, bevor wir überhaupt mit der Arbeit angefangen haben. Halten Sie es mit Seneca, der sagte, „wichtig ist, dass wir uns selbst richtig einschätzen, denn oft meinen wir, mehr bewältigen zu können, als wir in Wirklichkeit imstande sind."

Stress muss nicht sein. Finden Sie erst einmal zu sich. Die meisten Menschen sind ja gar nicht bei sich – sie sind überall, nur nicht da, wo sie hingehören. Schieben Sie die Schuld dafür nicht den Umständen zu, sondern beginnen Sie bei sich. Organisieren Sie Ihr Leben neu, indem Sie Wesentliches von Unwesentlichem trennen. Setzen Sie eindeutige Prioritäten und machen Sie einen realistischen Zeitplan, in den Sie auch Ruhepausen einplanen. Ich höre dabei immer wieder Argumente, wie „Ich habe keine Zeit für Entspannung". Eine solche Einstellung ist grundlegend falsch. Die Zeit, die Sie echter Entspannung widmen, holen Sie leicht doppelt wieder herein. Entspannt sind Sie zu weitaus besseren Leistungen fähig. Mit einem klaren Kopf können Sie klarer denken, ruhiger und sicherer entscheiden – und diese Entscheidungen fallen richtig aus. Investieren Sie die Zeit für die Entspannung, gehen Sie so oft wie möglich in Alpha – Sie gewinnen dabei weit mehr als nur Zeit: Sie gewinnen an Ausstrahlung!

Sind Sie ein Hektiker, verbreiten Sie überall sofort eine Atmosphäre der Unruhe, der Nervosität? Oder wirken Sie beruhigend auf Ihre Umgebung, können Sie selbst ganz bewusst sich zur Ruhe bringen?

Die meisten von uns sind so der Ruhe entwöhnt, dass Stille in ihnen Beklemmung und Angstgefühle auslöst. Immer in action, immer erreichbar sein. Was erreichen wir damit? Nervosität, gereizte Stimmung, schlechte Leistung – Herzinfarkte, Scheidung... Wir sind auf der Flucht, fliehen vor der Ruhe, fliehen vor uns selbst. Ist Ihnen aufgefallen, dass erfolgreiche Manager durch ihre Ruhe auffallen? Sie wirken wie ein Fels in der Brandung. Oder betrachten wir führende Staatsmänner: Sicherheitsleute, Reporter, Schaulustige – alle rennen gestikulierend umher – der in sich ruhende Mensch ist von der ganzen Hektik unberührt, geht sicheren Schrittes seinen Weg durch die Masse. Die Unruhe prallt an ihm ab. So haben wir auch Kennedy erlebt: Ruhig in sich ruhend, sicher und unbeirrbar hat er seinen Weg gemacht.

Ruhe ist überall notwendig. Nur in der Ruhe kann der Mensch ganz zu sich finden, denn nur in der Ruhe ist Konzentration möglich: Konzentration = die Bündelung der Energien auf einen Punkt. Schaffen Sie sich Ruhepole, planen Sie bewusst jeden Tag ein paar Minuten ein, in denen Sie die Hektik abstreifen und Ihre Batterien aufladen. Ein paar Minuten der Entspannung geben Ihnen Kraft für viele Stunden. Sie können konzentriert arbeiten – sind schneller, besser und effektiver! Werden Sie mit dem Stress fertig, bevor er Sie fertig macht!

Ihnen wächst alles über den Kopf, ein Termin jagt den anderen, das

Telefon steht nicht still und Sie sollten längst die Studie fertig haben – Stress hoch Drei. Der Adrenalinspiegel steigt von Stunde zu Stunde. Hier hilft keine Autosuggestion als Sofortlösung, hier hilft nur eines:

Mein Atem-Sofortprogramm für Notfälle!

- Atmen Sie ganz langsam aus, dann atmen Sie wieder ein –
- halten sie die Luft vier Sekunden an.
- Nun atmen Sie wieder langsam aus, dann wieder ein –
- noch mal die Luft vier Sekunden anhalten.

Dies machen Sie sechs Mal und Sie haben sich beruhigt, können sich wieder konzentrieren. Diese Übung hilft Ihnen in jeder Situation – nicht nur, wenn Sie unter Zeitdruck stehen, auch wenn Sie ein wichtiges Gespräch vor sich haben, wenn Sie unbedingt Ruhe ausstrahlen wollen oder müssen. Ein paar Minuten Atemübung und Sie haben alles im Griff.

Über die Atmung wird der Herzschlag reduziert – das kann bis zu 20 Schläge pro Minute ausmachen. Auf jeden Fall tritt eine Beruhigung des vegetativen Nervensystems ein. Dies ist übrigens keine neue Erkenntnis: Langsamerer Atem reduziert die Körperfunktionen – deshalb können Tiere im Schlaf den Winter überstehen oder Fakire sich in einen Zustand des Scheintods versetzen.

Wenn Sie sich immer wieder zur Ruhe rufen, ist das die beste Prophylaxe gegen Stress. Halten Sie den Stress im Zaum – bevor er Sie in den Griff bekommt.

Gelassenheit – das Gegenteil von Stress – geben Ihnen auch Ihre Zielvorstellungen. Wenn Sie Ihre Ziele fest in sich verankert haben, wenn Sie wirklich wissen, was Sie wollen, dann kann Ihnen äußerer Druck nicht so sehr zusetzen. Wenn Sie spüren, dass sich Hektik in Ihrem Leben breit zu machen beginnt, dann holen Sie Ihre Zukunftsvision hervor. Sie werden spüren, dass Ihr Ziel Ihnen Ruhe und Kraft vermittelt. Sie sind nicht jemand, der vom Schicksal gebeutelt und hin- und hergeworfen wird. Sie sind ein selbstbestimmter Mensch, der weiß, was er will.

Was hat Ausstrahlung mit der rechten Gehirnhälfte zu tun?

Der Verstand wird bei uns hoch gehalten. Das wäre in Ordnung, würde er nicht so überbewertet und oft als Maß aller Dinge betrachtet. Der Mensch besteht jedoch nicht allein aus Verstand. Das Gefühl hat einen weitaus größeren Einfluss auf unser Denken und Handeln als wir wahrhaben wollen. Doch Emotionen werden auch heute noch vielfach unterschätzt. Oft heißt es immer noch: Fakten, Fakten, Fakten. Das mag auch eine Weile gut gehen, aber irgendwann zeigt sich, dass den Fakten das Leben fehlt. Schauen Sie sich einflussreiche Persönlichkeiten an. Wenn Sie sie analysieren allein anhand von Fakten, also Ausbildung, Abschlüssen, Erfolgen, werden Sie feststellen, dass es eine Vielzahl von Menschen gibt, die ebenso gut, ja oft sogar erheblich besser sind als Erfolgreiche. Über Spezialwissen, enorme fachliche Fähigkeiten und gute Beziehungen verfügen viele Menschen. Was also macht den Unterschied aus zwischen den Experten und den besonders erfolgreichen Experten?

Es ist die Persönlichkeit, die Art und Weise, wie der Betreffende auf andere Menschen wirkt. Und da sind die Fakten nicht entscheidend, da spielen andere Kriterien eine Rolle.

Die beiden Gehirnhälften haben unterschiedliche Aufgaben. So sitzt in der linken Hälfte das Sprachzentrum, die soziale Einstellung sowie das Gedächtnis, die Logik. Hier wird logisch und analytisch gedacht und „Nein" gesagt. In der rechten Seite sind Intuition, Kreativität, Mehrdimensionalität, Gefühl für Farben und Rhythmen sowie das räumlich-visuelle Denken angesiedelt, hier wird „Ja" gesagt. Zugleich aber entwickeln sich in der rechten Gehirnhälfte negative Gefühle, wie Angst und Depression. Gefühlsbetonte Menschen sind rechtsaktiv, verstandesorientierte eher linksaktiv. Wenn man das weiß, kann man auch besser verstehen, dass ein total verstandesorientierter Mensch einen stark gefühlsbetonten Menschen wirklich nicht verstehen kann.

Psychologen haben übrigens anhand von Tests bewiesen, dass für das Selbstbewusstsein die rechte Gehirnhälfte eine große Rolle spielt. Sobald die Testpersonen sich selbst auf Fotos erkannten, zeigte die rechte Hälfte verstärkte Aktivitäten.

Optimal ist es, wenn beide Gehirnhälften wie in einem guten Team richtig zusammenarbeiten. Dann können Situationen total erfasst, Lösungen ganzheitlich gefunden werden. Theoretisch ist es möglich, beide Hälften voll zu nutzen. Die Anlagen dazu sind in jedem Menschen vorhanden. Es kommt nur darauf an, was er daraus macht. So wie wir unsere Muskeln trainieren, können wir auch unser Gehirn einem Training unterziehen. Es mag paradox erscheinen, aber wer sich körperlich viel bewegt, bewegt auch viel in seinem Oberstübchen. Machen Sie Gehirnjogging, lassen Sie die kleinen grauen Zellen nicht einrosten – je mehr Sie sie auf Trab bringen, desto flotter arbeiten sie.

Warum haben unsere Kinder bei Pisa so schlecht abgeschnitten? Weil nach wie vor bei uns überwiegend die linke Gehirnhälfte in der Schule benutzt wird. Deshalb fällt es den Kleinen so schwer, ein wirkliches Verständnis zu entwickeln. Sie lernen nur logisches Denken, nicht etwa kreativ eigene Gedanken oder Verbindungen zu entwickeln. Intuitives Fühlen und Handeln wird in unseren Schulen nicht gefördert, ja manchmal sogar negiert. Damit wird bereits in der Kindheit eine Linksorientierung vorgegeben und auf der Strecke bleibt die Entwicklung der Persönlichkeit. Nur ein Teil unseres Wesens wird gefördert und weiter entwickelt; die emotionale Intelligenz bleibt unterentwickelt. Sehr zu unserem Nachteil, denn damit entgehen uns viele Erfahrungen, die uns wachsen und reifen lassen, die uns zu dem machen, was wir von der Anlage der Schöpfung her sind: vollkommene Menschen.

Das können wir nur werden, wenn wir all unsere Anlagen pflegen, all unsere Fähigkeiten nutzen und verstärken. Dann verändert sich unsere Persönlichkeit, unsere Ausstrahlung und unsere Perspektive: Anstatt nur einen Einzelaspekt zu sehen, erkennen wir das Ganze, denken ganzheitlich und überwinden unsere Grenzen. Und dann erst können wir unserer Bestimmung entsprechend unser Leben gestalten, können die wahren Werte entdecken und unserem Leben einen Sinn geben.

Alles ist in uns – und noch viel mehr als wir uns vorstellen. Es ist nämlich erwiesen, dass wir nur etwa 10% unserer geistigen Kapazität überhaupt nutzen. Stellen Sie sich das einmal vor! Sie haben noch 90% an geistigen Fähigkeiten, die bis jetzt brach liegen, ja die Sie vielleicht noch nicht einmal kennen. Noch haben Sie die Möglichkeit, das zu ändern. Sie brauchen nur Ihr Gehirn einzuschalten – und Ihr Leben wird sich total verändern. Die Menschen, die wir bewundern, die uns bezaubern mit ihrer Ausstrahlung, die etwas in der Welt bewirkt haben – diese Menschen haben von der Grundausstattung nicht mehr und nicht weniger als wir. Warum also machen Sie nichts aus sich? Eine Vielzahl von Aufgaben warten in der ganzen Welt auf Menschen, die etwas bewegen wollen: Menschen wie du und ich.

Kommen Sie zu sich, finden Sie zur Ruhe, gehen Sie in Alpha. Dann werden Sie durchlässig und innerlich frei. Linke und rechte Gehirnhälfte können harmonisch zusammenwirken – das Resultat sehen wir in außergewöhnlicher Leistungsfähigkeit. Durch mentales Training können Sie Körper, Geist und Seele in Einklang miteinander bringen.

Warum haben manche Chefs überhaupt keine Probleme, warum liest man ihnen förmlich die Wünsche von den Augen ab und warum gibt es andere, die können tun und lassen, was sie wollen – es klappt einfach nichts? Die erfolgreichen Vorgesetzten schalten beide Gehirnhälften ein – nicht nur bei sich, sondern auch bei ihren Mitarbeitern. Sie aktivieren die rechte Gehirnhälfte, die wir sonst im Job außen vor lassen. Sind beide Seiten eingeschaltet, können zündende Ideen, können kreative Gedanken entstehen. Arbeiten beide Gehirnhälften zusammen, schöpft der Mensch aus seinem riesigen Wissens- und Erfahrungsschatz und kann echte Lösungen entwickeln. Menschenführung ist gar nicht so schwer für denjenigen, der weiß, wie einfach der Mensch funktioniert. Der kluge Chef nutzt das „Senden" von positiven Botschaften bei sich selbst und seinen Leuten. So kommt er an (im wahrsten Sinn des Wortes) – alles andere läuft dann fast wie von selbst.

Schalten Sie beide Seiten ein und Sie werden wahre Wunder erleben!

Mentales Training

MT oder das Training des Geistes ist durch den Sport bekannt geworden. Eingeführt habe ich diese Methode in den Sport, als ich vor 25 Jahren Baldur Preimelt in dieser Technik fit und erfolgreich machte. Auch Karl Schnabel und Tonie Innauer haben bei mir das MT erlernt – sehr erfolgreich, denn sie haben Gold bzw. Silber gewonnen. Heute gibt es keinen halbwegs erfolgreichen Sportler, der nicht diese Methode praktiziert. Längst ist MT nicht mehr auf den Sport beschränkt, sondern wird überall dort angewandt, wo Ziele verfolgt werden. Der Verkäufer sieht im Detail vor seinem geistigen Auge, wie der Kunde den Riesenvertrag unterzeichnet, der Bewerber stellt sich das Vorstellungsgespräch in allen Details vor, der junge Mann versetzt sich in sein Date, sieht, wie die Angebetete in seinen Armen schwach wird.

Diese bildhafte Vorstellung von einem Ziel aktiviert alles im Unterbewusstsein, was man benötigt, um diesen Wunsch zu realisieren. Sie erinnern sich: Die einzige Aufgabe des Unterbewusstseins ist es, alles zu tun, was Sie ihm sagen. Es wird Sie zur rechten Zeit an den rechten Ort führen, Ihnen die richtigen Worte eingeben. Je besser Ihr Kontakt zum Unterbewusstsein ist, desto erfolgreicher kann es für Sie tätig werden. Wenn Seele und Körper in Einklang sind, das sind Momente, die wir kaum vergessen in unserem Leben. Dann können wir die besten Leistungen bringen, dann sind wir in der Lage, Grenzen zu überwinden und Großes zu vollbringen.

Leider sieht der Alltag meist anders aus: Bewusstsein und Unterbewusstsein sind nicht in Harmonie. Die Diskrepanz wirkt sich aus: Wir können uns nur schlecht konzentrieren, sind unsicher, haben vielleicht sogar Angst. Das führt zu Fehlern und Misserfolgen. Doch wir könnten ganz anders, würden wir unser Leistungspotential besser nutzen. Dazu müssten wir uns auf uns selbst konzentrieren, müssten Zugang zu unserem Unterbewusstsein haben. Wenn uns das gelingt, können wir Spitzenleistungen bringen, weil Begabung, Talent und Umfeld harmonisch zusammenwirken. Bei Sportlern ist das eine Vereinigung von Konditions- und Mentaltraining, damit kann das Selbstbewusstsein und die Lernfähigkeit beziehungsweise die Konzentrationsfähigkeit gesteigert werden. Geistige Bilder setzen sich automatisch in Bewegungen um. So übt der Sportler das Rennen erst einmal in seinem Kopfkino – stellt sich die Abfahrt immer wieder vor, spürt jede kleine Erhebung, federt in den Knien nach... Schon vor dem eigentlichen Rennen, hat der Sportler alle nur möglichen psychischen Belastungen erlebt, weiß somit intuitiv, wie er reagieren muss. Er kann sich auf seine Reflexe verlassen und braucht nur noch einen Gedanken zu haben: Ich will siegen. Ich kann, was ich will.

Alles ist in uns – Erfolg wie Misserfolg, Liebe wie Hass, Verkrampfung wie Durchlässigkeit. Nun ist der Mensch das beeinflussbarste Wesen der Welt – kein anderes Lebewesen kann so viel lernen wie wir. So können wir lernen, unsere Fähigkeiten zu nutzen. Wir können auch lernen, das Potential in unseren Mitarbeitern zu aktivieren. Gute Chefs praktizieren dies.

MT ist eine optimale Methode, Erfahrungsschutt und Ballast (Fremdprogrammierungen, negative Programmierungen) abzulegen, indem Sie alte Programme einfach überspielen. Schaffen Sie sich positive Bilder, die Sie immer wieder abrufen. Sie werden bemerken, wie sich Ihre Denkstruktur und damit Ihr Verhalten verändert. MT können Sie lernen – am besten in meinen Seminaren. Ansonsten anhand meiner Bücher und Kassetten. Ich gehe nach folgenden Stufen vor:

- Gewöhnen an Ruhe
- Wachsen lassen der Ruhe und Steigerung der Konzentrationsfähigkeit
- Abbau von Verkrampfungen, Hemmungen und Ängsten
- Verstärkung der Belastbarkeit, Aktivierung des Glaubens an den Erfolg

Mit meinen Übungen stärken Sie Ihre innere Kraft. So können Sie besser mit Niederlagen und Misserfolgen fertig werden und an ihnen wachsen. Entspannungs- und Atemübungen in Verbindung mit Autosuggestionen reduzieren Stress, vertiefen Ruhe und führen zu Harmonie und Sicherheit.

Das MT ist ein hervorragende Methode, um Ihr Unterbewusstsein auf Ihre Ziele zu programmieren. Probieren Sie es doch einfach einmal aus!

4. Kein Erfolg ohne delegieren

„Ein Manager, der sagt, er habe seit Jahren keinen Urlaub
nehmen können, war früher ein Idol, heute schon ist er ein Idiot."

Ernst Dichter

So ändern sich die Zeiten. Wer nie Zeit hat, alles selbst macht, hektisch
von einem Termin zum anderen eilt – der ist nicht etwa ein Superma-
nager, sondern schlichtweg ein Chaot. Eine Führungspersönlichkeit
zeichnet sich nicht durch Überstunden aus, sondern durch gute Führung. Dafür muss der Kopf frei sein, darf nicht mit Kleinigkeiten und
Routineangelegenheiten belastet sein.

Wer seit Jahren ständig überlastet ist, wird es wohl auch für den Rest
seiner Arbeitszeit bleiben. Es sei denn, er ändert seinen Arbeitsstil kom-
plett. Mit Überlastung wird nicht etwa bewiesen, dass man besonders gut
ist, sondern oft wird damit nur versucht, Defizite und Mängel zu kaschieren oder aber eine Profilneurose auszuleben. Manch einer glaubt
auch, nur er könne die Arbeit optimal erledigen und bricht dann lieber
zusammen als Aufgaben abzugeben. Ohne zu delegieren kann man nicht
führen. Wie sieht das bei Ihnen aus? Sind Sie wie der Hamster im Tretrad,
mühen Sie sich von früh bis spät ab und kommen nicht von der Stelle?
Oder haben Sie genügend Zeit, sich mit den wirklich wichtigen Aufgaben
zu befassen? Diese Frage bezieht sich nicht nur auf den Job, sondern auch
auf Ihr Privatleben. Können Sie Unwichtiges loslassen, können Sie Aufgaben so delegieren, dass jeder mit den Arbeiten beauftragt wird, die er
am besten erledigen kann? Können Sie überhaupt Wesentliches von Unwesentlichem unterscheiden, Wichtiges von Dringendem trennen?

Es geht nicht allein darum, Aufgaben zu delegieren – auch die Verantwortung muss delegiert werden. Wie sollte sich jemand für eine Sache engagieren, wenn ein anderer die Verantwortung dafür trägt? Und umgekehrt: Wie sollen Sie frei für neue Ideen sein, wenn Sie von der Verantwortung erdrückt werden. Dass so mancher Manager ungern Verantwortung abgibt, ist kein Geheimnis. Unterschwellig mag da wohl der Gedanke eine Rolle spielen, dass bei einem positiven Ergebnis ihm der Erfolg zugeschrieben wird. Dies erweist sich allerdings meist als ein Irrtum. Insider wissen genau, wer die Arbeit gemacht hat. Entscheidend ist doch, dass der Manager die richtige Entscheidung getroffen hat, indem er den fähigsten Mitarbeiter ausgewählt hat. Leben und leben lassen – dann ist für jeden Raum, sich zu profilieren. Der Mitarbeiter ist motiviert und wird weiterhin Bestes leisten; der Boss ist zufrieden, hat er doch den richtigen Mann ausgewählt und damit wird seine Fähigkeit unter Beweis gestellt. Es gibt viele Vorgesetzte, die große Probleme mit erfolgreichen Mitarbeitern haben. Unsicherheit, mangelndes Selbstbewusstsein sind nur einige der Ursachen. Der selbstbewusste Chef hat nicht das geringste Problem mit erfolgreichen Mitarbeitern. Er ist stolz auf seine Mannschaft und er weiß, dass ihre Leistung auch ihm zugeschrieben wird – denn nur motivierte Mitarbeiter, die mit ihnen gemäßen Aufgaben betraut sind, können Spitzenleistungen bringen. Erfolg hat viele Gesichter und für jeden gibt es einen Platz, an dem er äußerst erfolgreich sein kann – damit wird der Erfolg der anderen keineswegs geschmälert. Ein kluger Chef macht sich das zu Nutze und delegiert auch die Verantwortung.

Es gibt auch noch einen Grund, Verantwortung zu übertragen. Wer nämlich nicht loslassen kann, wird wohl kaum zu der inneren Freiheit gelangen können, in der Visionen entstehen. Und wer sollte Ziele vorgeben, wenn nicht Sie? An diesem Punkt scheitern viele talentierte Menschen – sie halten alles fest und können sich nicht ihrer eigentlichen Lebensaufgabe widmen. Darunter leiden auch die Mitarbeiter, die nicht entsprechend gefordert und herausgefordert werden. Wer sich aus der Masse der Mittelmäßigkeit lösen möchte, wer nach oben will, wer Träume hat, der kommt nicht umhin, Verantwortung zu delegieren.

Delegieren ist nicht gleich delegieren:

Es bedeutet nicht, wahllos Aufgaben abzugeben, Delegieren ist ein wesentliches Führungsinstrument. Wenn Sie die richtigen Mitarbeiter mit den Aufgaben betrauen, die sie am besten erledigen können, haben Sie viel gewonnen.

Als erstes stellt sich die Frage, welche Aufgaben Sie delegieren können. Auf jeden Fall können Sie reine Routinearbeiten andere erledigen lassen. Sie kosten nur Zeit und bringen Ihnen gar nichts. Lassen Sie die anderen recherchieren, geben Sie Teilaufgaben ab. Sie behalten die wichtigen Aufgaben, firmenpolitische oder vertrauliche Arbeiten, Personalfragen, Zielvorgaben und Aufgaben, die Ihnen von Ihrem Vorgesetzten übergeben wurden. Auch Arbeiten, mit denen Sie sich profilieren können, sollten in Ihren Händen bleiben.

An wen sollen Sie was weitergeben? Hier zeigt sich der wahre Könner! Wenn Sie Ihre Mitarbeiter gut kennen, dürfte es Ihnen nicht schwer fallen, jedem die Aufgabe zu übertragen, die er am besten erledigen kann. Fordern Sie Ihre Mitarbeiter, geben Sie ihnen den Freiraum, den sie zur Entfaltung ihrer Fähigkeiten brauchen. Wenn Sie die richtige Wahl treffen, werden alle begeistert sein. Sie erhalten nicht nur gute Leistung, sondern Sie motivieren Ihre Mannschaft. Richtiges Delegieren erfordert Fingerspitzengefühl, aber das Resultat kann sich dann auch sehen lassen. Und Sie können sich auch sehen lassen.

Mit der Verteilung der Aufgaben ist es nicht getan. Sie müssen exakte Vorgaben machen, den Auftrag so vermitteln, dass keine Missverständnisse möglich sind. Das heißt, Kompetenzen erteilen, Zugang zu den Informationen möglich machen, Ziele und Termine festlegen.

Halten Sie weiterhin die Zügel in der Hand, erkundigen Sie sich nach dem Stand der Dinge und behalten Sie die Kontrolle – über die Termine, den Fortschritt, den Informationsfluss und die Arbeitsweise des Mitarbeiters.

Überprüfen Sie nun Ihren Tagesablauf – machen Sie eine Analyse:
- Wie viel Zeit bleibt Ihnen für Ihre eigentliche Aufgabe?
- Notieren Sie zwei Wochen lang alle Aktivitäten sowie die Zeit, die Sie dafür aufwenden.

- Was können Sie abgeben, was können Sie anders organisieren?
- Wem können welche Aufgaben übergeben werden?
- Welche Ziel- und Terminvorgaben stellen Sie?

Einzelkämpfer sind out

Die Hierarchien sind flacher geworden, Einzelgänger haben heute keine Chance mehr. Glauben Sie, Kennedy wäre jemals so bekannt geworden, hätte er nicht ein Superteam gehabt – Profis, die seine Reden schrieben, die seinen Wahlkampf organisierten, die Kontakte zur Presse pflegten – um nur einige zu nennen. Ohne ein starkes Team kommt heute keiner voran, kann niemand etwas bewegen. Michael Schumacher ohne sein eingespieltes Team – nicht vorstellbar. Was im Sport gilt, zählt auch im Job. Wer alles selbst machen will, bleibt auf der Strecke. Mit den richtigen Menschen am richtigen Ort kann eine Idee, eine Vision zur Realität werden. Haben Sie ein gutes Team, das hinter Ihnen steht?

Wie gehen Sie mit Ihrer Mannschaft um? Gelingt es Ihnen, die unterschiedlichen Charaktere Ihrer Mitarbeiter so miteinander in Einklang zu bringen, dass eine gesunde Spannung entsteht, in der positives Konkurrenzdenken kreative Lösungen möglich macht. Finden Sie den richtigen Ton, geben Sie positive Impulse, motivieren Sie?

Wo Menschen zusammen sind, entstehen natürlich auch Meinungsverschiedenheiten. Eine konstruktive Zusammenarbeit ist in der Praxis nicht immer ganz einfach, denn die Kollegen oder Chefs kann sich kaum jemand selbst aussuchen. Konflikte sind vorprogrammiert, wo unterschiedliche Charaktere aufeinandertreffen und gezwungen sind, miteinander auszukommen. Streit und ständige Auseinandersetzungen sind Ausdruck dieser Situation. Das führt zu Stress, verminderter Motivation und Kreativität, führt zu einem schlechten Arbeitsklima und reduzierten Leistungen. Andererseits können sich in einem allzu harmonischen Miteinander innovative Ideen nicht entwickeln. Konflikte sind durchaus notwendig für den Fortschritt, wenn man entsprechend mit ihnen umgeht. Grundsätzlich sollten Sie davon ausgehen, dass Sie Menschen nicht ändern können. Werden Sie ein Meister in der Kommunikation, beeinflussen Sie sie in der richtigen Art und Weise (s. posthypnotischer Befehl S. 126) und sie ändern sich von selbst. Nun kann jeder Mensch für den anderen zu einer Provokation werden, jeder von uns hat einen sogenannten Anti-Typ, auf den er allergisch reagiert. Dennoch müssen wir alle miteinander auskommen. Wie soll das funktionieren?

- Versetzen Sie sich in die Lage Ihres Kollegen.
- Wie nehmen Sie ihn wahr, wie nehmen ihn andere wahr und wie will er wahrgenommen werden?
- Fragen Sie sich, was will er wirklich sagen und was ist Ihre Interpretation seiner Aussage?
- Greifen Sie möglichst nicht an, denn Angriff erzeugt Widerstand.
- Formulieren Sie Ich-Botschaften.
- Wie werden Sie wahrgenommen? Prüfen Sie, ob Ihr Bild von sich mit dem übereinstimmt, das andere von Ihnen haben. Fragen Sie Kollegen, mit denen Sie sich gut verstehen.
- Analysieren Sie die Situation: Sind Sie vielleicht Ursache des Problems?
- Analysieren Sie, warum Sie manche Kollegen nicht mögen. Verändern Sie Ihr Verhalten, dann ändert sich auch der andere.
- Pflegen Sie Ihre Kontakte im Team. Das stärkt Ihre Position.

Apropos Kontakte: Und wie steht es mit Ihren Kontakten? Haben Sie sich ein Netzwerk aufgebaut? Früher waren es die exklusiven Herrenclubs, zu denen nur die Creme de la Creme Zutritt hatte und in denen die wirklich wichtigen Entscheidungen getroffen wurden. Heute funktioniert das nicht viel anders, nur dass es viel mehr Möglichkeiten gibt, seine Kontakte zu pflegen und sich gegenseitig zu unterstützen. Wie oft geben gerade die persönlichen Beziehungen den Ausschlag. Profilieren Sie sich in Interessenverbänden, Berufsverbänden, Clubs und Vereinen. Machen Sie sich einen Namen, pflegen Sie die Kontakte. Geben und Nehmen ist die Devise. Hier ist soziale Kompetenz gefragt: Die Fähigkeit richtig mit anderen Menschen umzugehen, auf Ihre Wünsche und Bedürfnisse einzugehen. Jeder Mensch ist empfänglich für

Aufmerksamkeit. Stellen Sie den anderen in den Mittelpunkt und Sie gewinnen einen Freund. Hören Sie gut zu, seien Sie zuvorkommend und hilfsbereit. Was Sie geben, kommt zurück – nicht immer sofort. Langfristig zahlt es sich immer aus, für andere etwas zu tun.

Das ist vielleicht auch einmal der richtige Augenblick, sich selbst die Frage zu stellen „Bin ich denn überhaupt ein guter Freund?" Aristoteles meinte, wir sollten uns selbst in eine Form bringen, die es uns erlaubt, Freundschaften einzugehen. Dazu gehören Respekt, gegenseitiges Wohlwollen und Zuverlässigkeit. Denn wie alles im Leben basiert Freundschaft auf dem Prinzip von Geben und Nehmen. Ebenso wie Teamarbeit.

Die persönliche Beziehung, die emotionale Ebene ist oft viel wichtiger als die Fakten. Wir sehen das in der Politik. Gute persönliche Beziehungen zwischen Staatsmännern bewirken oft mehr als langjährige Verhandlungen. Betrachten Sie unter diesem Aspekt die Freundschaft Putin – Schröder mit ihren Auswirkungen auf die Beziehung der beiden Länder.

Kontaktfähigkeit ist das Zauberwort nicht nur für die Netzwerke. Sind Sie überhaupt kontaktfreudig? Lernen Sie leicht Menschen kennen? Können Sie auf andere zugehen? Haben Sie ein gutes Personen- und Namensgedächtnis? Sind Sie ein Profi im Smalltalk? Bleiben Sie in Erinnerung? Machen Sie doch mal einen kurzen Check:

- In wie viel Verbänden etc. sind Sie?
- Wie viele Menschen haben Sie im letzten Monat kennen gelernt?
- Wie oft ist die Initiative, einen flüchtigen Kontakt zu intensivieren von Ihnen ausgegangen?
- Warten Sie eher, bis man Sie anspricht oder machen Sie häufiger den ersten Schritt?
- Fällt Ihnen das schwer oder haben Sie meist einen Gesprächseinstieg parat?
- Sind Kontakte für Sie überhaupt wichtig?
- Halten Sie sich für kontaktfreudig?
- Haben Ihre persönlichen Beziehungen Ihnen auch schon geschäftlich genützt?

Sich selbst organisieren will gelernt sein

Schieben Sie auch gern Aufgaben auf? Dann befinden Sie sich in bester Gesellschaft. Das tun nämlich etwa 25% der Erwachsenen und bei Studenten sogar 70%. Es beginnt als kleines Laster und endet in der Katastrophe, im Bankrott, bei der Kündigung. Auch wer von sich behauptet: „Ich kann nur unter Druck gut arbeiten" – liegt falsch. Er bringt nämlich schlechtere Leistungen als derjenige, der einen disziplinierten Arbeitsstil hat. Die Ursachen für Daueraufschieben sind vielfältig: Unlust, aber auch Unsicherheit, ja sogar Angst vor Versagen oder vor Erfolg (und der daraus resultierenden größeren Verantwortung), um nur einige zu nennen. Erstaunlicherweise empfinden sich „Aufschieber" als fleißig, sehen sich als Workaholics. Betrachtet man die Situation genauer, sieht man, dass solche Menschen zwar viele Dinge anfangen, aber kaum jemals beenden. Sie verlieren den Überblick, die Entwicklung entgleitet ihnen. Der Misserfolg drückt auf das Selbstwertgefühl.

„Alle Macht des Menschen besteht aus einer Mischung von Zeit und Geduld" - so Honoré de Balzac. Wer es zu etwas bringen will, kommt an der Selbstdisziplin nicht vorbei. Manch einer scheitert an sich selbst. Vielleicht kann er Aufgaben abgeben, ist aber nicht in der Lage, sich selbst zu organisieren. Das fängt damit an, dass er im Informationsmüll erstickt, dass er selbst zum krankhaften Sammler wird, der nicht mehr zwischen wichtig und unwichtig unterscheiden kann. Sogenannte „Messies" lassen sich zumüllen, können sich gar nicht mehr wehren. Sagen Sie Stop, wenn Sie solche Tendenzen bei sich selbst feststellen. Machen Sie eine Radikalkur. Räumen Sie auf – das fängt im Kopf an!

Notieren Sie Ihr Ziel (s. S. 63 f.) und was Sie dafür benötigen.

Alles andere können Sie getrost entsorgen.

Was Sie nun noch an Aufgaben und Arbeiten übrig behalten haben, sollten Sie einer sorgfältigen Prüfung unterziehen – am besten schriftlich:

- Unterscheiden Sie in wichtig und unwichtig.

> *Listen Sie Ihre gesamten Aufgaben auf, versehen Sie die extrem wichtigen mit dem Buchstaben A, wichtiges mit B etc. Dann versehen Sie die Aufga-*

ben entsprechend der Dringlichkeit mit Zahlen, beginnend bei 1 für das Eiligste usw. Anhand dieser einfachen Auflistung dürfte es Ihnen nicht mehr schwer fallen, Ihre Arbeit sinnvoll zu erledigen. Die meisten Menschen lassen sich nämlich ganz einfach von den eiligen, aber unwichtigen Angelegenheiten leiten und kommen damit in Teufels Küche. Das Wichtige bleibt liegen. Auf diese Weise sind schon hoffnungsvolle Karrieren im selbst geschaffenen Chaos untergegangen.

- Setzen Sie Prioritäten, an die Sie sich halten.

  Lassen Sie sich nicht durch Unvorhergesehenes aus Ihrem Plan bringen. Ein Meeting wird kurzfristig angesetzt, ein wichtiger Kunde will die Lieferung zwei Wochen vor Termin. Die Nerven liegen blank.... Hier heißt es Ruhe bewahren. Tauchen Sie ab in Alpha, tun Sie, was möglich ist. Nur tun Sie nicht eines und werfen Sie deshalb Ihre gesamte Planung über den Haufen. Ab und zu einmal Überstunden – das gehört zum ganz normalen alltäglichen Wahnsinn, mit dem wir immer wieder konfrontiert sind. Wichtig ist, dass Sie dennoch sich an Ihre Planung halten, denn sonst bricht Ihr gesamtes System zusammen und es heißt: „Der Spieler geht zurück zum Ausgangspunkt."

- Schaffen Sie Ordnung auf Ihrem Schreibtisch, in Ihren Schränken und Akten.

  Sie sparen sich viel Zeit und Nerven, wenn Sie gleich alles an seinen richtigen Platz geben. Hören Sie auf, Notizen auf jeden Zettel zu schreiben, der Ihnen gerade in die Hände fällt, schreiben Sie jeden Termin sofort in einen einzigen Terminpla-

ner. So vermeiden Sie, dass die wichtige Informa-
tion in dem Jackett steckt, das gerade zu Hause
hängt oder Sie einen Termin doppelt verplanen.
Auch wenn der Satz: „Wo ich bin, ist das Chaos,
aber ich kann nicht überall sein" lustig klingt, die
Auswirkungen der eigenverursachten Katastrophe
können allerdings Kopf und Kragen kosten.

• Machen Sie eine realistische Planung.

Sie können nicht mehr erledigen, wenn Sie Ihre
Termine zu knapp planen und keine Pufferzeiten
für Unvorhergesehenes vorsehen. Damit program-
mieren Sie nur Frust, Stress und Ärger vor.

• Delegieren Sie so viel Sie können.

Prüfen Sie sich einmal, warum Sie so wenig Arbeit
abgeben. Haben Sie vielleicht Angst, der andere
könnte die Aufgabe besser erledigen als Sie? Oder
glauben Sie, Sie könnten alles besser?

• Lassen Sie sich nicht verplanen, sondern planen Sie selbst.

Lernen Sie Nein zu sagen, wo es angebracht ist. Je
mehr Sie sich nämlich aufbürden lassen, desto
mehr Arbeit bekommen Sie. Der Kollege, der klare
Grenzen setzt, mit überzeugenden Argumenten
seine Grenzen absteckt, steht besser da als Sie.

• Schaffen Sie Ruhepole (Alpha-Zeiten einplanen!).

Machen Sie es sich zur Gewohnheit, jeden Tag ein
paar Mal in Alpha abzutauchen. Vielleicht kön-
nen Sie sogar bestimmte Zeiten dafür einplanen,
z. B. vor der täglichen Postbesprechung mit dem
Vorstand, vor der Mittagspause und abends vor
dem Einschlafen.

- Setzen Sie klare Signale

  Lassen Sie sich nicht in lange Plaudereien mit Kollegen verwickeln, wenn Sie viel zu tun haben. Alles zu seiner Zeit.

- Überlisten Sie sich selbst

  Setzen Sie sich persönliche Termine, ein paar Tage vor der Deadline.

- Sorgen Sie für störungsfreies Arbeiten.

  Gewöhnen Sie sich daran, einen bestimmten Zeitraum pro Tag ungestört zu arbeiten. Schalten Sie das Telefon um und schließen Sie die Bürotür.

- Planen Sie realistisch am Abend bereits den nächsten Tag.

  Nehmen Sie sich jeden Abend eine halbe Stunde Zeit, sich einen Überblick über die zu erledigenden Aufgaben zu verschaffen und machen Sie für den nächsten Tag einen Plan. So behalten Sie alles unter Kontrolle – das schont die Nerven.

  Halten Sie sich daran. Wenn es nicht funktioniert, liegt das allein an Ihnen.

- Wählen Sie Ihre Mitarbeiter entsprechend Ihrem Arbeitsstil aus.

- Planen Sie entsprechend Ihrem eigenen Arbeitstempo.

  Berücksichtigen Sie dabei, ob Sie eher in der Früh oder am Nachmittag geistig in Hochform sind. Prüfen Sie auch immer wieder, ob Sie noch auf Ihrem Weg zum Ziel sind.

5. Das eigene Profil entwickeln

Der Fingerabdruck eines Menschen ist einzigartig. Ein faszinierender Gedanke. Aber noch beeindruckender ist es, wenn man bedenkt, dass sich die Einzigartigkeit des Menschen nicht nur auf eine solche Äußerlichkeit beschränkt. Sein Lebensinhalt, die Qualität seiner Erlebnisse, seiner Aktionen und Reaktionen machen seine Persönlichkeit, seine Eigenart aus. In jedem von uns ist eine unendliche Anzahl von Fähigkeiten angelegt, jeder hat eine Vielzahl von Erfahrung und jeder macht etwas anderes daraus. So bleibt auch die Persönlichkeit, das Wesen eines Menschen einmalig – entsprechend seiner Entscheidung, was er aus seiner Veranlagung macht, wie er seine Erfahrungen nutzt. Viele Menschen sind sich gar nicht bewusst, welchen Einfluss sie auf sich und ihr Leben nehmen können. Sie lassen einfach alles geschehen, lassen sich treiben, sind unzufrieden, ohne sich über die Zusammenhänge im Klaren zu sein. Andere arbeiten mit verbissenem Ehrgeiz, wundern sich, dass sie zwar Herzinfarkte und Magengeschwüre bekommen, jedoch nicht den erhofften Erfolg. So manch einer glaubt immer noch an das Motto „Ohne Fleiß kein Preis", arbeitet sich zu Tode und erreicht nichts. Nicht mehr arbeiten, sondern an sich arbeiten – das bringt Sie wirklich voran. Es geht ja nicht darum, „nur" Karriere zu machen – es geht um viel mehr: Um den Sinn des Lebens. Und der liegt nicht darin, Posten und materielle Werte anzuhäufen. All das kommt von selbst, wenn Sie von inneren Werten geleitet werden, wenn Sie Ihrem Leben einen Sinn geben. Hinter allem, was Sie tun und was Sie anstreben, sollte die Frage stehen: Was verändere ich damit zum Positiven in dieser Welt? Unsere wichtigste Lebensaufgabe sollte nicht darin bestehen, so wenig wie möglich zu arbeiten und dabei genug zu verdienen, um die

Gewähr zu haben, nie viel arbeiten zu müssen. Kurze Arbeitszeiten sind nur für solche Menschen eine Wohltat, die keinen Beruf finden konnten, der sie interessiert.

Werden Sie ein Spezialist, ein Profi auf Ihrem Fachgebiet. Es gibt genügend Raum – jeder kann seine individuelle Nische finden, in der er zum anerkannten Experten wird. Dazu allerdings muss man sich profilieren, sich auf einen Bereich festlegen und der Beste in diesem Bereich werden. Ein Mann hat sich auf Schrauben spezialisiert. Er führte große, kleine, exotische Schrauben. Egal, welche Schraube Sie benötigen – bei ihm erhalten Sie das gewünschte Stück. Er ist einmalig, ein Spezialist in Schrauben. So gibt es Wissenschaftler, die alles über eine bestimmte Vogelrasse wissen. Es gibt nichts, was ein solcher Mann nicht weiß. Oder Monty Roberts aus Kalifornien, der Pferdeflüsterer. Er ist weltweit bekannt, sogar die englische Königin hat ihn für ihre Pferde kommen lassen.

Monty Roberts, der Pferdeflüsterer, mit dem Autor

Sie sehen – das Spektrum ist breit. Es gibt auch für Sie einen Platz. In welchem Bereich möchten Sie ein Spezialist werden? Möchten Sie ein Motivator werden, eine Führungspersönlichkeit oder ein Zögerer und Zauderer? Möchten Sie die Welt bewegen oder wollen Sie bewegt werden? Es liegt allein an Ihnen. Alles ist in Ihnen und alles steht zu Ihrer Verfügung.

Die Kartei des Wissens

Das Dilemma mit dem Wissen ist nur, dass wir zu wenig von zu viel wissen. Mit einem Mausklick können wir in Sekundenschnelle jede Information beschaffen. Doch was hilft uns das. Solange wir sie nicht entsprechend verarbeiten, bringen uns Fakten und Zahlen nicht weiter. Mit diesem Problem kämpfen ja schon unsere Kinder in der Schule (Pisa). Ein gesundes Maß an Allgemeinwissen setze ich voraus. Ich spreche jetzt von einem fundierten Fachwissen, das Sie benötigen, wollen Sie sich von der Masse abheben. Es geht darum, aus dem riesigen Wissenspool genau das herauszuholen, was Sie für sich – für Ihre Spezialisierung – benötigen. Die richtige Auswahl treffen, das Wissen verdichten und sich das persönliche Profil erarbeiten. Wie können Sie das am besten machen?

Ich setze durchaus auf die modernen Techniken, wie das Internet, aber ich bleibe der Kartei des Wissens treu. Sie hat gegenüber dem Internet unschätzbare Vorteile, die ich nicht missen möchte. Jeder von uns erlebt es Tag für Tag: Alles, was wir auf Papier lesen, prägt sich besser ein und ist verständlicher. Schreiben wir es auch noch mit der Hand, dann schreiben wir es gleichsam in unser Gedächtnis. Diese Erkenntnis haben nun Wissenschaftler anhand eines Tests unter Studenten bestätigt. Eine Hälfte der Studenten erhielt einen Zeitungstext in Papierform, die andere Hälfte – erfahren im Umgang mit dem Computer - musste den Text auf dem Bildschirm lesen. Die anschließende schriftliche Befragung zeigte, dass die „Computerstudenten" Probleme hatten den Text richtig zu verstehen, sie fanden ihn nicht interessant und nicht überzeugend. Eine logische Erklärung dafür gibt es nicht. Es wird vermutet, dass Papierleser gewisse Strategien entwickeln, gedruckte Texte zu lesen und den Inhalt aufzunehmen. Auf dem Computer scheint dies nicht anwendbar.

Mit der Kartei des Wissen können Sie innerhalb einiger Jahre Ihr Wissen zielgerichtet erweitern, dass Sie sich zur Nummer eins auf Ihrem Gebiet profilieren können.

Kaufen Sie sich einen Satz DIN A6 oder DIN A5 Karteikarten. Notieren Sie auf diesen Karten alle wichtigen Information zu Ihrem Sachgebiet. Wichtig finde ich, dass Sie Ihre Notizen – es genügen Stichworte –, mit der Hand schreiben. Durch das Schreiben mit der Hand prägt sich die Information viel tiefer in Ihrem Gedächtnis ein als wenn Sie die Information aus dem Internet nur ausdrucken. In der Regel reichen 30 Karteikarten als Gedankenstütze aus. Wenn Sie mit der Kartei des Wissens arbeiten, speichern Sie alle wichtigen Informationen – und zwar in einer Art und Weise, dass Sie sie jederzeit abrufen können. Das Problem ist nämlich nicht, dass wir zu wenig wissen. Wir verfügen über alles Wissen der Menschheit seit Anbeginn der Zeit. Das Problem ist, dass wir meist nicht an das Wissen herankommen, dass wir den Schlüssel zu diesem Wissensschatz verloren haben. Wie ist das zu verstehen? Unser Laptop ist nur dann funktionstüchtig, wenn wir das richtige Passwort eingegeben haben; im Computer finden wir die Datei nur dann, wenn wir sie richtig aufrufen – d. h. den Pfad und den Dateinamen kennen. Ein falscher Buchstabe und alles, was wir erarbeitet haben, bleibt für uns verschlossen. So funktioniert es auch mit unserem Wissen. Wir wissen weit mehr als wir uns zutrauen, als wir im Augenblick (bewusst) wissen. Profis unterscheiden sich von Non-Profis nicht dadurch, dass sie mehr wissen, sondern dass sie wissen, wie sie an den Wissenspool anzapfen können. Die Kartei des Wissens ist der Schlüssel zum Wissen. Nicht der schnellste Computer mit der größten Kapazität kann sie ersetzen. Das mag für Sie altmodisch klingen, ist es aber nicht. Zweiflern empfehle ich, es auszuprobieren. Ihr Computer in allen Ehren, aber er kann Ihnen nicht das geben, was diese kleine Karteikarte vermag.

Vor kurzem fiel mir die Einladung zu einem Ball, der vor 20 Jahren stattfand, in die Hände. Was glauben Sie passierte? Während ich noch auf die Karte blickte, erinnerte ich mich an diesen Abend. Ich sah meine Frau in ihrem roten Kleid vor mir, die Tischnachbarn, ich erinnerte mich an das interessante Gespräch mit einem Kollegen, wusste plötzlich wieder, dass auf der Heimfahrt starker Nebel war. Alles war schlagartig wieder in meiner Erinnerung lebendig – nur durch den Blick auf die Einladungskarte. Genau so funktioniert die Kartei des Wissens. Eine Datei im Computer öffnet Ihnen nicht Ihr inneres Potential!

Übrigens arbeitet der bekannte Talkmaster, Alfred Biolek, sogar ganz sichtbar mit dieser Methode. Ohne seine Karteikarten wäre er vermutlich verloren oder zumindest nur halb so gut.

Die Kartei des Wissens trägt dazu bei, dass sich die Informationen vernetzen. Alles wird verarbeitet und Sie können auf dieser Basis nicht nur neue Erkenntnisse gewinnen, sondern kreative Ideen entwickeln fast von selbst. Auch das kann der Computer nicht.

Gliedern Sie die Karteikarten – vielleicht nach folgenden Punkten:
- Fachinformation zu Ihrem Spezialgebiet
- Zusatzinfos, Randgebiete
- Namen der Menschen, die die Besten in diesem Bereich sind
- Namen von Menschen, die Sie kennen lernen möchten, die Ihnen weiterhelfen können
- Kommunikation I: Gute Formulierungen, Einleitungs-/Schlusssätze, Fragen etc.
- Kommunikation II: Gute oder witzige Sprüche, Anekdoten, Kurzgeschichten etc.

Wussten Sie, dass Kennedy immer einen passenden Witz parat hatte? Das richtige Wort zur richtigen Zeit finden – mit der Kartei des Wissens: No problem!

Halten Sie Ihre Kartei auf dem Laufenden. Sie brauchen nur ein Wort aufzuschreiben – den Rest macht Ihr Gedächtnis. Sie brauchen sich nicht weiter um Ihr Wissen zu kümmern; es vergrößert sich nicht nur von Tag zu Tag; Sie haben es jederzeit parat! So profilieren Sie sich, entwickeln Sie Ihr ganz persönliches Image. Sie werden erleben, dass Sie immer mehr in den Mittelpunkt der Aufmerksamkeit geraten. Sie müssen gar nichts selbst dazu tun. Die Gewissheit, dass Sie unendliches Wissen besitzen, verleiht Ihnen Selbstsicherheit. Entsprechend treten Sie auf und was in Ihnen ist, strahlen Sie aus. Sie entwickeln sich zu einer magnetischen Persönlichkeit. So wie jeder von Kennedy berichtet, dass er eine Ausstrahlung hatte, der sich niemand entziehen konnte – so werden Sie Ihre ganz persönliche Kraft entwickeln. Sie werden beachtet, werden gefragt – werden zu einer gefragten, zu einer charismatischen Persönlichkeit. Der Kennedy-Effekt beginnt zu wirken.

Das Namensgedächtnis

Einen besonderen Platz möchte ich dem Namensgedächtnis einräumen: Wie Sie wissen, ist der Name das wichtigste Wort im Leben eines Menschen. Deshalb ist ein ausgezeichnetes Namensgedächtnis das A und O guter Beziehungen. Nachlässigkeit bei der korrekten Aussprache oder Schreibweise eines Namens rächt sich bitter. Ein falscher Buchstabe oder gar ein Blackout beim Namen und Sie haben sich ins „out" manövriert. So schnell kann das gehen. Jeder Mensch identifiziert sich mit seinem Namen. Wer sich nicht mehr daran erinnern kann, dokumentiert schlichtweg Interesselosigkeit oder zeigt gar, dass der Gesprächspartner keinen Eindruck hinterlassen hat. Was gibt es schlimmeres als übersehen oder ignoriert zu werden? Manche vielversprechende Beziehung – privat oder geschäftlich – ist an einem einzigen falschen Buchstaben im Namen gescheitert.

Umgekehrt machen Sie einen guten Eindruck, wenn Sie zeigen, dass Ihnen der Name Ihres Gegenübers wichtig ist. Wird Ihnen jemand vorgestellt, dann fragen Sie ruhig noch nach, wie sich der Name schreibt oder ausspricht. Damit signalisieren Sie, dass Ihr neuer Gesprächspartner Ihnen wichtig ist. Prägen Sie sich den Namen ein. Leichter geht das, wenn Sie ihn während des Gesprächs öfters anwenden. Bei schwierigen Namen helfen sogenannte Eselsbrücken: Bei Müllerschön stellen Sie sich eine schöne Mühle vor, bei Nikolaus den Weihnachtsmann etc. Ein neuer Name einmal richtig eingeprägt und es passiert Ihnen kein Fauxpas.

6. Die Kunst der Menschenführung

Harry S. Truman sagte so treffend: „Führungsqualität – die Fähigkeit, andere dahin zu bringen, das zu tun, was sie nicht wollen, und es zu mögen."

Führungsqualität ist es auch, Menschen so zu beeinflussen, dass sie tun, was Sie wollen und glauben, es wäre ihre Idee gewesen. Das gelingt, wenn Sie Menschen dort abholen, wo sie sich befinden, wenn Sie sich in sie hineinversetzen und sie von Ihren Zielen überzeugen können.

Basierte früher Erfolg auf dem optimalen Einsatz von Maschinen und Finanzen, so ist heute der Mensch der entscheidende Erfolgsfaktor. Nur der Mensch kann Zahlen und Fakten in einen sinnvollen Zusammenhang bringen. So entstehen Informationen und Wissen. Wissen ist übrigens etwas, das sich durch ständigen Gebrauch nicht etwa abnützt, sondern sogar vermehrt. Es kommt nur darauf an, Menschen so zu motivieren, dass sie ihr Wissen preisgeben bzw. mit anderen teilen. Viele mögen argumentieren: warum soll ich andere an meinem Wissen teilhaben lassen? Warum nicht es für meinen persönlichen Erfolg in bare Münze umwandeln?

Philosophen und Ökonomen sehen im Wissen das wichtigste Produktionsmittel der Zukunft. Wissen als ein neues Schlachtfeld, auf dem Staaten, Firmen und Einzelpersonen um ihren Anteil kämpfen? Wissen ist ja nicht beschränkt auf die Köpfe der Bosse, sondern ist in jedem von uns vorhanden. Gewinnen kann nur der, der das meiste Wissen am besten verknüpfen kann.

Veränderte Rahmenbedingungen erfordern ein anderes Management. Straffe Hierarchien, Anweisung von oben nach unten, fast möchte ich sagen „Befehl und Gehorsam" ist nicht mehr zeitgemäß. Von einem Chef wird nicht mehr Führungskraft sondern Persönlichkeit gefordert, sonst geht er und sein Unternehmen baden. Mehr denn je muss ein Vorgesetzter heute die Kunst der Menschenführung beherrschen. Dazu gehört vor allem die Fähigkeit, sich weich durchzusetzen. Mit strikten Anweisungen ist da nichts zu machen. Führung zur Selbstführung beinhaltet Selbstverantwortung, Selbstorganisation, Selbstvertrauen und Selbstbewusstsein sowie die Fähigkeit, Mitarbeiter zu motivieren, sie zu inspirieren und zu begeistern. Ihnen einen Rahmen zu geben, innerhalb dessen sie sich entfalten können. Auf Basis von Gegenseitigkeit Wissen und Erfahrungen zu teilen und miteinander zu vernetzen. Hier sehen wir wieder einmal, dass der Einzelkämpfer in der heutigen Zeit gar keine Chance mehr hat. Doch je mehr Menschen zusammenarbeiten – im Sinn des Wortes – und nicht sich gegenseitig in Grabenkämpfen versuchen zu vernichten, desto wichtiger ist eine souveräne charismatische Führungspersönlichkeit.

Und hier liegt auch die Problematik. Die meisten Chefs sind ihren Aufgaben nicht gewachsen. Im Bereich der sozialen Kompetenzen sieht es besonders schlecht aus: In puncto Kommunikation, Empathie, Motivation wurden überwiegend schlechte Noten verteilt. Einsichten in der Chefetage sind zwar vorhanden, denn etwa 75 % der befragten Manager wissen wohl, dass richtige Menschenführung zu guten Leistungen bzw. schwarzen Zahlen führt. Doch das ist Theorie pur. Dies in die Praxis umzusetzen, fällt vielen Vorgesetzen schwer.

Führung aufgrund von Macht oder durch Persönlichkeit?

Viele Manager sind innerlich verunsichert und versuchen dies zu vertuschen durch besonders markige Sprüche und strikte Anweisungen. Je weniger Freiraum sie dem Mitarbeiter lassen, desto fester können sie die Zügel in der Hand behalten – glauben sie. Früher oder später sind sie dann mit den weniger guten Mitarbeitern allein. Die anderen, die etwas bewegen könnten, die kreativen Köpfe mit den innovativen Ideen, haben sich ein anderes Betätigungsfeld gesucht. Sie brauchen Freiheit, keine Grenzen, sie brauchen Motivation und eine inspirierende Atmosphäre, in der sie bereit sind, ihr Wissen mit dem der anderen Kollegen zu teilen. Weiche Führungseigenschaften sind heute einfach unumgänglich. Doch das bereitet vielen Vorgesetzten Schwierigkeiten. Angst vor Autoritätsverlust, Unsicherheit im Umgang mit Menschen und letztlich Sorge, sich von einem vermeintlich sicheren Chefsessel in einen Schleudersitz zu begeben, lässt viele wie mit Pattex fixiert an ihrem Sessel kleben. Für sie ist ein Umdenken nicht einfach, aber es bleibt ihnen keine Wahl.

Jüngere Vorgesetzte scheinen oft legerer und lockerer zu sein, aber oft täuscht ein flotter Ton nur modernes Management vor. Blickt man hinter die Kulissen, stellt man schnell fest, dass alte Strukturen nur eine moderne Fassade erhalten haben. Mitarbeiter reden dem Chef nach dem Mund, weil er mit einer kontroversen Meinung nicht umgehen kann, sie sind nicht mit Herz bei der Arbeit, denn die Seele verhungert dabei – ohne Lob und Anerkennung. Es liegt vieles im Argen in deutschen Unternehmen! Im Zeitalter der Globalisierung kann sich das keine Firma leisten.

Führungskräfte gibt es reichlich. Die meisten möchten mit wenig Einsatz schnell viel Geld verdienen. Eine Führungspersönlichkeit hat Fachwissen – doch das ist nicht das Entscheidende. Wissen kann sich jeder aus dem Internet verschaffen. Wichtig ist, dass sie ihre Erfahrungen nutzen und bereit sind, sich weiterzuentwickeln und so Ihr Wissen vom Leben zu vergrößern. Davon profitieren nicht nur sie, sondern auch die Mitarbeiter, das Unternehmen und letztendlich auch die Gesellschaft. Führungspersönlichkeiten übernehmen Verantwortung für sich und andere.

Arbeiten Sie an Ihrer Persönlichkeit, werden Sie zu einem unwiderstehlichen Chef, dem man die Wünsche von den Augen abliest. Wenn Sie wissen, was Sie wollen, wenn Sie in sich ruhen, aus Ihrer Mitte leben – dann haben Sie eine magische Ausstrahlungskraft. Jeder, der mit Ihnen zu tun hat, will Ihre Wünsche erfüllen. Ihre Mitarbeiter werden zu Hochform auflaufen, wenn Sie wissen, wie Sie deren Bedürfnisse erfüllen. Dies sind eigentlich keine neuen Erkenntnisse, doch es gibt heute dafür klare Definitionen, wie z. B. soft skills, die „Fähigkeit, sich weich durchzusetzen".

Dies setzt voraus, dass Sie die Grundbedürfnisse des Menschen kennen.

Zeichnerische Darstellung der wichtigen Antriebe im menschlichen Leben

1 = Sehnsucht nach Anerkennung und Geltung
2 = Sehnsucht nach Gesundheit und Schönheit
3 = Sehnsucht nach Sicherheit
4 = Sehnsucht nach Besitz
5 = Sehnsucht nach Gemeinschaft
6 = Sehnsucht nach Freude
7 = Sehnsucht nach Leistung
8 = Sehnsucht nach Selbstbeweis

Soziale Kompetenz, emotionale Intelligenz und soft skills

Alles was Sie geben, kommt zu Ihnen zurück. Sie brauchen nicht der Anerkennung hinterher laufen. Gehen Sie achtsam mit Ihren Mitarbeitern um, loben Sie sie, bedanken Sie sich für die Leistung – auch wenn diese bezahlt wird. Gehen Sie auf jeden individuell ein, nehmen Sie Anteil an seinem privaten Leben. Sie werden sich wundern, wie die Aufmerksamkeit, die Sie anderen schenken, zu Ihnen zurück kommt. Sie müssen nicht mehr auf sich aufmerksam machen. Sie werden ganz von selbst beachtet und geachtet! Wie viel Zeit vergeuden die meisten Menschen nur damit, Aufmerksamkeit zu erregen. Ganze Branchen leben davon. Ich denke dabei an die Yellow Press, die über Affären, Schönheitsoperationen oder ein zu viel getrunkenes Gläschen Wein von sogenannten Promis berichtet. Der ganze Lebensinhalt ist auf das Äußere konzentriert. Und was wird damit erreicht? Einmal in der Presse erwähnt zu werden – und am nächsten Tag erinnert sich niemand mehr. Auf die wahren Werte kommt es an – will man keine Eintagsfliege sein.

Einfühlungsvermögen – Empathie – ist ein weiteres Zauberwort, wenn es um weiche Führungsqualitäten geht: Ein Mensch ist keine Maschine, ist nicht jeden Tag in der gleichen Verfassung. Das richtige Wort zu finden, auch mal ein Auge zuzudrücken, wenn Sie sehen, dass der Mitarbeiter offenbar private Sorgen hat und einen Termin nicht einhält. Und dennoch vermitteln, dass dies nicht aus Schwäche, sondern aus Verständnis geschieht....

Unter emotionaler Intelligenz versteht man übrigens nicht, dass man einfach negative Gefühle ignoriert oder unterdrückt. Emotionale Intelligenz besitzt, wer mit seinen Gefühlen umgehen und sie richtig kanalisieren kann. Dazu gehört in erster Linie erst einmal die Selbstwahrnehmung. Möchten wir mehr Gehalt, sind aber im tiefsten Inneren davon überzeugt, dass wir keinen Erfolg mit unserem Ansinnen haben werden, dann sollten wir das Gespräch unterlassen. Durch Mimik und Gestik vermitteln wir dem Personalchef unsere wahre Ansicht. Ebenso gehört zur emotionalen Intelligenz aber auch die Fähigkeit, sich in andere Menschen und ihre Situation hineinzuversetzen. Meist sind wir viel zu sehr mit uns beschäftigt, so dass wir nur die Argumente unseres Gesprächspartners hören, anstatt mit allen Sinnen seine Signale wahrzunehmen und die Situation aus seiner Perspektive zu betrachten. Nicht nur diese sollten wir bewusst wahrnehmen, sondern auch die Perspektive eines neutralen Außenstehenden uns vor Augen führen, damit wir einen guten Gesamteindruck erhalten.

Welche Kriterien sind bei der weichen Führungsmethode entscheidend? Optimales kann leisten, wer seinen Fähigkeiten entsprechend eingesetzt wird. Einfühlungsvermögen, Fach- und Menschenkenntnis sind nötig, um eine richtige Entscheidung zu treffen. Eine unkonventionelle Wahl stößt bei Vorgesetzten gern auf Widerstand. Hier braucht man dann noch eine gehörige Portion Durchsetzungsvermögen – und sollte sich die Wahl als ein Flop erweisen – auch die Stärke, einen Fehler einzugestehen. Oder anders gesagt: Etwas Risikobereitschaft.

Den Sinn in seinem Tun finden – ist Antriebsmotor Nummer eins. Sie wissen das von sich selbst. Gleiches gilt für Ihre Mitarbeiter. Dabei spielt der materielle Faktor bei weitem keine so große Rolle mehr wie früher. Etwa Dreiviertel der Berufstätigen ziehen eine sinnvolle Aufgabe einem höheren Einkommen vor. Geld kann verschwinden – der Sinn bleibt und gibt der Arbeit und damit dem Leben seinen individuellen Wert. Eine sinnvolle Arbeit beinhaltet einen mehr oder weniger großen Freiraum zur eigenen Entfaltung. Lieber (fast) grenzenlose Freiheit als Begrenzungen. Sie profitieren davon.

Alles muss passen. Das gilt für Ihre Mannschaft. Ob Ihr Team einen Paradiesvogel oder einen Chaoten verkraften kann, müssen Sie herausfinden. Unter Umständen gibt ein Chaot genau die Impulse, die Ihr Team braucht. Umgekehrt kann er auch vieles kaputt machen. Fingerspitzengefühl, emotionale Intelligenz ist hier gefordert. Das richte Maß zu finden – Übereinstimmung und Kontroverses –, um Kreativität entfalten zu können. Differenzen in einem gesunden Maß können zu konstruktiven Auseinandersetzen führen, können aber auch destrukiv sein. Hier zählen nicht mehr die Fakten, sondern die Emotionen. Auf den Chef kommt es an, ob er im richtigen Moment – nicht zu früh und nicht zu spät – regulierend eingreifen kann.

- Übereinstimmung in den Zielen und die Identifikation mit ihnen – das muss eine Führungspersönlichkeit vorleben. Nicht so viel reden, lieber als Vorbild vorangehen – das ist weitaus effektiver.
- Viel fordern und dem einzelnen viel zutrauen. So kann jeder über seine Grenzen hinauswachsen. Vertrauen verleiht Flügel.
- Und nicht zu vergessen – die Motivation ist der Antriebsmotor, um Ziele zu erreichen.

Sicher ist es für Sie nichts Neues, wenn ich Ihnen sage, dass 70% der Stimmung in einer Abteilung/Firma vom Chef geprägt wird. Je besser die Stimmung, desto besser die Ergebnisse. Eine Untersuchung aus Harvard belegt, dass erfolgreiche Vorgesetzte ihre Mitarbeiter dreimal häufiger zum Lachen bringen als andere. Das wissen wir aus eigener Erfahrung, aber jetzt kann es anhand von neurophysiologischen Erkenntnissen und Statistiken belegt werden: 85% der Fähigkeiten, die den erfolgreichen Chef von dem weniger erfolgreichen unterscheidet, liegen im emotionalen Bereich. Schauen Sie sich einmal das Gesicht von Kennedy an: Lachfalten prägten sein Gesicht, er hatte ein strahlendes Lächeln und einen freundlichen Gesichtsausdruck. Und er sorgte dafür, dass sein Umfeld etwas zu Lachen hatte. Denken Sie daran, wenn Sie Ihre Kartei des Wissens anlegen!

Positives bewirkt Positives – eine gute Stimmung bei der Arbeit bewirkt gute Resultate. Es klingt so einfach und ist offenbar doch so schwierig, es in der Praxis umzusetzen. Vielleicht liegt es daran, dass sich immer die anderen den Erwartungen stellen sollen statt dass wir uns ihnen stellen. Auch wenn Sie noch keine Mitarbeiter haben, oder Ihr eigener Chef sind – Sie sind verantwortlich für das Arbeitsklima. Doch was tun wir? Wir warten immer darauf, dass alles besser wird - ganz von selbst. Aber wie soll das geschehen, wenn wir nicht selbst aktiv werden, wenn wir immer nur warten – warten, dass ein anderer den ersten Schritt macht. Eine Veränderung fällt nicht vom Himmel. Wenn Sie erkannt haben, dass Sie selbst für alles, was in Ihrem Leben geschieht, verantwortlich sind, dann müssen Sie endlich handeln.

Suggestive Menschenführung

Wer meine Seminare besucht, weiß, dass ich den Teilnehmern das pünktliche Kommen leicht mache, indem ich ihnen posthypnotische Befehle gebe. Was so militärisch klingt, ist ein ganz einfaches Mittel, Menschen zu beeinflussen.

Ich sage beispielsweise: „Nach einem schönen Frühstück kommen Sie morgen um 9 Uhr zu mir...". Diesen Satz wiederhole ich im Lauf des Nachmittags mehrmals. Was geschieht in den Teilnehmern? Die eindeutige Aussage „...kommen Sie morgen um 9 Uhr..." prägt sich im Unterbewusstsein ein. Das Unterbewusstsein sorgt dann dafür, dass dieser Befehl ausgeführt wird. Das geschieht wie von selbst. Keiner verschläft, keiner verplaudert sich beim Frühstück, punkt 9 Uhr sind alle Teilnehmer anwesend. So einfach ist es, Menschen zu führen. Kluge Bosse wissen und nutzen dies.

Wie in Kapitel (UB, Programmierungen/Suggestion Seite 97 ff.) erwähnt, werden wir ständig beeinflusst – über Radio, Fernseher, Gespräche, die wir gezwungenermaßen mit anhören müssen (U-Bahn, Flugzeug etc.). Wenn wir nicht Psychohygiene betreiben, nehmen wir wahllos alles auf. Nun sind wir aber nicht nur Opfer, sondern wir können selbst zu Tätern im positiven Sinne werden, indem wir unsere Mitmenschen beeinflussen.

Nehmen wir als Beispiel die Frau, die sich einen ganz bestimmten Ring wünscht. Wenn sie nun oft genug und in der richtigen Form ihren Wunsch ihrem Partner mitteilt, kann er gar nicht anders, als just diesen Ring zu kaufen. Sie wird sagen: „Liebling, wenn Du ein Geschenk für meinen Geburtstag suchst, dann findest Du es bei Juwelier XY in der Auslage. Schau Dir diesen wundervollen Ring an." Ist sie klug, wird sie ihrem Liebsten diesen Satz mehrfach sagen. Was glauben Sie, passiert? In den nächsten Tagen wird er bei dem Juwelier vorbeischauen. Ganz zufällig war er in der Nähe – so wird es ihm vorkommen. Aber das ist kein Zufall. Sein Unterbewusstsein – fest auf diesen Juwelier und den Ring programmiert – führt nur diesen Befehl aus. Auf diese Weise können Sie Ihre Sekretärin programmieren, die Post pünktlich auf den Weg zu bringen, den Kunden programmieren, den Auftrag unterschrieben zurückzuschicken, den Chef programmieren, Ihnen die neue Aufgabe zu übertragen...

Keine Angst, niemand kann so viel Einfluss auf einen anderen Menschen nehmen, dass dieser etwas tut, was er eigentlich nicht will. Will unser Mann seiner Frau nichts schenken, weil er sie nicht liebt, dann macht er innerlich zu – ihre Programmierung kann nicht wirken. Jeder entscheidet, was er zulässt und was nicht. Zudem hat jeder Mensch einen automatischen inneren Schutz gegen negativen Einfluss.

Je besser das Arbeitsklima ist, je wohler sich Ihre Mitarbeiter fühlen, desto entspannter sind sie und desto besser können Programmierungen wirken (Alpha-Zustand!). Geben Sie posthypnotische Befehle und Sie bekommen, was Sie wollen.

Was sollten Sie dabei beachten?

Klare Formulierung: Ungenaue Aussagen erzielen ungenaue Resultate. Also keine schwammigen Angaben, wie „wir telefonieren" oder „melden Sie sich einfach, wenn...". Was soll das Unterbewusstsein mit diesen Informationen anfangen? Das Unterbewusstsein benötigt ganz klare Anweisungen, dann kann es handeln.

Wenn Sie also konkret werden „Also bis morgen um 15 Uhr", „Schicken Sie die Bestätigung morgen per Fax" – werden Sie bekommen, was Sie wollen. Das Unterbewusstsein versteht die Anweisung und handelt.

Vielleicht erkennen Sie jetzt, warum so vieles in Ihrem Leben nicht geklappt hat, warum die Angebetete einen anderen geheiratet, der Kunde bei der Konkurrenz gekauft und der Kollege den besseren Job erhalten hat.

Die ständige Wiederholung einer Idee wird erst zum Glauben, dann zur Überzeugung. Je öfter Sie Ihren posthypnotischen Befehl wiederholen, desto tiefer prägt er sich bei Ihrem Gesprächspartner ein.

Jede Rede, jedes Gespräch sollten Sie mit einem posthypnotischen Befehl beenden. Nehmen Sie sich unsere Politiker als Beispiel. Analysieren Sie deren Reden: Welche Befehle hören Sie und wie oft werden diese wiederholt? Nicht die Argumente oder die Parteiprogramme entscheiden, wer eine Wahl gewinnt – auf die Persönlichkeit des Kandidaten kommt es an, wie er die Bürger anspricht, ob er sie erreicht und wie gut er in posthypnotischen Befehlen ist.

Wenn wir von Beeinflussung sprechen, sollten wir uns fragen, was fließt in uns selbst hinein? Von wem und von was lassen Sie sich beeinflussen? Sensibilisieren Sie Ihre Antennen, schalten Sie den Fernseher ab, legen Sie lieber eine CD mit schöner Musik ein und begeben Sie sich in den Alpha-Zustand anstatt Ihr Unterbewusstsein mit Hiobsbotschaften voll zustopfen.

Wie beeinflussen Sie sich selbst?

Wie gehen Sie mit sich selbst um, wie sprechen Sie mit sich?

Lächeln Sie sich morgens im Spiegel an, sagen Sie laut zu sich: Heute ist ein erfolgreicher Tag, ich freue mich auf meine Aufgaben, ...?

Oder wollen Sie sich lieber nicht ins Gesicht sehen, denken mit Graus an die Arbeit und wünschten sich, es wäre schon Abend?

Klopfen Sie sich anerkennend auf die Schulter, wenn Sie etwas gut gemacht haben, oder titulieren sie sich als Trottel, machen sich ständig Selbstvorwürfe? Und wundern sich dann, dass andere Sie nicht schätzen? Alles beginnt bei Ihnen, denn „wer die Welt bewegen will, sollte sich erst selbst bewegen" (Sokrates). Fangen Sie bei sich an die Welt zu verändern, beeinflussen Sie sich selbst, werden Sie ein Meister in der positiven Selbstbeeinflussung.

KAPITEL III

DAS
BILD
DER
ZUKUNFT

Immer schon wollte der Mensch in die Zukunft blicken. Immer schon gab es Orakel, Medizinmänner und -frauen, hellsichtige Menschen. Die Sterne wurden befragt, ach Scherben oder Blüten, Computerprogramme wurden entwickelt – alles nur, um uns einen Blick in die Zukunft zu gestatten. Ich glaube nicht daran, dass das Schicksal einem Menschen bereits in allen Details in die Wiege gelegt wird. Ich glaube auch nicht daran, dass ein sogenanntes Schicksal den Lebensverlauf vorschreibt. Ich glaube an den Menschen und an die Fähigkeiten, die in ihm angelegt sind. Ich glaube daran, dass jeder Mensch die Kraft hat, sein Leben nicht nur zu meistern, sondern es auch zu gestalten. Deshalb möchte ich Ihnen eine alte römische Fabel erzählen:

Von den drei Fröschen – oder warum Erfolg kein Zufall ist

Es waren einmal drei Frösche. Sie fielen in eine große Kanne Milch, aus der sie nicht heraus konnten. Der erste sagte: „Da kann man nichts machen" und gleich danach ging er unter. „Irgendwie werden wir schon herauskommen. Warten wir einfach ab, bis jemand vorbei kommt", sagte der zweite, legte sich auf den Rücken und ließ sich treiben. Bald schlief er ein und nach einer Weile ging er unter. Der dritte sagte sich: „Wir wollen strampeln. Man kann ja nie wissen." Nach Leibeskräften strampelte er und strampelte... Plötzlich spürte er unter seinen Füßen etwas Festes. Durch das Strampeln ist aus der Milch Butter geworden. Und er konnte aus der Kanne springen.

1. Wie könnte Ihr Leben in zehn Jahren aussehen?

Malen Sie sich aus, wo Sie in zehn Jahren stehen wollen. Sehen Sie sich als erfolgreiche Managerin mit einem glücklichen Privatleben, sehen Sie sich als Controller in der Hongkonger Filiale einer Bank, sehen Sie sich die Früchte Ihrer Arbeit genießen, beispielsweise auf den Seychellen...?

Stellen Sie sich vor, Sie sollten einen Film drehen über Ihr Leben. Schreiben Sie das Drehbuch. Entwickeln Sie Ihre Vorstellungen. Berücksichtigen Sie dabei, dass wir in einer schnelllebigen Zeit leben, dass morgen alles ganz anders sein kann. Denken Sie an die Globalisierung

– wie könnte Ihr Leben in einigen Jahren aussehen, wenn sich die wirtschaftliche Lage verbessert? Wie sieht Ihre Zukunft aus, wenn sich die Wirtschaftslage verschlechtert? Wie sind Sie für einen solchen Fall gerüstet? Haben Sie für ein finanzielles Polster gesorgt – für den Fall aller Fälle? Pflegen Sie Ihre Kontakte, auch solche, die Ihnen momentan „nichts bringen"?

Entwickeln Sie ein Bild von Ihrer Zukunft. Malen Sie sich, so wie Sie sich in zehn Jahren sehen wollen.

Wie sehen Sie aus? Gesund, fit und mit Lachfalten... ?

Welche Tätigkeit üben Sie aus?

Haben Sie sich einen Namen auf Ihrem Gebiet gemacht, haben Sie den angestrebten Posten erhalten, sind Sie überhaupt vorangekommen...?

Wie fühlen Sie sich? Sind Sie zufrieden mit sich, mit Ihrer Situation?

Haben Sie sich verändert?

Oder lassen Sie in Ihrer Fantasie einen Film ablaufen, der Sie in zehn Jahren zeigt. Sie sind der Regisseur und Hauptdarsteller. Sie haben alle Freiheiten, sind nicht durch ein vorgegebenes Budget eingeschränkt. Schöpfen Sie aus Ihrem inneren Reichtum. Wie läuft Ihr Leben in zehn Jahren ab?

Überprüfen Sie Ihre Ziele mit Ihrem Zukunftsfilm – hier sollte Übereinstimmung herrschen.

Diese Übung ist nicht etwa Zeitvergeudung. Sie trainieren damit Ihren Geist, erhalten sich Flexibilität und steigern Ihre Kreativität. Spielerisch bereiten Sie sich so auf die Zukunft vor, stellen heute die Weichen für morgen. Zugleich wächst in Ihnen die Kraft, die Sie benötigen, um Ihrer Vision Leben zu verleihen. Die Kraft wächst mit der Aufgabe. Innerlich sind Sie vorbereitet. Sie vergeuden Ihre Zeit nicht mit zauderndem Nachdenken, sondern Sie investieren in die Zukunft, denken voraus. Ängstlich zaudernde Menschen verpassen leicht den Zug. Sie sind so mit der Vergangenheit beschäftigt, dass Sie gar nicht merken, dass die Gegenwart an ihnen vorbei eilt – und Sie hinken immer hinterher. Die Zukunft ist weit von Ihnen entfernt. Vorausschauende Menschen sind genau das Gegenteil. Sie sind die Akteure, die sich einmischen, die dem Leben eine Form verleihen – im privaten Bereich, im Geschäftsleben, aber auch übergeordnet in der Gesellschaft, in der Welt. Sie sind die Zukunftsplaner, die Macher. Keiner ist zu klein oder zu unwichtig, um sich für große Ideen einzusetzen und dazu beizutragen, dass Veränderungen geschehen. Das kann man aber nicht vom bequemen Sessel aus, dazu muss man aktiv werden. Sie wissen ja: Am Anfang jeder Tat steht die Idee. Funktionieren Sie Ihren Kopf um in Ihr ganz persönliches Heimkino, in dem Sie jederzeit Ihren Zukunftsfilm abspielen können. Sie dürfen ruhig immer wieder Korrekturen vornehmen, Hauptsache ist, Sinn und Zweck bleiben erhalten.

Von Gerhard Schröder wird berichtet, dass er am Kanzleramt am Tor gerüttelt und geschrieen hat: „Ich will hier rein!" Wo wollen Sie rein, wo wollen Sie hin? Mit Ihrer Vision beauftragen Sie Ihr Unterbewusstsein, für Sie entsprechend tätig zu werden. Sie sind der Baumeister Ihres Glücks – ähnlich einem Bauherrn, dem das Projekt als Zeichnung vorliegt: Zum Beispiel ein schönes Einfamilienhaus in einem großen Garten mit alten Bäumen. In einem kleinen Teich schwimmen Fische und im Hintergrund sieht man das Gebirge. So soll das Haus einmal werden. Genau so sollten Sie sich Ihre Zukunft ausmalen – in schönen, klaren Bildern. Und dann lassen Sie Ihr Bild auf sich wirken, genießen Sie die Freude, die Sie empfinden, hören Sie die Stimmen Ihrer Mitarbeiter, vielleicht sogar den Applaus, während Sie eine zündende Rede halten. Vielleicht sehen Sie auch, wie man Ihnen einen Scheck für die von Ihnen gegründete Stiftung gibt. Setzen Sie Ihrer Fantasie – und damit Ihrer Zukunftsvision – keine Grenzen!

Bei meinen Seminaren beobachte ich immer wieder, dass viele Menschen Schwierigkeiten haben, sich Ihre Zukunft vorzustellen – geschweige denn beschreiben können, wie ihr Leben in einigen Jahren aussehen soll. Ohne Ziel kommt niemand voran. Ohne Ziel werden sich solche Menschen in 5, aber auch in 20 Jahren mehr oder weniger am selben Fleck befinden. Der eine oder andere mag seine Position verändert haben, vielleicht ist er sogar ein Stück weitergekommen. Aber welch eine Vergeudung von Energie und Lebenszeit! Ein Leben ohne Ziele ist schal und leer. Das spürt jeder auf seine Weise. Der eine versucht den Lebensfrust durch Überaktivität zu kaschieren, der andere fällt in eine Depression und der dritte ertränkt ihn in Alkohol.

Obwohl ich weiß, dass die meisten von Ihnen wenig Zeit haben, empfehle ich dennoch jedem, mindestens einen Zukunftsroman und zwei Biografien pro Jahr zu lesen. Solche Bücher sind die besten Lehrbücher. Ihr Geist erhält neue Impulse, die Fantasie wird angeregt und Sie lernen von anderen. Der Kluge lernt auf Kosten anderer – Biografien sind eine preiswerte Lebensschulung, der sich auch Kennedy bedient hat. Und vielleicht gibt es ja von Ihnen später auch einmal Biografien, die anderen weiterhilft....

Bevor Sie Ihr Zukunftsbild entwickeln, sollten Sie sich folgende Fragen stellen:

Was muss passieren, damit Sie sagen:
- Ich bin der glücklichste Mensch?
- Ich bin der unglücklichste Mensch?

Die Antworten sind der Schlüssel für Ihre Zukunftsvision.

Jetzt können Sie daran gehen, sich Ihr Bild von der Zukunft auszumalen. Machen Sie das schriftlich. Schmücken Sie Ihre Vision aus und heben Sie sich diese Notizen auf. Sie sollten in regelmäßigen Abständen Ihre Aufzeichnungen betrachten und überprüfen, ob Sie auf dem richtigen Weg sind, aber auch ob Ihre Vorstellung einer Revision bedarf. Es ist keine Schande, Korrekturen an Ihrem Bild vorzunehmen. Die Umstände können dies erforderlich machen. Schade wäre es nur, wenn Sie ständig neue Bilder entwickeln oder aber Ihr Bild in Vergessenheit geraten lassen würden. Halten Sie Ihr Bild lebendig!

2. Wie sehen die Menschen aus, die die Welt braucht?

„Persönlichkeiten, nicht Prinzipien bewegen das Zeitalter" so Oscar Wilde. Experten gibt es reichlich, doch sie bleiben uns nicht in Erinnerung, wenn es ihnen an Ausstrahlung mangelt. Trotz ihrer ausgezeichneten Fachkenntnisse bleiben sie als Menschen unbeachtet. Sie prägen sich nicht ein. Sie sind Personen, die kommen und gehen, ohne dass man sich überhaupt an ihre Namen erinnert. Anders ist das bei Persönlichkeiten. Sie hinterlassen Spuren, prägen sich im Sinn des Wortes in unser Gedächtnis, in die Erinnerung und in unsere Herzen.

Welcher amerikanische Präsident fällt Ihnen als erster ein? Keine Frage: Kennedy. Er hatte Macht und Einfluss – doch das hatten die anderen Präsidenten auch. Er war eine faszinierende Persönlichkeit, hatte ein strahlendes Wesen und war der Siegertyp par excellence. Wo immer er erschien, wirkte seine magnetische Kraft – kein Wunder, dass nicht nur die ganze Welt ihm zu Füßen lag, sondern auch die schönsten Frauen.

Die Welt braucht Menschen, die etwas bewegen können, die durch ihre Persönlichkeit Einfluss nehmen, Menschen, die für Ihre Anschauung gerade stehen. Ein gutes Beispiel dafür ist das Beratungsunternehmen McKinsey. Nach dem Tod des Firmengründers führte Marvin Bower eine der beiden Filialen weiter – unter dem alten Namen McKinsey. Er machte daraus das weltweit bekannte Managementberatungsunternehmen. Sein Geheimnis lag darin, ein Firmenethos zu entwickeln und zu leben. Er stellte feste Regeln auf, die zum Teil heute noch Gültigkeit haben. Die Methoden haben sich zwar geändert, der Grundtenor ist geblieben: Ein sehr hoher Standard, konservative Ausrichtung und größte Professionalität. Der Glaube und das Vertrauen in die eigene Firma hat McKinsey zu dem gemacht, was es heute ist. Seine Klienten wussten, woran sie waren, wenn sie diese Firma beauftragten. Marvin Bower hatte eine Vision, die er umzusetzen verstand. Zugleich schuf er hohe Werte, die bis heute nicht an Gültigkeit verloren haben. 1937 übernahm Marvin Bower die Niederlassung in New York, 1997 gab es 74 Niederlassungen in 38 Ländern! Sein Prinzip diese Organisation entsprechend seiner persönlichen Werte zu führen hat sich als erfolgreich erwiesen. Was können wir daraus lernen?

Erst der Wert macht eine Arbeit wertvoll und erfolgreich.

In den USA wollten Personalberater dem Geheimnis der richtigen Führung auf den Grund gehen. Zuerst wurden aufgrund einer Umfrage die 50 besten Manager ermittelt und diese dann nach ihrem Führungsstil befragt. Genannt wurden u. a. Prinzipien, wie:

- Persönliche Integrität in Verbindung mit Führen durch Vorbild – so wie es beispielsweise Bill Marriott, Eigentümer der Hotelkette, praktiziert. Er hat eine Reihe von Werten aufgestellt, die Grundlage für jede seiner Handlungen ist.
- Eine große Idee, eine Vision, eine klare Vorstellung ist gerade in unseren unsicheren Zeiten unerlässlich, will eine Firma erfolgreich auf dem Markt agieren. Erfolgreiche Manager sind in der Lage, diese Idee zu vermitteln.
- Unerlässlich für den Erfolg ist ein hochmotiviertes Team, bei dem auf die Stärken der Menschen gesetzt wird und versucht wird, ihre Schwächen zu vermeiden.
- Last, but not least: Charisma und Inspiration, um Mitarbeiter zu Bestleistungen zu animieren.

Die Welt braucht Menschen wie Sie. Sie trauen sich das nicht zu? Ihre Sorge kann ich entkräften mit dem Argument, dass auch Kennedy oder jeder noch so erfolgreiche Manager nicht mehr und nicht weniger hatte als Sie: einen Körper, eine Stimme und Worte. Das ist sozusagen die Grundausstattung. Nun kommt es darauf an, wie man diese weiterentwickelt, was man auf- und ausbaut und was man eher beiseite legt. Um diesen Weg weiterzugehen, benötigen Sie Selbstdisziplin. Sie müssen in Ihrem Kopf die richtigen Gedanken entwickeln und fest integrieren, von denen Sie sich leiten lassen wollen. Tun Sie das nicht, dann tut es ein anderer und irgendwann bemerken Sie, dass Sie gar nicht mehr Ihren Weg gehen, sondern die Ziele eines anderen anpeilen. In seinem Buch „Der Mensch vor der Frage nach dem Sinn" beschreibt Viktor E. Frankl KZ-Häftlinge, die in den Konzentrationslagern trotz allem ganz fest an eine Befreiung glaubten. Sie hielten diese Hoffnung selbst in den schlimmsten Augenblicken am Leben und erhöhten damit Ihre Überlebenschancen. Die anderen dagegen, die sich der Verzweiflung und der Angst hingaben, wurden schwach und schwächer.

Sie haben Ihr Stärken-/Schwächenprofil erarbeitet. Sie wissen, wo Sie ansetzen sollten, Sie wissen, was Sie tun können, um Ihr Potential zu entfalten. Nun geht es nur noch darum, es auch zu tun. Worauf sollten Sie achten?

Frei von Angst

Was also hält Sie ab davon, Ihre Persönlichkeit zum Strahlen zu bringen?

Unsicherheit und Angst vor Versagen sind die größten Feinde der Entfaltung und Entwicklung. Nichts beeinflusst unser Leben mehr als die Angst.

Der Verstand schaltet sich sofort ein, wenn etwas Neues ansteht. Das ist verständlich, denn der Verstand ist ein Kontrollorgan. Seine Aufgabe ist es, dafür zu sorgen, dass alles unter Kontrolle bleibt. Neues ist gleichbedeutend für ihn mit Wagnis. Es könnte ja schief gehen. Das will er gar nicht zulassen und blockiert unser Bestreben durch Unsicherheits- und Angstgefühle. Angst ist hochansteckend – Angst erzeugt Angst und bevor wir es richtig bemerken, trauen wir uns überhaupt nichts mehr zu. Im schlimmsten Fall lähmt Angst das ganze Leben: Bei Platzangst kann der Betroffene sich nicht in kleinen Räumen aufhalten, kann sich nicht mehr weit bewegen, weil er im Auto, Bus oder Flugzeug in Panik gerät. Das vegetative Nervensystem spielt verrückt, Atemnot, Herzklopfen oder gar Ohnmachtsanfälle sind nicht selten.

Der Verstand – er sitzt in der linken Gehirnhälfte – hat das Kommando über uns übernommen, er hält uns gefangen in engen Grenzen. Weiterentwicklung ade, der Traum von Einfluss und Veränderung ist ausgeträumt.

Angst kann nicht nur die Lebensqualität massiv mindern, die Zukunftspläne zunichte machen, sondern auch die Gesundheit ruinieren. Angst ist Ursache für eine Vielzahl von Beschwerden und Krankheiten, wovon feuchte Hände und Magenschmerzen noch die geringsten sind.

Angst ist ein diffuses Gefühl, das besonders gut in einem Zustand innerer Leere und Hoffnungslosigkeit gedeiht. Wer keinen Sinn in seinem Leben sieht, wer keine Ansprüche an sich selbst stellt, wer kein Ziel hat, der ist sehr viel anfälliger für dieses nagende destruktive Gefühl, das mit der Zeit noch den letzten Rest der Lebensfreude verkümmern lässt. Einem ängstlichen Menschen fehlt der Elan, ja er hat nicht einmal die Hoffnung auf eine Verbesserung seiner Situation. Die Angst lähmt ihn, er wagt kaum an eine Veränderung zu denken, geschweige denn aktiv etwas zu unternehmen, um aus dieser Umklammerung herauszukommen. Lethargie, Frust, Hoffnungslosigkeit nehmen zu. Je länger ein solcher Zustand anhält, desto schwieriger ist es, sich davon zu befreien. Gerade in Zeiten, in denen es jeden Tag eine neue Hiobsbotschaft gibt, braucht der Mensch etwas, das ihm Kraft gibt. Wie vergänglich und wie verletzlich die Sicherheit ist, das haben wir deutlich am 11. September 2001 erfahren. Mit dem World Trade Center ist nicht nur ein Wahrzeichen New Yorks eingestürzt – auch das westliche Selbstverständnis von Sicherheit ist mit einem Schlag zusammengebrochen. Ähnliches bewirkte das Attentat in Erfurt. Auch hier wurde die Brüchigkeit einer vermeintlichen Sicherheit deutlich. Das hat Auswirkungen: Psychiater sprechen von einer rapiden Zunahme von Angstneurosen. Die Angst hat sich ausgebreitet – weltweit. Anstatt an eine Zukunft zu glauben, hofft man nur noch, dass nichts passiert. Mit einer solchen Haltung werden wir weder Terrorismus unter Kontrolle bringen, noch die Zukunft gestalten können. Angst muss bekämpft werden – das beginnt im Kleinen und bewirkt Großes. In solchen Krisenzeiten sind starke Persönlichkeit notwendig, die eine Richtung vorgeben und führen können, Vorbilder, an denen man sich orientieren kann und die Halt geben. Und dann können wir die Angst beherrschen, können unsere Opferrolle ablegen, können uns nicht nur der Situation stellen, sondern sie verändern.

Nichts gegen eine natürliche Angst oder die Furcht vor bestimmten Gefahren oder einer realen Bedrohung. Angst hat durchaus ihre Berechtigung – nämlich dann, wenn sie sich auf ihre Aufgabe beschränkt und uns vor gefährlichen Situationen warnt. Mehr Raum sollten Sie der Angst in Ihrem Leben nicht einräumen. Ihre Persönlichkeit kann erst dann richtig strahlen, wenn Sie die Angst samt ihren negativen Folgeerscheinungen im Griff haben – und nicht umgekehrt, Sie sich im Würgegriff der Angst befinden.

Machen Sie mal einen schnellen Angst-Check (s. auch S. 28–38/Kapitel I):

- Sind Sie eher ängstlich oder eher ein Draufgänger?

- Waren Sie schon als Kind so?
- Wenn nein, was ist passiert und wann?
- Gab es ein bestimmtes Erlebnis als Ursache?
- Wollen Sie sich Ihrer Angst stellen und sie abbauen?

1. Schritt:

Gefahr erkannt – Gefahr gebannt: Stellen Sie sich der Angst, dann können Sie sie eher auflösen. Wenn Sie dem aus dem Weg gehen, geraten Sie mehr und mehr eine Opferrolle.

2. Schritt:

Autosuggestionen täglich angewendet über einen Zeitraum von mehreren Monaten.

3. Schritt:

Trainieren Sie auch praktisch. Gehen Sie bewusst in angstauslösende Situationen – machen Sie dies in homöopathischer Dosierung: Klein anfangen und langsam steigern.

Beispiel: Sie haben Angst vor einer größeren Gruppe zu sprechen, halten deshalb mit Ihrer Meinung in den Meetings meist zurück.

Nehmen Sie jede Gelegenheit wahr, Ihre Meinung zu äußern. Ergreifen Sie das Wort beim Mittagessen, wenn Sie nur zu Dritt oder Viert zusammensitzen, steigern Sie das nach und nach. Sprechen Sie ruhig auch einmal fremde Menschen auf der Straße an, fragen Sie nach dem Weg... Dann gehen Sie auf eine Gruppe von Fremden zu, fragen nach einer Straße... Machen Sie mein dynamisches Stimmtraining, lernen Sie Ihre Stimme anzunehmen und zu lieben. Halten Sie zu Hause eine Rede vor dem Spiegel.

Hier mein Rezept gegen Angstattacken. Wenn Sie schon in Panik sind, dann gibt Ihnen ein Satz, wie „Ich bin ruhig und gelassen" in einer solchen Situation den Rest. Autosuggestionen sind auf eine Langzeitwirkung ausgerichtet, für akute Fälle nicht geeignet. Versuchen Sie in solchen Fällen ruhig zu atmen, wenden Sie mein Atem-Sofortprogramm an, das ich Ihnen bereits beschrieben habe (Seite 146)

Die drei Z: Zweifeln, zögern, zaudern

Entscheidungen sollen wohl überlegt sein. Deshalb lege ich so großen Wert auf das Stärke-/Schwächeprofil. Wer sich selbst kennt und weiß, was er will, der wird selten eine falsche Entscheidung treffen. Viele Menschen haben Angst vor Entscheidungen. Sie könnte falsch sein, man könnte sich verkalkuliert haben, das Risiko erscheint auf einmal zu hoch. Damit rückt das Ziel in weite Ferne und entmutigt gibt man auf, bevor man überhaupt angefangen hat. Zweifel, ob die Entscheidung richtig war, ob man genügend Energie hat, ob man überhaupt der Richtige für diese Aufgabe ist, breiten sich in unserer Vorstellung immer weiter aus. Irgendwann sehen wir dann nur noch Gefahren und Schwierigkeiten und wir beginnen an uns selbst zu zweifeln – an unseren Fähigkeiten, an der Richtigkeit unserer Entscheidung. Mit diesen Zweifeln schwindet auch die Energie. Wir stehen nicht mehr hinter unserem Entschluss, die Zielklarheit schwindet. Hier geben viele einfach auf. Sie sind nicht mehr überzeugt – und können natürlich erst recht nicht andere Menschen überzeugen.

„Unsere Zweifel sind Verräter und führen häufig dazu, dass wir das Gute, das wir häufig erreichen könnten, nicht bekommen, weil wir den Versuch, es zu erreichen, gar nicht wagen." William Shakespeare (Maß für Maß, 1. Akt, 4. Szene)

Was tun, wenn Zweifel anfangen an Ihnen zu nagen?

Wie Sie bemerkt haben, rate ich oft dazu, Gedanken, Erkenntnisse etc. aufzuschreiben. Das hat nicht nur den Vorteil, dass Sie sich alles viel besser merken können. Alles, was Sie schreiben – am besten mit der Hand! – prägt sich fünfmal tiefer in Ihr Gedächtnis ein. Zudem können Sie sich Ihre Aufzeichnungen und Notizen jederzeit ansehen. Die Ideen und Gedanken, die Sie zu Ihrem Entschluss bewogen haben, werden wieder lebendig. Das gibt Ihnen Sicherheit.

So wie die Angst in gewissen Situationen durchaus ihre Berechtigung hat, sind auch Zweifel in manchen Fällen angebracht und haben ihren Sinn:

Zweifel können Gefahren anzeigen. Ein gutes Beispiel ist der Zusammenbruch der Kirch-Gruppe. Hier sehen wir – wie bei ähnliche gelagerten Fällen, beispielsweise die Affäre Schneider –, dass obwohl schon lange Zweifel bestanden, Kirch bis zuletzt unterstützt wurde von Banken etc.. Das bedeutet, dass viele Beteiligten zwar Gefahren sahen, also berechtigte Zweifel am weiteren Erfolgskurs bestanden. Dennoch wurde an der alten Entscheidung festgehalten und unterstützt, was das Zeug hielt. Das Leben zeigt uns immer wieder – im großen wie im kleinen –, dass auch Entscheidungen überprüft werden sollten und evtl. geändert werden müssen. Schließlich verändern sich ja auch die Umstände – oft schneller als man denkt. Zweifel sind kleine Signale, die man nicht überhören sollte. Überprüfen Sie, ob Ihre Zweifel nur Ableger von Ängsten sind oder ob sie auf Mängel hinweisen. Eine verantwortungsvolle Führungspersönlichkeit hat die Stärke, Fehlentscheidungen zu revidieren. Unterstützung und Mitarbeiter verliert ein Chef nicht, wenn er seine Ziele der Situation anpassen muss. Ansehen verliert er sicher, wenn er nicht flexibel reagiert, wenn er Signale übersieht und keine Konsequenzen daraus zieht. Und vielleicht verliert er dann auch noch Mitarbeiter oder den eigenen Posten...

Selbstbewusstsein kontra Unsicherheit

Kennedy verkörperte sich selbst – Kennedy *war* Kennedy. Er ruhte in sich, war authentisch und wirkte durch seine Sicherheit. Es heißt von ihm, er war sich seines eigenen Wertes bewusst. Er war überzeugt davon, dass er als Politiker Fähigkeiten entwickeln konnte, seinen Mitmenschen etwas Wertvolles geben zu können. Und er glaubte auch, dass er von den Menschen etwas zurück bekommen würde, wenn er Erfolg hätte. Alle, die ihn gut kannten, waren davon überzeugt, dass er sich voll und ganz für seine Sache einsetzen würde. Er besaß Zivilcourage, war bereit, für seine Überzeugung alles aufs Spiel zu setzen: Macht, Stellung, Ansehen und auch seine Karriere.

Kennedy hatte ein starkes Selbstbewusstsein. Bei uns hat dieses Wort oft einen kleinen negativen Touch. Dabei ist gesundes Selbstbewusstsein unerlässlich, um im Leben bestehen zu können – das gilt für den kleinen Angestellten wie für den mächtigsten Mann der Welt. Sich seines Selbst, seiner Werte und Fähigkeiten bewusst zu sein – das ist für die Psyche so wichtig wie Gesundheit für den Körper. In der Schule sollten wir unseren Kindern beibringen, sich selbst kennen und lieben zu lernen. Wir hätten weniger Kriminalität, weniger Depressionen und Minderwertigkeitsgefühle, weniger Frust...

Wenn nicht in sich selbst – wo sonst sollte der Mensch Sicherheit und Stärke finden? Ist ein Mensch unsicher, kann man ihm das ansehen: er sieht einem nicht in die Augen, weiß nicht, was er mit seinen Händen machen soll oder wippt nervös auf seinem Stuhl. Manch einer glaubt in Alkohol und Nikotin seine Unsicherheit vergraben, sich lockerer machen zu können. Das Umfeld erkennt die Signale intuitiv, weiß, was Sache ist. Da muss man noch nicht einmal die feuchten Hände des unsicheren Kandidaten drücken. Selbstbewusstsein und Selbstsicherheit sind eng miteinander verbunden, basieren auf dem Wissen um die eigenen Fähigkeiten und Stärken; dazu gehört auch die Akzeptanz eigener Schwächen.

Mit der Rede, die Kennedy am 4. Juli 1960 hielt, rüttelte er das Land auf. Geschickt drehte er Trumans Angriffe um. Er ging nicht darauf ein, dass Truman ihm Unerfahrenheit vorwarf, sondern attackierte das Machtmonopol der älteren Generation. (s. auch mein 10. Grundgesetz: Durch eine gezielte Entscheidung kann die Aufmerksamkeit auf jeden ausgewählten Punkt gerichtet werden.) Er hielt eine flammende Rede, trat überzeugend auf und konnte sogar seine Gegner beeindrucken – nicht nur durch seine Worte, sondern auch durch sein überaus lässiges Selbstbewusstsein.

Können Sie sich vorstellen, sich in einem Meeting den Angriffen eines Kollegen souverän zu stellen? Meist sind es nicht die sachlich-fachlichen Argumente, die uns von solchen Aktionen abhalten, sondern mangelndes Selbstbewusstsein. Doch wie kommt es dazu? Negative Gedanken unterminieren das Selbstbewusstsein, verunsichern uns erst innerlich und bald merkt man es uns auch an. Mein Motto lautet: „Was du denkst, das wirst du". Setzen Sie positive Impulse, dann geschieht Positives. Die gleiche Kraft geht von destruktiven Gedanken aus. Nun liegt es allein an Ihnen, welche Gedanken sich in Ihrem Kopf ausbreiten. Gedanken fallen nicht wahllos über Sie her. Sie selbst sind der Produzent Ihrer Gedanken. Doch vermutlich machen Sie sich mehr Gedanken darüber, was Sie Ihrem Körper in Form von Nahrung zuführen als was Sie Ihrem Geist in Form von Gedanken geben. Sie können mit einem Erfolgsgedanken in die Sitzung gehen oder schon vor Beginn der Verhandlungen sich mit einer Absage befassen. Allein durch Ihre Gedanken tragen Sie maßgeblich zum Verlauf des Gespräches bei. Sind Ihre Gedanken konstruktiv, strahlen Sie Zuversicht aus, Ihr Inneres ist entsprechend eingestellt, Ihr Unterbewusstsein auf Erfolg programmiert – und genau das strahlen Sie aus. Entsprechend verläuft das Gespräch. Natürlich reicht das allein nicht immer aus, um Erfolg zu haben, aber die Chancen stehen weitaus besser als wenn Sie von vornherein einen Misserfolg erwarten. In einem solchen Fall fehlt Ihnen der federnde Schritt, der überzeugende Ton, das richtige Wort – kurz gesagt: Ihre Chancen für einen Misserfolg steigen erheblich. Ihr Gegenüber nimmt Sie ja nicht nur mit seinen Sinnen wahr; intuitiv spürt er, was in Ihnen vorgeht und reagiert entsprechend.

Negative Gedanken untermauern das eigene Selbst, nagen am Selbstbewusstsein und unterminieren die Sicherheit. Welche Gedanken sind bei Ihnen am Werke? Ist Ihre Einstellung generell positiv, denken Sie aufbauend? Sind Sie eher ein Pessimist, erwarten Sie lieber etwas Schlimmes als einmal enttäuscht zu werden? Dann ist Ihre Denkstruktur wahrscheinlich negativ. Warum lassen Sie das zu?

Halten Sie es lieber mit Kennedy, der sagte: „Die Chancen stehen 50:50 – mehr braucht ein Kennedy nicht. Er schafft es!"

Warum nicht auch Sie?

Von der Person zur Persönlichkeit

Personen, das sind wir erst einmal alle. Manche bleiben ihr ganzes Leben lang eine Person, weil sie sich nie zu einer Persönlichkeit entwickeln. Persönlichkeiten haben nicht irgendwelche Ziele, sondern persönlichkeitsgerechte Ziele. Die Entwicklung von der Person zur Persönlichkeit entspricht dem Weg vom Ideal zur Wirklichkeit:

„Wer irgendein Ideal, das er ins Leben ziehen will, in seinem Inneren hegt und nährt, ist dadurch gegen die Gifte und Schmerzen der Zeit gefeit." (Jean Paul)

Personen sind die Menschen, denen wir überall begegnen, die uns jedoch nicht emotional berühren, die uns kaum in Erinnerung bleiben, die unscheinbar sind und kaum beachtet werden. Lassen Sie mich die Kamelie als Vergleich nehmen. Viele Blüten öffnen sich nicht, sie fallen entweder gleich ab oder trocknen ein, ohne sich entfaltet zu haben. Manche öffnen sich ein wenig, dann stagniert die Entwicklung und auch sie fallen früher oder später ab. Doch die Blüten, die sich öffnen und ihre volle Pracht entfalten, sind unglaublich schön. Die Blüten am Kamelienstock haben alle die gleiche Voraussetzung und doch entwickeln Sie sich unterschiedlich. So ist das auch mit den Menschen. In jedem von uns ist eine Fülle von Anlagen vorhanden. Viele sterben ohne sich dessen überhaupt bewusst geworden zu sein, manche entdecken rein zufällig irgendeine Begabung, die sie dann ein wenig nutzen. Manch einer beginnt sich zu entwickeln, aber beim ersten Hindernis gibt er bereits auf. So bleiben nicht allzu viel Menschen übrig, die etwas aus sich und ihren Fähigkeiten machen. Ich benutze mit voller Absicht das Wort „Ent-faltung", weil es genau den Kern der Sache trifft. Entfaltet ein Mensch seine Fähigkeiten, pflegt seine Stärken und nutzt seine Veranlagungen, dann blüht er auf, dann wird aus der Person eine Persönlichkeit. Dazu gehört nicht nur, Wissen zu vermehren, es zu vernetzen und anzuwenden. Das beinhaltet auch eine Entwicklung auf der emotionalen und der spirituellen Ebene. Erst wenn all das harmonisch zusammenwirkt, dann ist der Mensch ganz – eine ganze Persönlichkeit. Jeder, der mit einer solchen Persönlichkeit zu tun hat, spürt das.

Ein guter IQ ist für den Erfolg zweifelsohne wichtig, aber mindestens die gleiche Bedeutung kommt dem EQ zu, der Fähigkeit, richtig mit Menschen umzugehen. Kennedy wusste das: „Der gescheite Mann muss so gescheit sein, Leute anzustellen, die viel gescheiter sind als er." Für die Fakten hatte er seine Leute, was sie ihm aber nicht abnehmen konnten, war das Fingerspitzengefühl, die ganz persönliche Art und Weise sich darzustellen und die Menschen anzusprechen. Und da ist die emotionale Intelligenz gefragt. Wer nicht in der Lage ist, spontan und mit dem Gespür, worauf es gerade jetzt ankommt, auf eine veränderte Situation zu reagieren, wer glaubt, Geschäft und Gefühl, Politik und Gefühl haben nichts miteinander zu tun, der rennt mit dem Kopf gegen die Wand. Erinnern Sie sich an die Rede von John F. Kennedy in Berlin, an die Reaktion der Deutschen auf die Ansprache, aber ganz besonders auf den Satz „Ich bin ein Berliner"? Damit hat er eine ganze Nation ins Herz getroffen. Oder denken Sie an Willy Brandt, der mit seinem Kniefall in Polen die Herzen und die Sympathie der Bevölkerung gewann. Oder Bundespräsident Johannes Rau, als er im Mai 2002 in Erfurt die richtigen Worte fand: „Wir sind ratlos...Wir müssen einander achten, und wir müssen aufeinander achten." Er hat unsere Gefühle angesprochen.

Es ist egal, ob es sich um politische oder wirtschaftliche Kontrakte handelt. Diese kann man aushandeln und abschließen, aber Herzen kann man nur mit Gefühl erreichen. Letztendlich siegt im Streit zwischen Gefühl und Intellekt immer das Gefühl (8. Grundgesetz der Lebensentfaltung). Ob Sie zwei Mitarbeiter haben, ob Sie ein mittleres oder gar ein großes Unternehmen leiten oder leiten wollen, ob Sie auf politischer Ebene etwas bewirken möchten: Ohne emotionale Intelligenz werden Sie nur wenig Unterstützung erhalten. Sogar im Sport gelten diese Regeln. Glauben Sie, die Crew eines Rennfahrers würde ihr Letztes geben, wäre da nicht der Teamleiter, der mit gutem Beispiel vorangeht, der seine Mannschaft motivieren kann. Ist er in der Lage, sie mitzureißen, sie zu begeistern und dem Einzelnen zu vermitteln, wie wichtig gerade er für den Gesamterfolg ist, dann hat er schon die erste Etappe gewonnen. Mit strikter Arbeitsanweisung könnte er nur einen Bruchteil der Leistung erhalten. Er hätte mit „Dienst nach Vorschrift", mit Krankmeldungen und mit nachlässiger Arbeit zu kämpfen. Behandelt er aber seine Leute richtig, erhält er Spitzenleistung. Richtig mit Menschen umzugehen – das ist das große Geheimnis. Nur so können Sie Einfluss nehmen, können Ihre Ideen und Visionen anderen Menschen vermitteln.

Halten Sie einmal kurz inne und überlegen und notieren Sie:

Was könnten Sie besser, schöner, anders machen?

1.

2.

3.

4.

„Fortschritt ist die Verwirklichung von Utopien" – so Oscar Wilde. Wenn Ihre Mitarbeiter sich Ihr Ziel zu Eigen gemacht haben, sind Sie ein Meister der Motivation. Dann erst bekommt nämlich eine Idee, eine Vision die notwendige Dynamik, die sie benötigt, damit sie Realität werden kann. Es besteht ein Mangel an Menschen, die solche Führungsqualitäten entwickeln und solche Aufgaben übernehmen können und wollen. Auch in einem Team muss jemand sagen, wo es lang geht, sonst endet alles unweigerlich im Chaos. Einer muss führen, der sich dafür qualifiziert. Fachliche Fähigkeiten spielen dabei nicht die Hauptrolle, auf die Führungsqualität, und besonders auf die soft skills, kommt es an.

Beginnen wir mit der Bereitschaft, Verantwortung zu übernehmen. Wer nur sagen will, wo es lang gehen soll, aber nicht die Verantwortung tragen möchte, der braucht gar nicht weiterzulesen. Die Zeitungen sind voll von Querelen und Diskussionen darüber, wer verantwortlich ist für Fehler und Misswirtschaft. Keiner will es gewesen sein, einer schiebt dem anderen die Schuld in die Schuhe. Ein trauriges Bild, das sich uns bietet. Verläuft eine Aktion erfolgreich, dann will es gern jeder gewesen sein – das Kind hat auf einmal viele Väter! Hier schon trennt sich die Spreu vom Weizen. Verantwortung kann nur eine starke Persönlichkeit tragen – ein Mensch, der weiß, was er will und was er kann. Ein Mensch mit großen Zielen hat die Kraft, diese Ziele zu erreichen und die Stärke, verantwortungsvoll zu handeln. Das unterscheidet ihn von den Egoisten, die versuchen auf Kosten anderer zu Erfolg zu kommen. Die meisten scheitern – früher oder später – und auf der Strecke bleiben die Mitarbeiter. Der Höhenflug endet im Crash, der egoistische Traum vom schnellen Erfolg ist ausgeträumt. Und die Angestellten stehen vor dem Nichts.

Jeder ist für alles verantwortlich, was er tut – das gilt im Kleinen wie im Großen. Immer haben wir es mit Menschen zu tun. Wir sind verantwortlich für das unfreundliche Wort ebenso wie für die weitreichende Entscheidung über die weitere Firmenpolitik. Wir sind verantwortlich dafür, ob die Menschen, die für uns arbeiten, sich mit dem gemeinsamen Ziel identifizieren und sich dafür engagieren – oder ob sie nur mit halbem Herzen bei der Sache sind. An uns liegt es, ob ein Auftrag mit Power bearbeitet oder lustlos erledigt wird. Wir sind verantwortlich – und manchmal tragen wir schwer daran. Die Größe eines Vorgesetzten erkennt man daran, ob er Fehler zugeben kann oder nicht. Nichts macht einen Vorgesetzten menschlicher als das Eingeständnis, etwas falsch gemacht zu haben. Dieses Gefühl – er ist wie wir – verbindet ungemein. Kennedy hat den Deutschen, und ganz besonders den Berlinern, dieses Gefühl gegeben. Er ist einer von uns! Kaum jemand kann sich dieser Aussage entziehen.

Wer Erfolg haben möchte, darf den „Faktor Mensch" nicht unterschätzen. Fragen Sie sich immer wieder, wie es aussieht mit Ihrem Einfühlungsvermögen und Ihrer Wirkung auf andere. Wie fein sind Ihre Antennen für die Gefühle und Bedürfnisse Ihrer Mitmenschen? Empathie, die angeborene Fähigkeit, sich in andere hinein zu versetzen, ist das Zauberwort. Empathie stärkt den Zusammenhalt – das ist besonders wichtig für den richtigen Umgang mit Menschen, zudem stärkt es Teams und verbessert die Leistungsfähigkeit. Nichts ist so ansteckend wie Gefühle. Nur wenn wir nachvollziehen können, was der andere braucht, können wir ihn auch innerlich erreichen, können wir mit ihm kommunizieren. Schon von klein auf trainiert der Mensch sein Einfühlungsvermögen, denn automatisch ahmt er die Mimik der Bezugspersonen nach. Übrigens verfügen auch Affen über empathische Fähigkeiten, was zu dem Schluss veranlasst, dass diese Fähigkeit notwendig ist zum Überleben.

Jeder von uns kann also spüren, was in dem anderen vorgeht. Wir nehmen unbewusst alles wahr, hören leise eine innere Stimme, die uns sagt, dass unser Gesprächspartner nicht gut drauf ist, obwohl er sich ganz normal verhält. Eher glauben wir das, was wir sehen als das, was wir fühlen. Damit tun wir uns aber keinen Gefallen. Wir sollten wieder lernen, hinter die Fassade zu sehen und uns in die Lage unseres Gegenübers zu versetzen. Je besser Ihnen dies gelingt, desto erfolgreicher sind Sie. Sie werden nicht einen wichtigen Vorschlag gerade dann machen, wenn der Boss nicht bei der Sache ist, obwohl er so tut. Sie werden die Sekretärin lieber pünktlich gehen lassen, obwohl noch Post raus sollte, wenn Sie bemerken, dass sie wegen ihren kranken Kindes unruhig und nervös ist. Es ist das Zusammenspiel vieler verschiedener Wahrnehmungen, die uns zeigen, wie es wirklich in einem Menschen aussieht. Und wir merken sofort, wenn eine Diskrepanz besteht zwischen dem, was er sagt und dem, was in ihm wirklich vorgeht. Oft sind wir einfach nur nachlässig, oft sind wir nur mit unseren Fakten beschäftigt oder darauf konzentriert, wie wir unsere Angelegenheiten am besten erledigen können. Übergehen wir aber das Befinden des anderen, haben wir schlechte Karten trotz guter Argumente oder überzeugender Preise. Können Sie sich gut in andere Menschen hineinversetzen, werden Sie automatisch das Richtige im richtigen Augenblick tun und sagen. Sie nehmen Veränderungen wahr, kennen die Wünsche und Bedürfnisse Ihrer Mitmenschen und können auf sie eingehen. Dann werden Sie mit einem an Liebeskummer leidenden Azubi anders umgehen als mit einem Azubi, der Intrigen ausheckt – obwohl beide sich scheinbar gleich verhalten.

Schalten Sie ruhig ab und zu den Verstand aus und hören Sie, was Ihre innere Stimme Ihnen sagt. Sie irrt sich nämlich nicht – ganz im Gegensatz zum Verstand! Wie oft hat unser Verstand uns schon einen Strich durch die Rechnung gemacht, weil wir uns unschlagbar mit den besten Konditionen glaubten. Die Fakten sprachen eindeutig für unser Angebot, aber die Emotionen sprachen dagegen, denn der Geschäftspartner war an diesem Tag nicht gut drauf. „Eigentlich" haben wir es schon bemerkt, aber sind dann doch nicht der inneren Stimme gefolgt und sind gescheitert.

Auch unser Innenleben ist natürlich für unser Umfeld „lesbar", da können wir uns noch so sehr bemühen, unsere Unsicherheit durch forsche Worte zu kaschieren. Der andere merkt es trotzdem. Das sollten Sie immer im Hinterkopf behalten. Besser stellen Sie sich der Situation durch eine charmante oder witzige Bemerkung. Sind Sie ein Meister des geschriebenen, aber nicht des gesprochenen Wortes, könnten Sie sagen: „Meine Stärke liegt eher im Schreiben..." oder „...ich bin noch nicht so daran gewöhnt, im Rampenlicht zu stehen..." Damit schaffen Sie eine offene Atmosphäre und gewinnen Pluspunkte.

Testen Sie doch einfach ab und zu Ihr Einfühlungsvermögen: Wählen Sie spontan jeden Tag drei Personen aus und versetzen Sie sich in deren Situation. Wie fühlen sie sich, was denken sie gerade, was haben sie vor, wie würden sie reagieren, wenn Sie sie ansprechen würden...

Prüfen Sie immer wieder, was Sie ausstrahlen. Wie wirken Sie auf andere Menschen? Stimmt das Bild, das andere von Ihnen haben mit Ihrer eigenen Vorstellung überein? Oder sehen Ihre Mitmenschen Sie ganz anders? Fragen Sie Ihre Freunde, Bekannten, die Familie und die Kollegen. Vielleicht ist Ihre Wirkung auf Ihr Umfeld ganz anders als Sie sich das vorstellen oder beabsichtigen.

Zu den soft skills zählt auch die Kreativität. Viele Tätigkeiten sind von Maschinen übernommen worden, so dass der Mensch sich heute wieder schöpferisch betätigen kann und muss. Kreativität ist ja nichts anderes als neue Probleme, auf eine neue Art und Weise zu lösen. Gedanken, wie „Was kann man besser, schöner, anders machen?" wecken das schöpferische Potential in uns. Oftmals sind wir erstaunt, was bei der kreativen Arbeit zutage kommt. Ist dieses Element in uns erst einmal aktiviert, können wir uns förmlich zu Produktionsstätten innovativer Ideen und Gedanken entwickeln. Wer kreativ an alles herangeht, überlegt und dann das realisiert, was zu einer Verbesserung beiträgt, wird schnell diejenigen überholen, die sich in reinen Routinebahnen bewegen.

Unsere Zeit erfordert die Abkehr von der Fremdmotivation, zumindest für denjenigen, der etwas bewegen und der weiterkommen will.

Gefordert ist jetzt Selbstmotivation. Wer die eigenen Passivität überwindet und erkennt, dass jeder sich selbst steuern muss, der wird Arbeit nicht als eine Belastung empfinden, sondern als eine erfüllende Aufgabe, die Freude und Spaß macht.

Ohne Motiv keine Motivation

Einerseits lebt ein jeder aus sich und für sich, glaubt sein Leben ginge nur ihn etwas an. Doch wenn er sein Leben nicht in den Dienst einer Sache stellt, geht es ihm wie vielen anderen auch: Er geht verloren – er verirrt sich in einem Labyrinth, in dem man so viel laufen kann wie man will und dennoch nicht ans Ziel kommt. Anders ist es, wenn man seinem Leben einen Sinn gibt, eine Aufgabe findet, die Hingabe erfordert. Und dafür benötigt jeder Motivationskraft – zur Selbstmotivation und zur Motivation von Mitarbeitern. Sie können die besten Absichten, wertvolle Ziele, finanzielle Mittel und gut ausgebildetes Personal haben – all das nützt Ihnen wenig, wenn Sie nicht in der Lage sind, Menschen zu motivieren. Erfolgreiche Menschen haben ein klares Ziel, ein Ziel, das ihrer Persönlichkeit gerecht wird, sie haben einen festen Punkt, den sie erreichen wollen. Die Kraft und die Ausdauer, um die Strecke bis zum Zielpunkt zu überwinden, erhalten sie durch das Motiv (oder den Zweck). Den Körper bis zur äußersten Grenze zu belasten und damit zu beweisen, zu welchen Leistungen der Mensch fähig ist, mag ein Motiv für Edmund Hilary, den Bezwinger des Mount Everest, gewesen sein. Sein Ziel war es, als erster diesen Berg zu besteigen. Die meisten Menschen arbeiten, um Geld zu verdienen oder um sich zu beschäftigen. Die wenigsten arbeiten auf ein festes Ziel zu.

Viele Menschen sehen keinen Sinn in ihrem Tun bzw. merken früher oder später, dass Geldverdienen allein sie nicht glücklich macht. Können Sie Menschen motivieren und haben Sie ein lohnendes Ziel anzubieten, werden Sie reichlich Mitstreiter gewinnen. Die Menschen warten geradezu auf eine Persönlichkeit, der sie sich anschließen, die sie unterstützen können.

Nutzen Sie diese Chance. Lernen Sie, andere Menschen zu motivieren. Ein hervorragender Motivator war Napoleon. Er sagte über seine Ehrenlegion: „Man führt Männer mit Spielzeugen". Ohne Motiv keine Motivation. Ohne Sinn und Zweck vermitteln zu können, wird es Ihnen nicht gelingen, jemanden für Ihr Ziel zu begeistern. Ja, nicht einmal mehr finanzielle Anreize verlocken gute Mitarbeiter zu einem Firmenwechsel. Viel höher im Kurs stehen dagegen– und das belegen Untersuchungen – Firmen oder Posten, bei denen es persönliche Entwicklungsfreiheit gibt. Daran sehen wir schon, wie wichtig die Motivation ist. Stimmen Ziel und Motive überein, fühlen Sie sich wohl, sind Sie zufrieden. Und das gibt Ihnen unbegrenzte Kraft.

Wie wirkt Motivation in unserem Gehirn?

Sind wir motiviert, dann funktioniert das Wechselspiel zwischen linker und rechter Gehirnhälfte. Die rechte Seite beruft sich auf positive Erfahrungen und trägt so dazu bei, dass die linke Seite nicht aufgibt.

Ein starker Motivator ist die Liebe. Lieben Sie einen Mann/eine Frau, dann denken Sie sehr viel an diese Person. Allein schon die Gedanken beflügeln Sie, geben Ihnen Zuversicht, machen Ihnen Mut. In Zeiten der Liebe gelingt alles viel leichter und viel besser. Wenn Sie nun die Liebe ausweiten – auf alles, was Sie tun, dann haben Sie so viel Motivation, dass Sie nicht nur die Sterne vom Himmel holen können, sondern auch hohe Gipfel im Berufsleben locker erklimmen können.

Besonders in Krisenzeiten brauchen wir Führungspersönlichkeiten, die mit positiven Visionen, überzeugenden Argumenten und Durchsetzungsfähigkeit ihre Mitarbeiter mobilisieren. Die Ideen müssen so vermittelt werden, dass sich der Einzelne damit identifizieren kann – und zwar so intensiv, dass er das vorgegebene gemeinsame Ziel als sein persönliches Ziel ansieht. Dann wird er mit voller Kraft voraus sich ganz dafür einsetzen. Es liegt an Ihnen, den Funken in Ihren Mitarbeitern zu entzünden. Daraus kann dann ein Feuer der Begeisterung werden. Keiner wird am Abend auf die Uhr blicken, sich wegen Migräne früher verabschieden oder unkonzentriert bei der Arbeit sein. Jeder wird ganz bei der Sache sein und sich voll engagieren. Die Motivation ist der Motor, die Antriebskraft, die entscheidet ob sich Visionen umsetzen lassen.

Geben Sie den Menschen das, was sie benötigen – wenn Ihnen das gelingt, haben Sie motivierte und engagierte Mitarbeiter. Kennedy erkannte klar, was die Nation brauchte, als er die Selbstzufriedenheit der Amerikaner in den 50iger Jahren anprangerte und ihnen vorwarf, die Ideale zu vernachlässigen. Er hätte kein clevereres Motiv wählen können, um zu einem Neubeginn aufzurufen – natürlich unter seiner Führung. Er servierte einen Cocktail, gemixt aus Pioniergeist, Abenteuerlust mit einem Schuss Angst – und präsentierte sich als den einzigen, der das Unternehmen bzw. die Nation führen kann! Wer will ihn da nicht unterstützen?

Friedfertigkeit und Verständnis

Aggressionen machen uns den Alltag zur Hölle. In der Schule häufen sich die Gewalttaten. Große prügeln Kleine, da werden unter Androhung von Gewalt Handys und Markenpullis erbeutet, da werden Kinder mit anderer Hautfarbe angegriffen... In der U-Bahn werden alte und gebrechliche Menschen einfach auf die Seite „geräumt", im Straßenverkehr fühlt man sich wie einst im Wilden Westen. Die Nachrichtensender verbreiten Bilder von Kriegen und Gräueltaten. Unterschwellig nimmt die Angst zu und das verstärkt die Aggression.

Von Natur aus ist der Mensch aggressiv – bis zu einem gewissen Maße muss er es auch sein, um zu überleben. Doch wir sind nicht mehr in der Steinzeit, in der noch mit Keulen gegen den Feind angegangen wurde. Dennoch nimmt aggressives Verhalten zu. Deshalb sollte jeder für sich selbst prüfen, wie es mit seiner Friedfertigkeit aussieht. Was reizt Sie, worüber regen Sie sich so auf, dass Sie ausfallend oder gar unkontrolliert reagieren? Bei welchen Gelegenheiten verlieren Sie die Beherrschung? Oder haben Sie sogar Freude daran, andere zur Weißglut zu bringen, sie zu provozieren? Eine Veränderung kann nur bei uns selbst beginnen.

Berechtigten Ärger dürfen Sie ruhig zeigen. Aber das will gelernt sein. Kritik ist oft angebracht, doch muss sie in der richtigen Form geäußert werden. Oberster Grundsatz lautet: Erst zur Ruhe kommen und dann den Mund aufmachen. Oft kompensieren wir nur eigene schlechte Laune auf andere. Versetzen Sie sich bewusst in die Situation des anderen hinein. Es fällt Ihnen dann wahrscheinlich viel leichter, gelassener zu reagieren. Oft eskalieren kritische Situationen dadurch, dass jemand aus einer Mücke einen Elefanten macht, dass jemand unangemessen scharf reagiert. Gehen wir gelassener mit schwierigen Situationen um, reagieren wir mit Verständnis, dämpft das die Aggression des anderen, entspannt es die Lage. Wir können andere Menschen nicht ändern, doch indem wir uns ändern, verändert sich das Umfeld von allein. Das gilt im kleinen Rahmen, wie in der Familie, in der Firma, wie auch im weitesten Sinn für die Gesellschaft.

Wer Menschen führt, darf nie vergessen, dass Anerkennung wichtiger als alles andere im Leben ist. An zuviel Lob ist noch keiner gestorben, an zu wenig Anerkennung geht der Mensch ein wie eine Primel ohne Wasser. Warum wird mit Lob und Dank so sparsam umgegangen? Jeder Chef könnte mit ein paar lobenden Bemerkungen wahre Wunder bei seinen Mitarbeitern bewirken. In welchem Verhältnis steht bei Ihnen Lob und Kritik?

Notieren Sie zwei Wochen lang jede Anerkennung, jedes Lob, das Sie ausgesprochen haben und machen Sie dasselbe mit kritischen Anmerkungen. Ihre Aufstellung ist ganz unparteiisch und wird Ihnen zeigen, ob das Verhältnis ausgewogen ist.

Kritik und unterschiedliche Meinungen sind immer willkommen – so heißt es zumindest in vielen Firmen. Wird dann aber wirklich zur Tat geschritten und eine konträre Meinung geäußert, ist es schnell aus mit der Sympathie und der harmonischen Stimmung. Das muss aber wirklich nicht sein! Zuerst kommt es einmal auf die Einstellung an. Kritik ist eine Orientierungshilfe, ist eine Chance zur Verbesserung und gibt Gelegenheit zur persönlichen Weiterentwicklung.

Wie gehen Sie am besten damit um?

Lassen Sie den anderen ausreden, fallen Sie ihm nicht ins Wort.

Bevor Sie Stellung nehmen, prüfen Sie, ob die Kritik überhaupt angebracht ist, ob sie in der Relation zum Sachverhalt steht oder ob jemand Sie kränken will. Werden die Anschuldigungen nur von einer Person oder einer Gruppe geäußert?

Ist die Kritik gerechtfertigt, sind Ihnen tatsächlich Fehler unterlaufen, dann fangen Sie bloß nicht mit Rechtfertigungen an, sondern entschuldigen Sie sich und lernen Sie daraus. Gehen Sie in die Offensive, bieten Sie beispielsweise an, die fehlerhafte Kalkulation am Wochenende zu Hause zu machen. Bleiben Sie ruhig (versetzen Sie sich vor einem unangenehmen Termin in Alpha!), sprechen Sie langsam und deutlich.

Müssen Sie Mitarbeiter kritisieren, dann bleiben Sie unbedingt auf der sachlichen Ebene, sprechen Sie konkrete Punkte an, greifen Sie niemanden persönlich an. Achten Sie auf Ihre Wortwahl, den Tonfall und Ihre Stimme. Vergessen Sie nicht, dass das Ziel eine Lösung des Problems sein sollte und nicht, einen Mitarbeiter fertig zu machen. Finden Sie ein aufbauendes Gesprächsende (posthypnotischer Befehl) und vergessen Sie nicht, dass zum Tadeln auch das Loben gehört.

Begeistern

Von Kindern können wir einiges lernen: Sie können noch so richtig aus vollem Herzen begeistert sein. Erinnern Sie sich noch an Ihre erste Eisenbahn oder die Babypuppe? Mit wie viel Freude und Neugierde haben Sie die neuen Sachen ausprobiert, es wurde Ihnen nicht langweilig noch wurden Sie müde. Doch wie steht es heute mit diesem belebenden Gefühl? Sind Sie begeistert von Ihrem Ziel, von Ihrem Beruf – von Ihrem Leben?

Ich kann Ralph Waldo Emerson nur zustimmen: „Ohne Begeisterung ist noch nie etwas Großes erreicht worden."

Man muss selbst überzeugt sein von seinen Zielen. Das wiederum gelingt nur, wenn man selbst einen Sinn in seinem Tun sieht. So wie beispielsweise Ute Ohoven, die Sonderbotschafterin der Unesco, bekannt als eine Weltmeisterin im Spendensammeln. Sie unterstützt Projekte für Kinder in aller Welt. Ute Ohoven kennt die Not der Kinder, sie weiß genau, wovon sie spricht und das macht ihre Überzeugungskraft aus.

Wie erfolgreich sie damit ist, zeigt das Resultat: 50 Millionen DM hat sie in neun Jahren gesammelt!

Entsprechen Ihre Ziele wirklich Ihrer Persönlichkeit, sind es wirklich Ihre eigenen Ziele, sind sie sinn- und wertvoll, dann sind Sie automatisch davon überzeugt. Jetzt geht es nur noch darum, dass Sie Begeisterung in sich selbst entwickeln, dass Sie Freude an Ihrer Aufgabe haben. Und dann dürfte es Ihnen nicht schwer fallen, andere Menschen zu aktivieren und mitzureißen. Denn wie wollen Sie etwas bewegen, wenn nicht mit dem Feuer der Begeisterung? Wie wollen Sie etwas erreichen, wenn nicht mit einem Leuchten in den Augen und einem Lächeln auf den Lippen? Ohne Begeisterung wird die geringste Arbeit zur Schwerstarbeit! Warum wollen Sie sich das antun?

Viel zu wenig befassen wir uns mit uns selbst, deshalb frage ich Sie: Wann waren Sie zuletzt von etwas begeistert? Sie müssen lange überlegen? Dann machen Sie etwas falsch in Ihrem Leben!

Finden Sie fünf Gründe, warum Sie von Ihrem Ziel begeistert sein können und schreiben Sie diese auf:

1.

2.

3.

4.

5.

Wann waren Sie das letzte Mal von jemandem begeistert?

Woran bemerkt Ihr Umfeld, dass Sie begeistert sind?

Können Sie überhaupt begeistert von etwas sprechen?

Ein begeisterter Menschen fällt auf, fällt aus dem üblichen Rahmen. Er hat einen dynamischen Gang, eine gerade Haltung, leuchtende Augen. Seine Worte sind lebendig, seine Stimme ist mitreißend. Nur was im Inneren vorhanden ist, kann auch ausgestrahlt werden. Und wenn in Ihnen ein Feuer brennt, können Sie es auch in anderen entzünden. Glauben Sie mir, die Menschen brauchen dieses Feuer, brauchen eine Aufgabe, von der sie überzeugt sind und die sie mit Begeisterung angehen. Damit bekommt auch ihr Leben einen Sinn und Zweck.

Versetzen Sie sich in die Lage Ihrer Mitarbeiter: Womit können Sie ihr Interesse wecken, was könnte ihre Neugierde wecken?

Vorbilder

Unter der Überschrift „Flucht in die Zukunft" schreibt die Süddeutsche Zeitung (20./21.4.2002, Seite 25) über Fred Alger, der 1964 eine Fondsgesellschaft gründete, die überaus erfolgreich war. Fred Alger entwickelte seine eigene Firmenphilosophie, investierte nur in sogenannte Wachstumsunternehmen, machte sich damit an der Wall Street einen Namen als Meister des Wandels. Dann übergab er die Leitung seinem Bruder und zog sich ins Privatleben zurück. Am 11. September 2001 starb sein Bruder im Büro im World Trade Center, zudem verlor die Firma 33 der besten Mitarbeiter. Ohne zu zögern stieg Fred Alger wieder aktiv ein, überzeugte Investoren und Analysten und verwaltet 6 Monate nach dem Ereignis wieder so viel Mittel wie vorher. Obwohl die Alger-Fonds sich zeitweise nicht so günstig entwickelten, ist Fred Algers Ziel, die Firma wieder zur alten Stärke zurückzuführen. Dazu engagierte er u. a. einen Zukunftsforscher, denn „die Vergangenheit taugt höchstens, um daraus zu lernen" – so Fred Alger. Er steht als Beispiel für den amerikanischen Traum, sich nicht unterkriegen zu lassen. Wie viele andere Betroffene vom 11. September 2001 stürzt er sich in die Arbeit, konzentriert sich auf die Zukunft. Das ist die Art von Therapie, die er sich verordnet.

Er ist ein Meister der Selbstmotivation und das macht ihn glaubwürdig und zu einem Motivator, der nicht nur seine Belegschaft mitreißt, sondern auch Kunden überzeugt. Bei der Einstellung neuer Mitarbeiter bevorzugt er Kämpfertypen, die das Beste aus jeder Situation machen und Dinge schnell angehen. Das entspricht genau ihm selbst. Er nahm zwar nur ein einziges Mal an dem New Yorker Marathon teil. Darauf bereitete er sich so intensiv vor, dass sein Umfeld sich schon Sorgen um seine Gesundheit machte. Er schaffte es in Superzeit. Im Golf hat er Handcap 11. Was Alger anpackt, er tut es ganz – und der Erfolg gibt ihm Recht. Halbe Sachen, lauwarmes Engagement sind nicht sein Ding. Er lebt nach dem Motto: Ganz oder gar nicht. Seine Mitarbeiter werden mitgerissen – von dieser positiven Einstellung, seinem Elan und seiner Zielstrebigkeit. Und sie profitieren von ihm: Ist er erfolgreich, sind sie erfolgreich, sind die Jobs gesichert, verdienen sie gut und fühlen sich wohl.

Solche Menschen braucht die Welt. Fred Algers Mitarbeiter möchten sein wie ihr Chef. Deshalb sind sie mit Herz und Kopf bei der Arbeit, machen – wie er – keine halben Sachen, sondern setzen sich voll und ganz für die Firma ein. Mit dieser geballten Energie geht es aufwärts mit der Firma, der Wirtschaft, dem Staat. Der Traum nimmt konkrete Formen an.

Wir kennen andere, krasse Beispiele aus den Kriegen: Ganze Kompanien haben sich förmlich dem Feind in die Arme gestürzt, nur um ihren Chefs zu folgen, wohl wissend, dass sie in einen ziemlich aussichtslosen Kampf gehen. Andererseits wurden gerade in größter Gefahr ungeahnte Energien frei, die zu überraschenden Siegen führten. Ein solcher Einsatz ist nur möglich, wenn eine charismatische Persönlichkeit eine Vorbildfunktion übernimmt. Der Wunsch so zu sein wie das Vorbild verleiht Bärenkräfte. Marschieren kann man befehlen – siegen nicht!

Von Kennedy wird berichtet, dass er schon als Junge sich für Lord Byron interessierte und versuchte ihm nachzueifern, ja sogar manche Gesten zu imitieren. Dazu muss man wissen, dass auch Byron ein gut aussehender, aber etwas schwächlicher Mann war, der hoch in der Gunst der Frauen stand. Auch Kennedy war kein gesundes Kind, er war nicht ganz gesund, war unsicher und äußerst empfindlich. Wie Byron versuchte er nicht, diese Schwächen ganz zu vertuschen, sondern sie in geringem Maße zu zeigen und zu ihnen zu stehen. Das machte Kennedy ausgesprochen menschlich und sympathisch. Die Wirkung auf das weibliche Geschlecht blieb nicht aus.

Vorbilder sind sozusagen lebende und erprobte Erfolgskonzepte. Deshalb sollten Sie sich genau mit den Erfolgseigenschaften Ihres oder Ihrer Vorbildes/r befassen. Am meisten und am leichtesten lernt der Mensch durch Nachahmung. Kopieren Sie ruhig Ihr Vorbild – dafür brauchen Sie kein Copyright. Ist es ein begnadeter Redner, dann analysieren Sie seine Reden und strukturieren Sie Ihre Reden genauso.

Sehen oder hören wir die Nachrichtensendungen, schlagen wir die Zeitungen auf – wohin wir auch blicken: Krisen, Probleme, Katastrophen. Was wir brauchen, das sind einflussreiche Menschen, die ihre Macht nutzen und die Verantwortung übernehmen. So wie Kennedy. Natürlich kann nicht jeder Präsident der Vereinigten Staaten werden. Aber es gibt für jeden einen Platz, Einfluss zu nehmen und Dinge zu verbessern.

Erfolge verursachen

So wie wir alle das Glück suchen, möchten wir alle auch erfolgreich sein. Nun ist Erfolg für jeden etwas anderes. Erfolg kann bedeuten, die Geschicke einer Firma mitzubestimmen oder aber auch, Kinder zu verantwortungsvollen und lebensfrohen Menschen zu erziehen. Erfolgreich kann man in jedem Bereich sein. Es kommt immer darauf an, was der Einzelne im Leben möchte. Vielleicht möchten Sie als Mensch erfolgreich sein? Für was auch immer Sie sich entscheiden – eines beinhaltet Erfolg immer: Ein Sinn muss hinter dem Tun stehen.

Auch die Wissenschaft hat sich mit dem Erfolg befasst und unterscheidet in verschiedene Erfolgstypen. Als sogenannter Flow-Typ wird bezeichnet, wer total in seiner Aufgabe aufgeht und dabei äußerst kreativ ist. Aus Fehlern und Misserfolgen lernt der wachstumsorientierte Typ und der Ergebnis-Typ kommt zum Stimmungshoch durch gute Leistung. Anders „funktioniert" der Wettbewerbs-Typ – erst durch Druck bringt er Bestleistung. Dann gibt es noch den Misserfolgs-Ängstlichen-Typ, der versucht dem Leistungszwang zu entrinnen. Gelingt das nicht, sucht er Hilfe bei anderen. Jeder einzelne Typ kann Erfolg haben auf seine ganz spezielle Art und Weise – es kommt nur darauf an, dass er auf dem richtigen Posten sitzt. Das gilt sogar für den ängstlichen Misserfolgstyp. Er hat ein feines Gespür dafür, Fehler zu erkennen und kann im richtigen Umfeld ausgesprochen hilfreich (und erfolgreich) sein. Wie ich schon sagte: Das Wichtigste im Leben ist es, seinen Platz zu finden. Am richtigen Platz kann jeder erfolgreich sein.

Manche Seminarteilnehmer sagen mir, dass sie gar nicht erfolgreich sein wollen, denn Erfolg ist für sie mit Egoismus verbunden. Sie wollen auch keine Sieger sein, weil es dann Verlierer gibt. Niemand hat gesagt, dass das Leben fair ist. Aber jeder von uns kann dazu beitragen, dass es besser wird. Was bewirken wir, wenn wir uns einreihen in das Heer der Erfolglosen und Verlierer? Gar nichts. Es wird weiterhin Sieger und Verlierer geben. Es kommt immer darauf an, auf welche Art und Weise Sie siegen, wie Sie Erfolge erzielen. Sie müssen Ihren Geschäftspartner im Preis nicht so drücken, dass er Pleite geht. Sie müssen nicht auf Kosten Ihrer Mitarbeiter Karriere machen. Leben und leben lassen. Ich sehe Erfolg auch nicht als eine Sieger-Verlierer-Beziehung. Hat jemand Erfolg, kann er seine Mitmenschen auch erfolgreich machen. Erfolg kann auf Dauer sowieso nur bestehen, wenn er mit anderen geteilt wird. Es gibt sie schon, die kometenhaften einsamen Aufstiege – aber lange kann sich da oben keiner allein halten. Von den spektakulären Abstürzen hören wir ja oft genug.

Erfolg haben und andere erfolgreich machen – das ist das Motto. Erfolg bedeutet, die Leistungsreserven zu mobilisieren. Anleitung dazu bekommen Sie in Büchern über Erfolg. Lesen Sie selektiv – nicht Seite für Seite, sondern wählen Sie im Inhaltsverzeichnis das Thema, das gerade für Sie ansteht. Machen Sie Erfolgsbücher zu Lebensbüchern. Investieren Sie täglich 15 Minuten und fragen Sie sich, was Sie von dem Gelesenen anwenden können.

Nichts ist anziehender als Erfolg. Schaffen Sie ein erfolgreiches Umfeld. Umgeben Sie sich selbst mit erfolgreichen Menschen. Bei meinen Seminaren sehe ich es sofort: Die Erfolgreichen stehen mit den Erfolgreichen zusammen. Gleich zu gleich gesellt sich gern. Und das ohne sich vorher zu kennen. Werden Sie zu einem Magnet, der Erfolg anzieht. Da ist auch die Frage erlaubt, wen haben Sie gefördert, wem haben Sie zu mehr Erfolg verholfen?

Erfolg ist die Folge des eigenen Verhaltens. Tue ich nichts, kann folglich auch nichts erfolgen. Wer die Hände in den Schoß legt, braucht sich nicht zu wundern, wenn alle anderen ihn auf der Karriereleiter überholen. Erfolg funktioniert nach dem Verursacherprinzip, dabei wird der Zufall ausgeschaltet. Warum sind manche Menschen erfolgreicher als andere? Auf die Gewohnheiten kommt es an. Wie wir wissen, sind in unserem Gedächtnis alle Eindrücke, die wir bereits vor der Geburt bis zum heutigen Tage aufgenommen haben, gespeichert. Ihre augenblickliche Situation ist also nichts anderes als das Resultat dieser Programmierungen oder anders ausgedrückt: Sie haben es heute mit dem vorläufigen Endergebnis Ihrer Lebensgeschichte zu tun. Die Erfahrungen, die Sie bis jetzt gemacht haben, prägen Ihr Verhalten und haben sich verdichtet zu Gewohnheiten. Diese sind nichts anderes als die Summe der bisher gemachten Erfahrungen. So wie Sie Ihre ganz individuelle Handschrift erworben haben, haben Sie sich eine Reihe von guten und weniger guten Gewohnheiten angeeignet. So haben erfolgreiche Menschen andere Gewohnheiten als Versager. Gern verwende ich als Beispiel eine simple Schablone, wie man sie früher bei den elektrischen Klavieren benutzte. Jeder Ton war eingestanzt. Das menschliche Verhalten unterscheidet sich gar nicht sehr davon. Jede Erfahrung wird in unserem Unterbewusstsein festgehalten, jeder Gedanke, jedes Wort, das wir bewusst oder unbewusst hören. So kommt es darauf an, welchen Inhalt Sie gespeichert haben. Ein erfolgreicher Manager hat eine andere Schablone im Kopf als ein Buchhalter. Unser Verhalten hängt nämlich nicht etwa von unserem freien Willen ab, sondern von dem Programmen, die wir gespeichert haben. Nur danach „funktioniert" der Mensch.

Welches Programm wirkt in Ihnen?

Erfolgreiche Menschen haben ein Erfolgsprogramm integriert. Sie haben negative Einflüsse und Eindrücke mit positiven Suggestionen überspielt. So wie ein Sportler solange trainiert, bis er automatisch richtig agiert und reagiert, so kann ein Mensch Erfolg (aber auch Misserfolg) trainieren, Positives und Aufbauendes zum Automatismus werden zu lassen. Nicht mit einem starken Willen können wir unser Schicksal beeinflussen, sondern mit konstantem Training. Das Agieren und Reagieren wird von den im Gehirn gespeicherten Verhaltensmustern bestimmt. Trainieren Sie Erfolgsverhalten durch Suggestionen, Gedankenkontrolle und Selbstdisziplin, dann verändern Sie ihr inneres Programm. Fragen Sie sich immer wieder:

Welches Programm wirkt in Ihnen?

Können und wollen Sie neue (Verhaltens-) Muster installieren? Viele Menschen glauben durch Reden könnten Sie die Dinge verändern. Doch das funktioniert nicht. Denken Sie nur an die endlosen politischen Debatten, an die vielen Stunden einer Gesprächstherapie. Sie können jahrelang über Ihre Probleme sprechen – gelöst werden sie dadurch nicht, denn Ihre Verhaltensmuster bleiben die gleichen. Ein Mensch kann Hemmungen und Ängste nicht wegdenken oder wegsprechen, aber er kann sie wegtrainieren. Das MT ist ein hervorragender Weg, aber auch die Arbeit mit Autosuggestionen oder Suggestionskassetten helfen Ihnen, schlechte Angewohnheiten abzulegen und positive Verhaltensmuster zu verstärken.

Worauf ist Ihr Bewusstsein gerichtet? Was nehmen Sie eher wahr: Erfolge oder Misserfolge? Achten Sie auf Ihre Wortwahl und die Gesprächsinhalte, achten Sie darauf, worüber sie reden. Erfolgreiche Menschen sprechen von den Erfolgen, Versager sehen sich von Pech und unglücklichen Zufällen verfolgt. Sind Sie auf einer Party oder einem Meeting, dann brauchen Sie nur Ihren Gesprächspartner aufmerksam zuzuhören und Sie wissen, mit wem Sie es zu tun haben: Mit erfolgreichen Menschen oder mit Versagern.

Sie können jederzeit auf Erfolgskurs gehen. Ihre wichtigsten Lernkanäle sind die Ohren und die Augen. Alles was Sie mit diesen Organen aufnehmen, wird in Ihrem Langzeitgedächtnis verankert. So können Sie auch gut Ihr Unterbewusstsein besprechen und damit heute die Weichen stellen für das, was morgen geschehen soll. Lassen Sie Positives in sich einfließen – es wird mit Zeitverzögerung wirksam. Vergessen Sie nicht: Die wichtigste Zeit in unserem Leben ist die Zukunft. Die Vergangenheit können Sie sowieso nicht mehr ändern. Aber Ihre Zukunft können Sie gestalten. Schauen Sie nach vorn, werden Sie zu einem erfolgreichen Zukunftsmanager!

Mit auf Ihren Weg möchte ich Ihnen das Zitat von Imanuel Kant geben: „Der kategorische Imperativ: Handle so, dass die Maxime deines Willens jederzeit zugleich als Prinzip einer allgemeinen Gesetzgebung gelten könnte."

Sich auf Erfolg programmieren

Das geht einfacher als Sie denken. Kein Lehrer kann ausdauernder sein als Ihr Walkman oder Kassettenrekorder. Das Gehirn muss nur mit entsprechenden Inhalten gefüllt , mit positiven Gedanken und Suggestionen besprochen werden. Wenn Sie im Auto zur Arbeit fahren, dann lassen Sie nicht das Radio laufen und Ihren Kopf zumüllen mit Blabla, sondern legen Sie eine Kassette ein. Dann nehmen Sie keine negativen Botschaften mehr auf, sondern überspielen alte, unerwünschte Programme, die Sie nicht mehr benötigen. Geben Sie Gas – zur Entfaltung Ihrer Persönlichkeit.

Gehen Sie ab sofort nicht mehr allein ins Bett, sondern nehmen Sie den Walkman mit. Keine Angst – es besteht keine Seitensprung-Gefahr! Sie können nichts besseres für sich tun als mit positiven Suggestionen einzuschlafen. Geben Sie Ihrem Gehirn positive Nahrung. Nach 6 Wochen werden Sie die Wirkung feststellen: Input ist gleich Output.

Wie bereits erwähnt, können alte Programme nicht ausgelöscht, aber überspielt werden. Abgesehen davon, dass Sie darauf achten sollten, was Sie bewusst und unbewusst aufnehmen, können Sie ganz leicht durch Suggestionen oder Autosuggestionen Ihr inneres Programm positiv verändern. Programmieren Sie Ihr Unterbewusstsein um, werden Sie ein Meister in der Kunst der Selbsthypnose. Denn Hypnose ist nichts anderes als gezielt Einfluss auf sich selbst nehmen in einem Zustand der Tiefenentspannung.

Arbeiten Sie mit Autosuggestionen, sollten Sie auf positive Wortwahl achten. Konzentrieren Sie sich jeweils auf ein einziges Ziel. So wie Sie mit einem Auto nicht drei Ziele gleichzeitig anfahren können, können Sie auch nicht auf einmal drei alte Programmierungen überspielen. Entspannen Sie sich und sprechen Sie dann Ihre Suggestion zweimal täglich laut. Bleiben Sie bei einer Version mindestens 6 Wochen, erst dann sollten Sie eine neue Thematik angehen. Ich habe zu mehr als 30 Themen Suggestionen ausgearbeitet, die erprobt und erfolgreich sind. Sie können diese Texte gerne in meinem Institut anfordern.

Zuerst glauben Sie, Sie müssten viele unterschiedliche Themen „bearbeiten". Wenn Sie jedoch einmal mit der Arbeit angefangen haben, werden Sie feststellen, dass durch eine einzige, aber gezielte Veränderung sich viele andere Dinge ohne weiteres aktives Dazutun verändern.

Tiefenwirksamer und einfacher in der Anwendung als Autosuggestionen sind meine Suggestionskassetten, die durch die entspannende Musik ganz von selbst dafür sorgen, dass Sie schnell in Alpha kommen. Die Kassetten nehmen Spannung und Verkrampfung weg, befreien Sie von Angst und Unruhe und helfen, Probleme zu lösen. Mit Kassetten können Sie neue Leitmotive aufbauen und Ihre Konzentration steigern. Es gibt für jede Situation und für jeden Typ die richtige Kassette. Entscheidend ist, dass Ihnen die Stimme des Sprechers sympathisch ist, denn sonst erreicht sie nicht Ihr Unterbewusstsein, weil Sie innerlich zumachen.

Besonders gut ist es, wenn Sie die Kassetten beim Einschlafen laufen lassen. Dabei haben Sie noch eine angenehme Zusatzwirkung: Sie schlafen schnell ein, schlafen besser und tiefer und sind am nächsten Morgen aufgeladen mit Energie und positiven Impulsen.

Never give up!

Jeder erfolgreiche Mensch hat mehr oder weniger große Niederlagen hinnehmen müssen. Niemand hat Erfolge erzielt ohne Misserfolge zu verzeichnen. Hinfallen ist keine Schande, nur liegen bleiben darf man nicht! Noch schlimmer sind diejenigen, die es nicht einmal versuchen und ihre Untätigkeit mit Pech, Schicksal oder einer schwierigen Jugend entschuldigen. Wer so argumentiert, präsentiert lediglich ein Armutszeugnis. Jeder von uns hat das Zeug dazu, etwas aus seinem Leben zu machen, ja sogar etwas Besonders zu leisten, etwas Wertvolles zu tun. Ein Siegertyp wie Kennedy wäre niemals auf die Idee gekommen, einen Plan aufzugeben, nur weil er beim ersten Anlauf nicht gewonnen hat.

Fehler sind notwendig, denn sonst würden wir wenig lernen. Darin liegt der Sinn von Fehlschlägen und Misserfolgen. Sind Sie mit Ihrem Vorschlag gescheitert, dann prüfen Sie, was dazu geführt hat. Haben Sie etwas übersehen, waren die Recherchen nicht ausführlich genug, haben

Sie sich verkalkuliert oder war der Zeitpunkt der Präsentation nicht richtig, haben Sie vielleicht die emotionale Seite nicht beachtet? Finden Sie die Ursachen heraus und ziehen Sie die entsprechenden Konsequenzen. Sehen Sie auch den positiven Aspekt einer Niederlage: Gäbe es sie nicht, wären die Siege, die Erfolg nur halb so befriedigend. Eines ohne das andere ist gar nicht denkbar.

Übrigens: Starke Menschen stehen zu ihren Niederlagen und schieben die Schuld nicht auf andere. Ein Fehler kann jedem unterlaufen – das wird verziehen. Nicht vergessen und verziehen wird hingegen, wer sich seiner Verantwortung entzieht.

Halten Sie sich mein Symbol des aufrechten Menschen vor Augen: Er ist im Gleichgewicht und sehr beweglich. Sollte ihn wirklich etwas aus der Bahn werfen, dann findet er schnell wieder zurück zu seiner Mitte. Nichts kann ihn wirklich umwerfen. Damit es Ihnen ebenso ergeht, prüfen Sie Ihre Standfestigkeit.

Auf dem Weg zum Erfolg benötigen Sie nicht nur die Kraft, um nach Niederlagen wieder aufzustehen, sondern Sie brauchen auch Kraft, um Durststrecken zu überstehen. Das können Sie, wenn Sie Ihr Unterbewusstsein auf Erfolg programmieren. Sie werden dann automatisch das Richtige tun.

Auf die richtige Fragestellung kommt es an, wenn etwas schief gelaufen ist: Was kann ich besser machen, was kann ich daraus lernen?

Fragen Sie nicht: Warum ist das ausgerechnet mir passiert?

Zielklarheit ist ein guter Wegbegleiter. Ungenaue oder verwaschene Ziele führen auf Abwege. Lieber in kleinen Schritten vorwärts kommen als zu glauben, mit einem großen Sprung kommt man schneller ans Ziel. Dabei kann man sich nämlich leicht das Genick brechen. Belohnen Sie sich, wenn Sie einen Etappensieg erzielt haben: Ein Wellness-Wochenende, ein Schlemmermenü beim Sternekoch, eine Designerklamotte... Solche Methoden wirken nicht nur bei Kindern! Setzen Sie sich nicht unter Druck, gehen Sie Ihre Ziele spielerisch und mit Liebe an. Sie erreichen weit mehr damit. Manchmal hilft es auch, Freunde mit einzubeziehen, sie von den guten Vorsätzen und den Zielen zu informieren. Das hält Sie leichter bei der Stange, denn wer will schon gerne vor anderen zu viel Schwächen zeigen... Außerdem erfahren Sie von Freunden Unterstützung, wenn Sie einmal beginnen sollten zu schwächeln. Achten Sie zudem auf Ihr Umfeld. Was Sie brauchen, sind Menschen, die Sie aufbauen und stärken. Machen Sie einen Bogen um Kritiker und Nörgler.

Es ist leicht, sich an die schönen Dinge des Lebens zu gewöhnen, aber mit Enttäuschungen, Misserfolgen und Rückschlägen umzugehen, damit fertig zu werden – das ist nicht so einfach. Aber genau das ist es, was uns weiter bringt. Außerdem sollte man nicht außer acht lassen, dass es das eine nicht gibt ohne das andere: Erfolg wäre nicht so schön und wir könnten ihn gar nicht richtig schätzen, gäbe es nicht den schmerzhaften Misserfolg.

Erfolg genießen

Lebt der Mensch, um zu arbeiten oder arbeitet er, um zu leben? Diese Fragestellung ist nicht neu. Die Antworten sind unterschiedlich – je nach Lebensalter, Position und Lebensumständen. Wird Ludwig Erhard der Generation zugeordnet, die die Ärmel hochkrempelte und anpackt, vertritt Guido Westerwelle eher die junge Fun-Gesellschaft. Es gibt Menschen, die haben Spaß am beruflichen Erfolg, wollen etwas erreichen, etwas aufbauen und andere wollen lieber das Leben genießen, d. h. Urlaub machen, in die Disco gehen. Eine strikte Trennung zwischen Arbeit und Leben ist aber gar nicht nötig. Außerdem ist nicht immer alles so wie es scheint: Es gab sie schon immer, diejenigen, die ihre Akten wirkungsvoll auf dem Schreibtisch verteilten – ein Indikator für übermäßige Leistung war das dennoch nicht. Entspannung und Ruhephasen steigern die Leistungsfähigkeit, ebenso wenn mit Freude gearbeitet wird, das Klima stimmt und auch mal Spaß gemacht wird. Zudem weiß man heute, dass selbst Workaholics in ihrer Eindimensionalität immer seltener Karriere machen. Die Entwicklung und Entfaltung der Persönlichkeit hat nicht nur bei Arbeitnehmern, sondern auch für den Arbeitgeber an Priorität gewonnen. Das wichtigste Kapital der Unternehmer sind heute nicht mehr die Maschinen, sondern ist der Geist der Mitarbeiter – das gilt weltweit. Ausspannen und entspannen hat den gleichen Stellenwert wie konzentriert und fleißig zu arbeiten. Mit der richtigen Einstellung, nämlich Arbeit und Leben miteinander verbinden und nicht als Gegensatz zu betrachten, hat man schon einen wichtigen Schritt gemacht. Mit richtigem Zeitmanagement ist es möglich, eine Balance zwischen Berufs- und Privatleben zu finden. Es ist ein durchaus legaler Wunsch, leben und genießen zu wollen. Denn wer gut lebt, arbeitet gut, ist hoch motiviert – und gerade deshalb kann er viel für andere tun. Auf Dauer erfolgreich ist niemand, der Erfolg nur um des Erfolges willen anstrebt. Wirklich erfolgreich zu sein, heißt auch, seine Mitmenschen zu fördern und ihnen Gelegenheit zu geben, ihre Talente zu entfalten. Erst das ist wirklicher Erfolg und nur der ist auch beständig.

Die Früchte seiner Arbeit sollte jeder ohne schlechtes Gewissen genießen. Anspannung und Entspannung, Arbeit und Freizeit, Yin und Yang – wenn alles in einem ausgewogenen Maße vorhanden ist, dann können Sie von Herzen zufrieden sein. Aber auch wenn wir noch so sehr von unserer Aufgabe erfüllt sind, wenn wir mit Liebe und Engagement bei der Arbeit sind, so brauchen wir dennoch Ruhephasen. Wir benötigen immer wieder Auszeiten, Zeiten, in denen wir uns erholen, in denen wir genießen und unsere Batterien aufladen. Viele engagierte Menschen tendieren dazu, zu viel zu arbeiten und zu wenig genießen. Urlaube werden verschoben, Arbeit wird mit ins Feriendomizil genommen, am Wochenende schnell noch mal ein geschäftlicher Termin vereinbart.

Dieses Verhalten hat unterschiedliche Ursachen, an denen Sie arbeiten sollten:

- Nicht abschalten können
- Der Glauben, unersetzlich zu sein
- Nicht genießen können
- Nicht loslassen können

Wenn Sie nicht abschalten können, brechen Sie eines Tages zusammen. Dann können Sie alle Pläne vergessen, die Sie für „später" gemacht haben. Wie viele Menschen verschieben die Erfüllung ihrer privaten Wünsche auf später, auf die Zeit, wenn sie nicht mehr arbeiten. Und wie viele erreichen diese Phase? Und in welcher Verfassung? Carpe diem – nutze den Tag, lebe heute!

Jeder von uns ist einmalig und in gewisser Beziehung unersetzlich. Dennoch dreht sich auch ohne uns die Welt, gehen die Geschäfte weiter...

Wirken in Ihnen vielleicht alte Programmierungen, die Ihnen den Genuss verleiden? Haben Sie ein schlechtes Gewissen, wenn Sie sich das Leben schön machen? Können Sie ohne Reue sich den schönen Dingen des Lebens hingeben oder glauben Sie, die Fäden im Büro entgleiten Ihnen, wenn Sie nicht ständig anwesend sind? Finden Sie die Ursachen, wenn Sie sich selbst den Genuss vermiesen. Es ist Ihr gutes Recht, sich selbst zu verwöhnen. Das steht Ihnen zu. Noch besser genießen kann man sicherlich, wenn man teilt. Wer viel hat, kann auch geben. Hier sind Ihnen keine Grenzen gesetzt, engagieren Sie sich bei einem bestehenden Projekt oder gründen Sie eine Stiftung. Der Möglichkeiten gibt es reichlich.

Nur der unruhige, unsichere Mensch kann nicht loslassen. Es könnte ja sein, dass in seiner Abwesenheit etwas besser gemacht wird. Was macht Sie so unsicher? Ich kann Sie beruhigen: Sie können getrost loslassen, denn Ihr Unterbewusstsein arbeitet weiter für Sie, auch wenn Sie innerlich abschalten – vorausgesetzt es ist auf Ihr Ziel eingestellt (Suggestion!).

Lernen Sie auch „Nein" zu sagen, wenn man Ihnen Aufgaben zuschieben will, die andere nicht machen wollen. Hier ist freundliche Konsequenz erforderlich.

Erfolg und Erfolg genießen – das sollte immer zusammengehören. Nicht nur während der aktiven Arbeitszeit, sondern besonders auch dann, wenn man sich zurückzieht. Allerspätestens in dieser Lebensphase zeigt es sich, wie schlimm es ist, wenn man ein Leben ohne Sinn und Werte gelebt hat. Jetzt kann man die innere Leere nur noch durch betriebsame Hektik übertünchen. So wundert es nicht, dass so mancher in die Jahre gekommener erfolgreiche Promi sich benimmt wie ein Jugendlicher, verantwortungslos auf „Genuss pur" macht. Von den Folgen lesen wir jeden Tag in den entsprechenden Blättern. Was wir in solchen Fällen sehen, ist nichts anderes als ein trauriges Armutszeugnis, denn ein sinnlos gelebtes Leben lässt sich in den letzten Jahren nicht einfach und schnell mit Sinn erfüllen.

Wer aber sinnvoll gelebt hat, kann sich beruhigt auf das Altenteil zurückziehen, kann sich Zeit nehmen für all die Dinge, die zurückstehen mussten. Dennoch ist auch diese Lebensphase eine Zeit, die in besserer Qualität gelebt wird, wenn wir ihr einen Sinn geben. Es gibt so viele wertvolle Aufgaben für Ruheständler. Ich denke da beispielsweise an Senior Berater, die jungen Unternehmen mit Rat und Tat z. T. sogar unentgeltlich zur Verfügung stehen. Wie sehr mag es befriedigen, wenn man sieht, dass die eigne Erfahrung einer jungen Generation auf die Beine hilft. Eine Persönlichkeit endet ja nicht mit der beruflichen Tätigkeit. Wenn Sie in Ruhestand gehen, dann geben Sie nicht zusammen mit dem Büroschlüssel auch Ihre Persönlichkeit ab. Es gibt so viele Tätigkeiten für jeden, der seine Fähigkeiten und seine Ausstrahlung für eine sinnvolle Sache einsetzen will. Halten Sie Vorträge, schreiben Sie Artikel, coachen Sie den Nachwuchs. Geben Sie Ihr Wissen weiter und lassen Sie sie profitieren von Ihrer Lebenserfahrung. Alles, was Sie geben, kommt zu Ihnen zurück – dagegen sind die materiellen Errungenschaften unerheblich.

Für vieles war während der aktiven Berufstätigkeit keine Zeit. Jetzt können Sie all das in Ruhe tun, was Sie schon immer wollten: Sich endlich Ihrem Hobby der Malerei mehr widmen, längere Reisen machen, sportlich aktiver sein. Freuen Sie sich auf jeden Tag, geben Sie ihm einen Inhalt, erfüllen Sie sich Ihre Wünsche.

Erfolgsbeispiele

Jeder Erfolgreiche hat Hindernisse überwinden müssen, hat Rückschläge erlitten, hat negative Erfahrungen gemacht. Aber – und das unterscheidet ihn vom Erfolglosen – er hat sich dadurch nicht unterkriegen

lassen, sondern hat es noch mal probiert – immer wieder, bis es geklappt hat nach dem Motto „Jetzt erst recht". Ich möchte Ihnen zum
Abschluss ein paar Beispiele für Erfolg vorstellen:

Der Weltmeister im Boxen, Wladimir Klitschko, zugleich Doktor der
Philosophie und der Sportwissenschaften, hält Boxen für die ehrlichste
Sportart, die total dem Leben entspricht. Nur geht alles beim Boxen
schneller und es ist natürlich extremer. Im Leben muss man lange auf
das Ergebnis warten, beim Boxen dauert es nicht lange. Klitschko hat
durch den Sport viel für das Leben gelernt: Ziele setzen, Durchhaltevermögen und gute Selbstorganisation. Vor einigen Jahren – nach vielen
Erfolgen – verlor er gegen Ross Puritty. Im Nachhinein, muss er zugeben, wunderte es ihn nicht. Bis zu diesem Kampf ging er ohne Konzept
in den Ring, hatte einfach Glück. Die Erfolge machten ihn überheblich.
Deshalb stieg er ohne Angst vor diesem Kampf in den Ring. Erst die
Niederlage öffnete ihm die Augen. Er erkannte, dass man bewusst leben
muss, um zu siegen, dass man selbst herausfinden muss, was einem gut
tut und was man besser nicht machen sollte. Arbeit an sich selbst – im
Kopf. „Mit einem Plan kann man sich zu 90 % physisch und psychisch
vorbereiten, 10 % bleiben immer Glück." (Süddeutsche Zeitung Nr. 98:
SZ-Special: Uni & Job vom 27/28.4.02) In der Niederlage sah er nicht
etwas Pech, sondern erkannte seinen Fehler, aus dem er gelernt hat.

Erfolgsfaktoren: Zielklarheit, optimale geistige Vorbereitung, aus
Fehlern lernen.

Die Meinungsforscherin Elisabeth Noelle wollte seit ihrer Jugend Journa-
listin werden, hat immer nur gemacht, was sie wirklich wollte. Bereits
im Alter von 11 Jahren hat sie die Leitung übernommen – als Chefre-
dakteurin einer Schulzeitung. Und sie sagt, dass dies ihr ganzes Leben
so blieb. Sie erhielt sich ihre innere Unabhängigkeit und Freiheit, hat
ein stark ausgeprägtes Selbstbewusstsein und einen starken Willen.

Erfolgsfaktoren: Beruf als Berufung begreifen, Führungspersönlichkeit

Die Film- und Fernsehproduzentin Katharina Trebitsch hält es für unumgänglich zu lernen, mit Misserfolgen umzugehen. Sie erhielt große Unterstützung durch die Eltern, die in der Branche tätig sind. Das hat ihr den Einstieg erleichtert. Für diese Art von Tätigkeit benötigt man ein gutes Durchhaltevermögen sowie die Fähigkeit, mit Frustration umzugehen. Katharina Trebitsch hat erst einmal als Abgrenzung gegenüber den Eltern Jura studiert. Sie wählte diese Richtung als eine Art Training zur Selbstdisziplin, denn sie wusste, dass sie nicht sonderlich begabt für dieses Studium war.

Erfolgsfaktoren: Lernbereitschaft, Freude an der Aufgabe, Disziplin

Für Roland Berger, den Unternehmensberater, ist die Freiheit, sein Leben selbst gestalten und darüber bestimmen zu können, ein wesentliches Element in seinem Leben. Seine Vorliebe für das Kaufmännische hat er erfolgreich genutzt. Er wusste genau, was er wollte – nämlich keinen Routinejob und „interessante Persönlichkeiten treffen und – wenn's ging – keine Ochsentour." (SZ Uni & Job) Seine Fähigkeiten hat er genau analysiert. Erfolg bedeutet für ihn, sich selbst verwirklichen und gleichzeitig zur Weiterentwicklung der Gesellschaft beizutragen.

Erfolgsfaktoren: Selbstanalyse, Kreativität, Nutzen der Chancen

Wendelin Wiedeking, der Vorstandsvorsitzende von Porsche, ist eine einzigartige Unternehmerpersönlichkeit, von der wir viel lernen können. Ohne seine persönlichen Qualitäten, wie Mut, Weitsicht und Hartnäckigkeit – um nur einige zu nennen – hätte er Porsche nicht dahin bringen können, wo das Unternehmen heute steht. Wiedeking hatte ganz klare Ziele, zögerte nicht, sondern wagte mit viel Mut neue Wege einzuschlagen. Er setzte u. a. auf Kommunikation, bezog seine Mitarbeiter in die Entscheidungsprozesse mit ein und gab ihnen einen großen Verantwortungsspielraum. Es ist ihm gelungen, seine Mannschaft zu mobilisieren, ihr das Gefühl zu geben: Wir sitzen im gleichen Boot – und dennoch unangefochten die Führung zu behalten.

Erfolgsfaktoren: Selbstsicherheit, Teamgeist, Zielklarheit, Kommunikationsstärke

Wenn Sie, lieber Leser, das Buch bis zu dieser Stelle aufmerksam gelesen haben, dann wissen Sie, Probleme zu haben, ist kein Zeichen von Schwäche, Probleme zu haben, ist kein Zeichen von Minderwertigkeit. Probleme zu haben, ist ein Zeichen, dass wir Menschen sind.

Aus diesem Grunde haben Sie sich unsere Definition eingeprägt - Erfolge sind gelöste Probleme – würde es keine Probleme geben, hätten wir keine Chance erfolgreich zu sein.

Jedes Problem gibt uns die Chance zu zeigen, wie tüchtig, wie fähig, wie genial wir sind. Wie könnte ich dieses Buch besser abschließen, als mit der Erfolgsgeschichte von Edmund Hilary.

Edmund Hilary hatte von seinen Sponsoren Geld gesammelt, um den Mount Everest zu erklimmen. Die Expedition misslang, wenn Sie so wollen, ein Misserfolg.

Um Sponsoren zu finden und um neues Geld für eine zweite Expedition zu sammeln, hielt er in England Lichtbildervorträge und zeigte die schönsten Dias vom Himalaja Gebirge. Zum Schluss zeigte er ein grandioses Dia vom Mount Everest. Er drehte seinem Publikum den Rücken zu, blickte auf den Mount Everest und sagte: „Du kannst nicht mehr wachsen – aber ich." Seine zweite Expedition machte Edmund Hilary weltberühmt.

Sollten Sie einmal vor einem großen Berg von Problemen stehen, sollten Sie genau wie Edmund Hilary sagen: „Meine Probleme können nicht mehr wachsen, aber ich."

Ich wünsche Ihnen, liebe Leserin, lieber Leser, dass Sie von diesem Buch viel profitieren, dass Sie sich selbst entdecken und Ihr Potential nutzen. Jeder von uns kommt als Unikat auf die Welt, mit allen Anlagen, die er benötigt, um ein erfülltes und zufriedenes Leben zu leben. Jeder ist ein Teil des Ganzen, trägt die Verantwortung nicht nur für sich allein, sondern auch für das Umfeld, für die Zukunft unserer Gesellschaft. Nehmen Sie Ihre Lebensaufgabe an – entfalten Sie Ihre Persönlichkeit zu Ihrem Vorteil und zum Nutzen der Gemeinschaft.

Ich wünsche Ihnen viel Freude und viel Erfolg!

Ihr

Nikolaus B. Enkelmann

Danksagung

Ich bin ein Teil von allen, denen ich begegnet bin!

Dankbar bin ich allen Menschen, von denen ich im Laufe meines Lebens lernen durfte.

Sehr dankbar bin ich meinen großen Lehrern: Professor Viktor E. Frankl, Oscar Schellbach, sowie Dr. Robert Schuller. Glücklich bin ich über meine Tochter Claudia, die für mich viele wissenschaftliche Beweise fand, um die Richtigkeit und die Wirksamkeit unseres Erfolgssystems zu beweisen. Dankbar bin ich auch dem Pferdeflüsterer, Monty Roberts, der auf einem ganz anderen Weg die Wirksamkeit unserer Übungen bestätigt. Besonders dankbar bin ich Birgit Rupprecht-Ströll, die mich seit vielen Jahren redaktionell begleitet. Keiner kennt unser Erfolgssystem so genau und in allen Tiefen wie sie. So hat sie auch dieses Buch mit Ihrem breiten Wissen bereichert und damit alle Facetten unseres Erfolgssystems ins rechte Licht gesetzt.

Es gibt viele Wege zum Erfolg. Doch Sie, liebe Leser, können nur einen Weg gehen – Ihren Weg. Dieses Buch wird Ihnen helfen, Ihren Weg zu finden.

Unsere Zukunft benötigt, mehr als jemals zuvor, Könner, nicht Besserwisser. Werden Sie ein Könner!

Ich bin dankbar, wenn ich Ihnen dabei helfen darf.

Ihr Nikolaus B. Enkelmann
www.enkelmann.de

ANHANG

Die Erfolgs-Suggestion

Ich bin fest entschlossen, die Kräfte und Fähigkeiten meines Unterbewusstseins zu nutzen. Mein Unterbewusstsein ist mein bester Mitarbeiter, es ist der Riese in mir. Ich lerne mein Unterbewusstsein immer stärker zu beeinflussen. Täglich werde ich mein Unterbewusstsein überzeugend und suggestiv ansprechen und zu ihm sagen, was ich von ihm erwarte. Täglich wächst mein suggestiver Einfluss, das stärkt und kräftigt meine Persönlichkeit. Alle Kräfte und Fähigkeiten meines Unterbewusstseins warten darauf, meine Wünsche zu erfüllen. Aus diesem Grund werde ich täglich konzentriert und suggestiv mein Unterbewusstsein besprechen, dann wird mein bester Mitarbeiter alles tun, was ich von ihm erwarte.

Literaturverzeichnis

Basile, Joseph: Der neue Führungsstil, Herder 1967

Enkelmann, Claudia E.: Die Venus-Strategie, Wirtschaftsverlag Carl Ueberreuter 2001

Enkelmann, Claudia E.: Mit Liebe, Lust und Leidenschaft zum Erfolg, Metropolitan Verlag 2000

Enkelmann, Nikolaus B.: Charisma, mvg Verlag 1999

Enkelmann, Nikolaus B.: Die Macht der Motivation, Goldmann TB 2001

Enkelmann, Nikolaus B.: Erfolgsprinzipien der Optimisten, Gabal 1998

Enkelmann, Nikolaus B.: Mit Freude erfolgreich sein, mvg Verlag 1996

Enkelmann, Nikolaus B.: Mit Freude leben, mvg Verlag 2000

Enkelmann, Nikolaus B.: Power der Verkaufs-Rhetorik, mvg 1996

Enkelmann, Nikolaus B.: Rhetorik Klassik, Gabal 1999

Frankl, Victor E. ...trotzdem Ja zum Leben sagen, Deutscher Taschenbuch Verlag, München, 1977

Frankl, Victor E., Der Mensch vor der Frage nach dem Sinn, Piper Verlag 2002

Frankl, Victor E.: Zeiten der Entscheidung, Herder Verlag

Gloger, Axel: Auf der Jagd nach Spitzenkräften, Wirtschaftsverlag Carl Ueberreuter, 2001

Grimm, Bernhard A.: Ethik des Führens, Wirtschaftsverlag Langen Müller /Herbig 1994

Lukas, Elisabeth: Psychotherapie in Würde, Quintessenz-Verlag, Berlin, München 1994

Machiavelli, Niccolo: Der Fürst, Kröner 1972

Marschall Montgomery: Menschenführung, List 1961

Roberts, Monty: Das Wissen der Pferde, Lübbe Verlag, Berg.-Gladbach, 2000

Rückle, Horst: Körpersprache für Manager, mi Verlag 1998

Rupprecht-Stroell, Birgit: Mobbing – nicht mit mir! Langen Müller 2000

Schmidt, Lothar: Kurzzitate für Führungskräfte, Wirtschaftsverlag Carl Ueberreuter, 2001

Schuller, Robert H.: Der Weg zur inneren Ruhe, mvg

Schultz, Hans Jürgen Hrsg.: Was der Mensch braucht, Kreuzverlag 1977

Seiwert, Lothar J.: Selbstmanagement, Gabal

Späth, Lothar: Die New Economy Revolution, Econ, München 2001

Tracy, Brian/Scheelen Frank M.: Die ewigen Gesetze des Erfolgs, mi-Verlag 2000

Tracy, Brian: Luckfaktor, Gabal

Wage, Jan L.: Die Macht der Körpersprache, Wirtschaftsverlag Carl Ueberreuter 2001

Winter, Stefanie: Die Porsche Methode, Wirtschaftsverlag Carl Ueberreuter, 2000

ENKELMANN ■ KÖNIGSTEIN
Institut für Rhetorik – Management – Zukunftsgestaltung

Der erfolgreiche Weg
Psychologie des Erfolges
6-tägiges Intensiv-Seminar:

• Zukunftsgestaltung – Tatkraft – Optimismus
• Erfolgswissen & Entfaltung der individuellen Persönlichkeit

• Erfolgsmanagement • Eigene Wünsche erkennen & verwirklichen • Geistige Ressourcen aktivieren & eigene Potentiale befreien • Innere Ruhe & Selbstsicherheit • Die 14 Denkgesetze • Positiver Umgang mit sich und anderen • Praxisnahe Anleitung zum beruflichen & privaten Erfolg • Lebensbejahung & Begeisterung • Menschenkenntnis & Menschenführung • Das Geheimnis einflussreicher & faszinierender Persönlichkeiten • Die vier Säulen des erfolgreichen Lebens

Rhetorik & Körpersprache
2,5-tägiges Intensiv-Training:

• Frei & sicher auftreten • Berufliche Kommunikation & Körpersprache
• Menschen begeistern & überzeugen

• Rhetorik & Erfolg • Abbau von Lampenfieber • Die Stimme als Erfolgsorgan • Aufbau einer wirkungsvollen Rede • Schwachstellen- & Stärkenanalyse • Charisma • Stärkung der Überzeugungskraft • Menschenkenntnis & Körpersprache • Sicherheit & Souveränität • Verkaufsrhetorik • Menschenführung & Motivation

Mentales Training – Alpha-Training
„Energie-Tanken"
2,5-tägiges Intensiv-Training:

• Die Macht des Unterbewusstseins • Berufliche Kommunikation & Körpersprache
• Menschen begeistern & überzeugen

• Berufliche & private Erfolgsstrategien • Stärken erkennen & gezielt einsetzen • Harmonisierung des Alltags & der Persönlichkeit • Gezielte Selbstbeeinflussung • Aktivierung körpereigener Kräfte • Die Macht der Gedanken • Abbau von Stress & Ängsten • Vollkommene Regeneration

Enkelmann-Institut · Postfach 1180 · 61451 Königstein/Ts.
Telefon 06174/3980 u. 930383 · Fax 06174/243 79
Internet http://www.Enkelmann.de

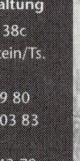

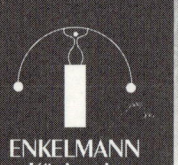

Die Kunst der Menschenführung

Wer führen kann, holt aus seinen Mitarbeitern das Beste heraus, und nur wer führen kann, ist auch erfolgreich! Durch die Kunst der Menschenführung können Sie aus Ihrem Team ein Sieger-Team machen. Und das ist entscheidend, denn nicht nur Sie repräsentieren Ihr Unternehmen nach außen – jeder Mitarbeiter spiegelt gegenüber Kunden und Geschäftspartnern den Geist der Firma wider. Schon deshalb können Sie sich den Luxus nicht leisten, Führen dem Zufall zu überlassen. Sie sollten nicht führen können – Sie müssen es!

Nikolaus B. Enkelmann

Das ABC der Menschenführung

Führen muss man einfach können

128 Seiten
Format 14,5 x 21 cm, Paperback
ISBN 3-8323-0870-9
€ 15,– (D)

Nikolaus B. Enkelmann ist einer der bekanntesten deutschen Top-Trainer für Motivation, Erfolg und Rhetorik. In seinem Institut in Königstein veranstaltet er seit über 35 Jahren Erfolgs- und Persönlichkeitsseminare.

REDLINE WIRTSCHAFT
bei ueberreuter